慶應義塾大学
東アジア研究所叢書
KEIO INSTITUTE OF EAST ASIAN STUDIES
KIEAS

戦後アジア・ヨーロッパ関係史

冷戦・脱植民地化・地域主義

Yuichi Hosoya
細谷雄一【編著】

慶應義塾大学出版会

目　次

序章　戦後国際政治史の新しい視角　　　　　　　　細谷雄一　1
　　はじめに——戦後国際政治史を問い直す　1
　　Ⅰ　アメリカ中心の視点を相対化する　2
　　Ⅱ　「四つの分断」——ドイツ・中国・朝鮮半島・インドシナ　3
　　Ⅲ　西側世界の協調と分裂　4
　　Ⅳ　地域間関係の萌芽　6

第Ⅰ部　冷戦・分断・脱植民地化

第1章　西側同盟のグローバル化——ヨーロッパ冷戦からアジア冷戦へ
　　　　　　　　　　　　　　　　　　　　　　　　細谷雄一　11
　　はじめに——遠く離れた関係　11
　　Ⅰ　ヨーロッパ冷戦と東アジア冷戦　13
　　Ⅱ　グローバルな西側同盟へ　17
　　Ⅲ　グローバルな戦略と西側同盟の軍事化　24
　　おわりに　28

第2章　フランスと東アジア、1945-1951年
　　　　——「第二次世界大戦の論理」と「冷戦の論理」のはざまで
　　　　　　　　　　　　　　　　　　　　　　　宮下雄一郎　35
　　はじめに　35
　　Ⅰ　フランスと「世界大戦」　37
　　Ⅱ　フランスの復興をめぐる政治と日本　41
　　Ⅲ　サンフランシスコ講和条約とフランス　50

おわりに　57

第3章　イギリスと東アジア、1945-1948年
　　　　──英中友好通商航海条約交渉を中心に　　　　林　大輔　65
　はじめに　65
　Ⅰ　戦後イギリスの中国政策と極東政策の形成
　　　──イギリスの役割と対米関係の模索　66
　Ⅱ　英中友好通商航海条約交渉　70
　おわりに　79

第Ⅱ部　戦後アジアにおけるイギリス

第4章　コモンウェルスの絆──マクミラン首相のアジア歴訪、1958年
　　　　　　　　　　　　　　　　　　　　　　　　小川浩之　93
　はじめに　93
　Ⅰ　コモンウェルス首相会議から「小さな地域的困難」へ　94
　Ⅱ　インド──ネルーとの対峙　96
　Ⅲ　パキスタン──イスラーム共和国の困難　100
　Ⅳ　セイロン──洪水被害への支援問題　104
　Ⅴ　シンガポール──自治への歩み　107
　おわりに──コモンウェルス歴訪からの帰国とその評価　111

第5章　帝国の終焉と同盟の解体──イギリスの脱植民地化政策とSEATO
　　　　　　　　　　　　　　　　　　　　　　　　水本義彦　121
　はじめに　121
　Ⅰ　SEATOの創設　122
　Ⅱ　マラヤ連邦の独立　124
　Ⅲ　ラオス内戦　125
　Ⅳ　マレーシアの創設とシンガポール基地問題　130
　Ⅴ　マレーシア紛争とベトナム戦争の開始　132

Ⅵ　英軍のスエズ以東撤退計画　　135
　おわりに　139

第6章　イギリスの核不拡散政策とインド、1964-1968年
　　　　　　　　　　　　　　　　　　　　　　　小林弘幸　145
　はじめに　145
　　Ⅰ　背景——1964年10月までの核不拡散をめぐる国際環境　147
　　Ⅱ　インド核武装への懸念　148
　　Ⅲ　インドへの「安全保障」提供の検討　150
　　Ⅳ　「コモンウェルス核戦力」構想　152
　　Ⅴ　インドの核不拡散条約参加問題と構想の終焉　154
　おわりに　157

第Ⅲ部　東西ドイツとアジア

第7章　「一つの中国」と東西ドイツ——中国と西ドイツの国交正常化
　　　　　　　　　　　　　　　　　　　　　　　福田　円　165
　はじめに　165
　　Ⅰ　「中国」と東西ドイツ　167
　　Ⅱ　東方政策と中国　172
　　Ⅲ　中国と西ドイツの国交正常化交渉　176
　おわりに　184

第8章　東西ドイツ関係と日本——1966-1981年　　鈴木　均　191
　はじめに　191
　　Ⅰ　日・西独経済関係と、日欧貿易摩擦　193
　　Ⅱ　東独という国家と、ヴィリー・ブラント　195
　　Ⅲ　すれ違う日本と西独——イランをめぐる食い違い　197
　　Ⅳ　ミドル・パワー間の共同歩調の模索
　　　　——領土問題、ベトナム戦争と、対中・対東独関係　198

Ⅴ　東独との国交正常化——伸び悩む貿易と、活発な文化交流　204
　　Ⅵ　東独首脳の訪日「ラッシュ」　209
　　おわりに　211

第9章　似て非なる関係——南北朝鮮、東方政策、EC 諸国、1969-1975 年
　　　　　　　　　　　　　　　　　　　　　　　　　　山本　健　219
　　はじめに　219
　　Ⅰ　1970 年代の南北接近　220
　　Ⅱ　二つのドイツ、二つのコリア？　222
　　Ⅲ　国連と第三世界諸国　225
　　Ⅳ　大国との関係　228
　　Ⅴ　EC 諸国と朝鮮半島　232
　　おわりに　234

第Ⅳ部　地域間関係の形成

第 10 章　地域間関係の制度化——EC の ASEAN 政策、1975-1980 年
　　　　　　　　　　　　　　　　　　　　　　　　　　黒田友哉　243
　　はじめに　243
　　Ⅰ　EPC と ASEAN　244
　　Ⅱ　EC・ASEAN 関係の政府間主義化(1)
　　　　——大使級対話の創設　246
　　Ⅲ　EC・ASEAN 関係の政府間主義化(2)——閣僚会議の創設　248
　　Ⅳ　EC・ASEAN 協力協定の成立　253
　　おわりに　255

第 11 章　冷戦と日欧政治・安全保障関係　　　　　鶴岡路人　263
　　はじめに　263
　　Ⅰ　日欧関係の再出発
　　　　——日米欧「三本柱」論とその後　265

Ⅱ　冷戦の危機と日欧　269
  Ⅲ　政治と経済の狭間で　274
  Ⅳ　冷戦終結から冷戦後へ──「冷戦ファクター」再考　279
  おわりに　283

あとがき　291
索　引　293

序章

―― 戦後国際政治史の新しい視角 ――

細谷 雄一

はじめに――戦後国際政治史を問い直す

　2015年は、第二次世界大戦の終結から70年を記念する年となった。それとともに、過去を振り返り、20世紀を展望するさまざまな試みが見られた。この70年という期間は、一般的には冷戦史の視角を通じて論じられることが多い。とはいえ、冷戦が終結してからすでに四半世紀もの年月が過ぎている。ドイツは統一し、ソ連は崩壊し、東欧諸国の多くが北大西洋条約機構（NATO）や欧州連合（EU）に加盟した。冷戦期とは大きく異なる世界である。それを考慮に入れるならば、われわれは戦後史を冷戦史よりも広い視野で、多面的に捉える必要がある。

　これらに加えて、われわれにはもう一つの新しい視座を考慮に入れることが必要だ。それは、アジアの台頭である[1]。20世紀前半にはほぼ全域が欧米諸国の植民地となり、20世紀半ばには日本が引き起こした戦争、そして冷戦と脱植民地化による戦争がこの地域を混迷化させ、荒廃させた。ところが、脱植民地化を達成した後のこの地域は、次第に安定と平和、そして経済成長を享受するようになり、豊かな生活が次第に浸透していき、また徐々に強大な軍事力を備えるようになった。アジアは現在では、経済成長のセンターとなり、世界政治の中心となっている。

　これらを視野に入れるならば、われわれは過去70年間を回顧するときに、どのような国際政治の歴史を描けるであろうか。これまでわれわれになじみ

のある冷戦史という視座に基づくならば、二つの超大国であるアメリカとソ連の、イデオロギー対立を軸としたグローバルな敵対関係としてこの時代が論じられるであろう[2]。冷戦後はアメリカが唯一の超大国として残り、アメリカ外交を通じて世界を眺める視点で歴史が語られることが多い。アメリカと西ヨーロッパとの関係を、NATOという枠組みを通じて論じたり、あるいはアメリカと東アジアの関係を日米同盟や米中関係という枠組みを通じて論じたりすることで、われわれの戦後国際政治史についての理解は大きく前進した。

戦後の西側同盟は、アメリカと、西ヨーロッパと、日本などのアジアにおけるアメリカの同盟国と、この「三極」を軸に論じられる。しかし、そこでは抜け落ちている視角がある。それが、本書で論じることになる、戦後アジア・ヨーロッパ関係史という視角である。このような、アジアとヨーロッパの関係の歴史を巨視的に眺める視点は、これまでは国際政治史研究においてあまり用いられることがなかった[3]。冷戦終結後の1996年以降は、アジアとヨーロッパの首脳が集まるアジア欧州会合（ASEM）が2年に一度の頻度で開会されるようになり、そのような問題関心からアジア・ヨーロッパ関係が論じられることがある。しかしながら、冷戦時代のアジア・ヨーロッパ関係の歴史について、われわれはあまり多くを知らない。いわば、戦後国際政治史研究の「空白」と位置づけるべきであろう。本書は、そのような研究の「空白」を、国際政治学や外交史を専門とする研究者が集まって埋めていく試みである。

I　アメリカ中心の視点を相対化する

それでは、そのようなアジア・ヨーロッパ関係史という視点を用いることによって、戦後史をどのように展望することができるのか。まず最初に指摘したいのが、従来のアメリカ中心の国際政治史を相対化する視点である[4]。戦後国際政治史の研究においては、実際の国際政治でアメリカが「超大国」として優越した地位を得ていることと同様に、研究の世界でもアメリカの視角を通じて戦後史を眺めることが一般的であった。それは、アメリカ政府が

公開した膨大な外交史料を用いて研究することによる、必然的な帰結でもあった。

ところが、1980年代以降はヨーロッパ諸国政府の外交史料が大幅に公開されるようになり、また部分的にはアジア諸国の史料も利用可能になったことで、戦後国際政治史を観る視角が多様化していく。とりわけ、新しい史料の公開とともに、イギリスやフランスやドイツなどのヨーロッパ諸国が、冷戦期において重要な役割を担ったことが指摘されるようになり、さらにはヨーロッパ統合史や脱植民地化の歴史も語られるようになった[5]。従来の冷戦史に収まりきらないような、多様な視角からの研究が見られるようになったのだ。

本書もまた、そのような新しい潮流を反映して、ヨーロッパ統合史や脱植民地化の歴史を扱うことになる。さらには、そのような視点から、戦後のヨーロッパとアジアの関係がどのように発展していったのかを、検討することになる。そこで、とりわけ重要となるのが、冷戦の東西対立にともなう、「四つの分断」という視座である。

II 「四つの分断」――ドイツ・中国・朝鮮半島・インドシナ

冷戦期には、四つの分断国家が見られた。それは、ドイツ、中国、朝鮮半島、インドシナである[6]。

ドイツは冷戦下で東西に分断されて、1949年にドイツ連邦共和国（西ドイツ）とドイツ民主共和国（東ドイツ）という二つの国家が誕生する[7]。このようなドイツの分断が克服されて、二つのドイツが統一されるのは、1990年を待たなければならなかった。ドイツ分断は、まさに冷戦を象徴する光景であった。1961年には「ベルリンの壁」が構築されたことで、文字通り東西間の亀裂が明白となった。東西二つのドイツが、自らの国家としての正統性を競い合い、緊張を深めていった。

また中国は、台湾の国民党政府と、大陸の共産党政府に分断されて、この分断は基本的にいまだに続いている。アメリカは、1949年10月に成立した中国共産党政府を政府承認することなく、1970年代の米中接近に至るまで

台湾の国民党政府を正統な政府とみなしていた。東アジアでは、この「二つの中国」の対立こそが、地域に緊張と危機をもたらしていた。

朝鮮半島では、ソ連軍が占領していた地域が、1948年に朝鮮民主主義人民共和国（北朝鮮）として独立し、他方でアメリカ軍が占領していた地域は同年に大韓民国として独立した。朝鮮半島における南北分断は、1950年6月には朝鮮戦争として実際の戦争へと発展して、38度線の軍事境界線によって分断が固定化されていった。

インドシナでは、1945年9月にハノイでベトナム民主共和国（北ベトナム）が独立宣言を発表した。植民地への復帰を試みたフランスは、1949年にはベトナム国（南ベトナム）を誕生させて、南北二つのベトナムの国家が成立する。インドシナでは、北ベトナムは1946年以降にフランスとの戦争を戦い、その後の1960年代からはアメリカとの戦争を戦う。インドシナ半島に共産主義国家が成立したことは、西側諸国に大きな懸念を植えつけることになった。1975年に北ベトナムが統一を実現すると、この戦争を戦っていたアメリカの影響力が東南アジアから後退していく。

このようにして、冷戦期にはヨーロッパとアジアで分断国家が誕生した。ユーラシア大陸の西端と東端で自由主義諸国が存在し、その中央でソ連や中国、ベトナムといった共産主義国家が存在していたことは、アジアとヨーロッパが協力することを大きく妨げていた。また冷戦の時代は、帝国主義の時代から脱植民地化の時代へと移っていく時代でもあった。東西分断という水平的な分断と、脱植民地化を目指す戦争という垂直的な分断、このような複合的な分断によって、この時代のアジアとヨーロッパの関係はきわめて複雑な性質を有していた。ヨーロッパとアジアとで、それぞれ地域統合や地域協力が進展して、またインドシナとドイツで国家統一が実現することで、次第に地域間協力が可能となる条件が整っていった。

III　西側世界の協調と分裂

　西側世界もまた、必ずしも一枚岩で結束を維持していたわけではない。そこでは、さまざまな対立や摩擦が見られていた。それは、本書の所収論文が

明らかにするように、対日講和条約をめぐる英仏の対立や、中国政府承認をめぐる英米の対立、インドシナ戦争をめぐる英米の対立、「東方外交（オストポリティーク）」をめぐる米独の対立などによって示されていた[8]。各国の利害や、安全保障、そして地政学的な位置の違いが、西側のそれぞれの諸国に、独自の外交を展開する必要性を感じさせていたのだ[9]。

とりわけ、アジアにおける戦争や、脱植民地化の問題をめぐって、アメリカは西欧諸国と対立する場面が多く見られた[10]。1954年のインドシナ和平をめぐるジュネーヴ会談や、1956年のスエズ危機、1960年代のベトナム戦争の停戦をめぐる確執など、西側世界の内側での摩擦が冷戦をより複雑なものとしていた。西側世界の結束は、必ずしも自明とはいえなかった。

西欧諸国の中で、最も巨大な植民地を有していたのはイギリスであった。そのイギリスは、コモンウェルスとしての結束を維持しようと試み、またそれを基礎に世界大国としての影響力を維持することを求めていた[11]。1960年代のイギリス外交は、そのような特質が色濃く見られた。しかしながら、次第にコモンウェルス諸国はイギリスとは異なる外交姿勢を示す機会が多くなり、コモンウェルスの内側でも数々の摩擦が見られた。脱植民地化の加速や、コモンウェルスとしての結束の衰退、そしてイギリスのヨーロッパ大陸諸国との貿易の増加は、イギリスを欧州経済共同体（EEC）加盟へと向かわせることになる。とはいえ、イギリスのEEC加盟は、1963年と1968年に二度加盟申請に挫折して、フランスのシャルル・ドゴール大統領が辞任した後の1973年まで待たなければならなかった。

1970年代の多極化する世界政治のなかで、ヨーロッパにおけるEEC、そして東南アジアにおける東南アジア諸国連合（ASEAN）という二つの地域統合の枠組みは、その性質に大きな違いが見られながらも、次第に協調を深化させていった[12]。アイルランドやデンマークとともにイギリスが加盟したことで、EECは世界政治においてより大きな存在感を示すようになる。他方でASEANは、ベトナム戦争後の東南アジアに安定と協調をもたらすためにも、漸進的に協力を深めていった。この二つの地域統合体の発展は、そのまま地域間関係の発展へと繋がっていく。西側同盟は、脱植民地化とベトナム戦争の敗北を経験しながらも、冷戦対立のなかで共産主義勢力に対する

序章　戦後国際政治史の新しい視角 | 5

優位性を強めていく。

Ⅳ　地域間関係の萌芽

　1970年代はいくつかの側面で、アジア・ヨーロッパ関係に新しい潮流を生み出していった。それは、第一に、それまでの植民地体制のなかでの垂直的関係が、次第に水平的関係へと移行していったことである。脱植民地化の過程で数々の摩擦を生み出した両者の関係において、ともに経済成長と安定的秩序を求める共有認識が生まれていった。第二には、すでに述べたように、ヨーロッパと東南アジアにおけるEECとASEANの関係が、次第に地域間関係としての性質を強めていったことである。国家と国家の二国間関係を超えた、より幅の広い地域間関係がつくられていく萌芽がそこには見られた。第三には、分断を乗り越えて交流や貿易が進められていくことである。1970年代のヨーロッパとアジアでは、デタント（緊張緩和）が進んでいく。それとともに、それまでは「鉄のカーテン」によって閉ざされていた分断国家の関係も、その分断線を超えた外交関係の樹立へと繋がっていく。

　戦後初期にヨーロッパとアジアの関係は、アメリカという「超大国」を通じた西側同盟としての関係や、あるいは植民地と宗主国の関係というような、きわめて脆弱なものに過ぎなかった。1950年代から60年代を通じて両者の関係は、多くの場面において、脱植民地化とそれが引き起こした独立戦争によって大きく傷つけられていった。しかしながら、1970年代になると超大国間のデタントや、アメリカの影響力の後退にともなう世界政治の多極化、さらには脱植民地化による新しい外交関係の樹立というような、それまでとは異なった潮流が見られるようになった。それにより、水平的なアジア・ヨーロッパ関係が誕生していくのである[13]。

　本書は必ずしも、そのような戦後のアジア・ヨーロッパ関係を概観する通史ではないが、その全体像を理解する上で欠くことのできない数多くの問題に光を当てて、豊富な史料を用いて学術的な研究を進めた成果である。本書を通じて、今後アジア＝ヨーロッパ関係史への理解がさらに発展していくことを願ってやまない。

1) アジアの台頭という視野を含めた優れた 20 世紀の国際政治史の通史として、Antony Best, Jussi M. Hanhimaki, Joseph A. Maiolo and Kirsten E. Schulze. 2014. *International History of the Twentieth Century and Beyond*, 3rd edition. London: Routledge を参照。
2) 従来は米ソ冷戦史として論じられることの多かった冷戦史も、現在では視野が多様化し、またグローバルな視点が用いられている。その代表的なものとしては、米ソ冷戦史という視点としては、日本語文献では佐々木卓也. 2011.『冷戦—アメリカの民主主義的生活様式を守る戦い』有斐閣、およびマイケル・L・ドックリル／マイケル・F・ホプキンズ. 2009.（伊藤裕子訳）『冷戦 1945-1991』岩波書店、そしてグローバル冷戦史という視点としては、O・A・ウェスタッド. 2010.（佐々木雄太監訳）『グローバル冷戦史—第三世界への介入と現代世界の形成』名古屋大学出版会 を参照。英語文献では、この十年ほどで飛躍的に研究が進展している。たとえば、Melvyn P. Leffler and Odd Arne Westdad eds.. 2010. *The Cambridge History of the Cold War*, in three volumes. Cambridge: Cambridge University Press および、Richard H. Immerman and Petra Goedde, eds.. 2013. *The Oxford Handbook of the Cold War*. Oxford: Oxford University Press を参照。
3) アジア＝ヨーロッパ関係を論じた研究は近年数多く見られるようになったが、それらはおおよそ冷戦後の時期を地域間関係（inter-regional relations）として論じたものであり、またアジア欧州会合（ASEM）を中心に論じたものが多い。それらの代表的なものとして、たとえば、Julie Gilson. 2002. *Asia Meets Europe: Inter-Regionalism and the Asia-Europe Meeting*. London: Edward Elgar や Thomas Christiansen, Emil Kirchner and Philomena Murray, eds.. 2013. *The Palgrave Handbook of EU-Asia Relations*. Basingstoke を参照。
4) 戦後国際政治史を、アメリカ中心主義を相対化する試みから概観した代表的な通史として、たとえば、Geir Lundestad. 2005. *East, West, North, South: Major Developments in International Relations Since 1945*, 5th edition. London: Sage を参照。
5) そのような初期的な試みとして、David Reynolds. ed.. 1994. *The Origins of the Cold War in Europe: International Perspectives*. New Haven: Yale University Press を参照。また、欧州統合史をグローバル化の視点から論じた論文集として、Claudia Hiepel. ed.. 2014. *Europe in a Globalising World: Global Challenges and European Responses in the "long" 1970s*. Baden Baden: Nomos が最先端の研究である。
6) 分断の問題を、アジア・ヨーロッパ関係としての視座から論じたものとして、本書所収の福田円、鈴木均、山本健による各章を参照。
7) 「ヨーロッパ分断」としての視点から戦後ヨーロッパ史を描いた研究として、Wilfried Loth. 1988. *The Division of the World: 1941-1955*. London: Routledge および、細谷雄一. 2001.『戦後国際秩序とイギリス外交—戦後ヨーロッパの形成 1945年〜1951年』創文社 を参照。
8) このような西側同盟内での確執や摩擦については、本書所収の宮下雄一郎、林大輔

による各章を参照頂きたい。
9) 西側同盟内部での複雑な利害対立や摩擦に焦点を当てた優れた日本語の共同研究として、菅英輝編著. 2014.『冷戦と同盟——冷戦終焉の視点から』松籟社、がある。
10) 戦後の脱植民地化や植民地問題などをめぐるアジアでの英米の対立と協力については、渡辺昭一編. 2014.『コロンボ・プラン——戦後アジア国際秩序の形成』法政大学出版局、が優れた研究成果である。
11) このような視座については、本書所収の小川浩之、水本義彦、小林弘幸による各章を参照。
12) 本書所収の、黒田友哉の章をご参照頂きたい。
13) 冷戦後の日欧関係の発展とアジア・ヨーロッパ関係の発展を、より広い歴史的視座から概観した研究として、本書所収の鶴岡路人の章を参照。

第Ⅰ部

冷戦・分断・脱植民地化

> 戦後世界の国際政治において、冷戦の展開と脱植民地化の進行は最も重要な二つの動向であった。ここでは、冷戦と、世界の分断、そして脱植民地化をキーワードとして、戦後初期の1940年代から50年代に至る東アジアとヨーロッパの地域間関係の萌芽を見ていく。

第 1 章

西側同盟のグローバル化
――ヨーロッパ冷戦からアジア冷戦へ――

細谷 雄一

はじめに――遠く離れた関係

　第二次世界大戦が終結したときに、ヨーロッパとアジアには廃墟と、瓦礫と、死体の山が溢れていた。ヨーロッパ大陸においては、連合国とドイツ軍との激しい戦闘によって、第三帝国の首都であるベルリンの中心部は破壊しつくされて、居住可能な建物を見いだすのもまた困難であった。
　アジアにおいては、中国大陸で8年続いた日中戦争の爪痕が各地に残り、また日本列島は米軍の激しい空爆、とりわけ広島と長崎での原爆投下による焦土が広がっていた。東南アジアでは各地で日本軍が設営した強制収容所で、多くのイギリス軍捕虜やオーストラリア軍捕虜が栄養失調や感染症、そして十分な医療の不足などから死んでいった。ヨーロッパ大陸とアジア大陸は、いずれも戦争による荒廃と疲弊が広がっていた。枢軸国の支配から解放された土地に、はたしてどのようにして新しい政府を樹立して、またどのようにして平和な秩序を創っていくことができるのだろうか。それが大きな政治課題であった。
　第二次世界大戦後のアジアとヨーロッパは、いくつもの意味で遠く隔てられていた。また、その両者が深く結びつくためには多くの困難が待っていた。第一の理由は冷戦の始まりと、それによる世界の分断である[1]。第二次世界

大戦終結とほぼ時を同じくして、戦勝国の間の不和が顕在化していった。その後、ドイツと、朝鮮半島、そしてインドシナが分断国家となる。また、中国の国共内戦は激しさを増し、その将来は不透明であった。ヨーロッパ大陸が、「鉄のカーテン」によって東西に分断されて、アジア大陸が革命と戦争に揺れ動くなかで、アジアとヨーロッパとの間での地域間の関係を構築していくことは容易ではなかった。

　第二には、この時代のアジアとヨーロッパの関係は、本質的に植民地とその宗主国との関係であった。イギリスやフランスは東南アジアに広大な植民地を領有しており、戦争終結後もそれらの植民地に復帰することによって、世界大国としての地位を維持できると考えていた。また、オランダはインドネシア支配を続けるために、そこでの民族主義者たちとの戦争を戦わなければならなかった。植民地復帰を急ぐヨーロッパの宗主国と、東南アジアで独立国家樹立を目指す民族主義者との間では、激しい戦争や、困難な外交交渉、そしてそれらによる感情的な摩擦が見られた[2]。

　第三には、戦後のアジアとヨーロッパは、「超大国」として戦後秩序形成の中心に立つアメリカを媒介として、その関係が規定されていった。共産主義勢力が勢力拡張を試みるなかで、アメリカ政府は西側同盟の結束を強めるためにも、自由主義諸国を結びつける役割をはたした。それによって、グローバルな「西側同盟」が形成されていく。

　1951年9月の日米安保条約の成立と、同月のアメリカ、オーストラリア、ニュージーランドの間のANZUS条約成立、1953年の米韓同盟の成立と、1955年の東南アジア条約機構（SEATO）成立によって、西側同盟はアジア太平洋地域を内包して、グローバル化する。このような西側同盟のグローバル化が、アメリカの同盟国という枠組みのなかでのアジアとヨーロッパの関係という、新しい間接的な関係をつくりあげる役割を担うようになる。

　本章は、このような戦後の1940年代末から1950年代初頭にかけての西側同盟のグローバル化の過程のなかで、その後発展していくアジアとヨーロッパの関係の基礎を見ることにしたい。とりわけここでは、1949年の北大西洋条約と1951年の日米安保条約という冷戦期の二つの重要な条約に注目して、冷戦戦略のグローバル化と西側同盟のグローバル化が連動していたこと

を概観することにしたい。

I　ヨーロッパ冷戦と東アジア冷戦

1　世界の分断

　1945年から1946年にかけて、イギリスとソ連の間の対立が深刻化したことが、冷戦の起源としてきわめて重要な意味を持っていた[3]。イギリス帝国史を研究する歴史家のジョン・ケントは、「連合国内の不和の原因として、地中海とその沿岸部については、ドイツ問題やポーランド問題の陰に隠れてきた」として、東地中海地域をめぐる英ソ間の勢力圏対立の重要性を指摘する[4]。

　英ソ対立を考慮する際に重要なのは、両国がヨーロッパからアジアまで領土を広げる巨大な帝国であることである。戦後初期のイギリス帝国は、大西洋から地中海、インド洋、南シナ海を通って、ユーラシア大陸の外縁のシー・コミュニケーション（海路）を影響力下に収めており、依然として世界大国としての地位を守ろうとしていた。他方でソ連もまた、ヨーロッパ大陸から中央アジアを経て、北東アジアにまで広大な領土を保有する帝国であった。この「二つの帝国」の間の勢力圏をめぐる摩擦が、ドイツ占領地区からバルカン半島、東地中海、中東、アフガニスタン、東南アジア、そして中国へと、ヨーロッパから東アジアにまで広がっていた。そして、この「二つの帝国」は、ヨーロッパとアジアという二つの地域を結びつけて考えていた。

　イギリス政府は、1945年6月に作成した「イギリス帝国の安全保障」と題する政府文書において、「イギリス帝国の一体性の維持」と「世界大での海路および空路の確保」の二つを、「帝国の安全保障の本質」として位置づけていた[5]。そしてこの文書では、ソ連を将来の「潜在的敵国」と位置づけており、「ソ連は、イギリス帝国にとって深刻な脅威たり得る、潜在的な戦争遂行能力を有していることを示してきた」と論じている。さらに、「ソ連が敵対的になる可能性に対して、帝国の安全を確保するための防衛コミットメントが最優先事項である」と書かれている[6]。このようにして、イギリス政府の場合は他の多くのヨーロッパ諸国とは異なって、帝国防衛の論理から

もヨーロッパの安全保障問題とアジアの安全保障問題を一つの繋がった全体として捉えていたのである。

イギリス政府は、戦後世界で大国としての地位を維持するためには、広大な植民地の資源と兵力を利用することによって、イギリス帝国を防衛し、世界での影響力を行使することが重要だと考えていた。その上で、共産主義勢力が膨張することは、イギリス帝国にとっての大きな脅威となると想定していた。実際に、1946年にはイラン北部からの撤兵合意をソ連政府が履行せずに、国連を舞台に対立する結果となった。そのことはまた、戦後世界でソ連と協力することがいかに困難であるかを物語っていた[7]。

2 ケナンとグローバルな勢力均衡

東地中海と中東におけるソ連との対立の構図は、1947年になるとヨーロッパへと拡大していった。またそれと同時に、勢力均衡的な観点でソ連の膨張主義に対抗して、イギリスの勢力圏を保持する重要性が繰り返し指摘されるようになる[8]。そのような主張をする中心人物が、アメリカ国務省の外交官ジョージ・F・ケナン（George F. Kennan）であった。ケナンは、1946年2月に代理大使として駐在していたモスクワから「長文電報」を送り、ソ連の膨張を「封じ込める」必要を説いていた。そしてその後にケナンは、ジョージ・マーシャル（George G. Marshall）国務長官の依頼によって、1947年5月に国務省内に新設された政策企画室長（Policy Planning Staff）に就任して、アメリカの長期的戦略を立案するようになる。

ケナンは回顧録のなかで、「われわれの最も大きな危険、われわれの最も大きな責任、そしてわれわれの最も大きな可能性は、現時点では、二つの占領地域である西ドイツと日本にある」と記していた[9]。それゆえに、アメリカの国家安全保障を考える場合に、ソ連との協力が困難となっている以上は、この西ドイツと日本との関係を強化して、両国を西側世界の一員とすることがきわめて重要であった。

ケナンは政策企画室長として、1947年の夏以降にそのような外交構想を、アメリカの長期的な戦略の根幹に位置づけるようになる。1947年6月のマーシャル国務長官のハーバード大学での演説、すなわちマーシャル・プランに

よって欧州諸国の復興とそこへの西ドイツ占領地区の参加を目標に掲げた。他方で、戦後世界のなかで日本をどのように位置づけて、日本の安全保障をどのように確保するかが、ケナンにとっての大きな課題となる。それゆえケナンはマーシャル・プランの後には対日政策を転換し、アメリカが日本との関係を強化して、日本を西側同盟に組み込むことを重要な戦略的目標と位置づけるようになる[10]。ケナンは1947年8月の政策企画室の文書のなかで、日本を「旧敵国（ex-enemy）」から友好国に変えていくことが最も重要であると論じていた[11]。そして、それを実際に実践していく。

そのような発想は、1947年10月の政策企画室文書、PPS13で明確に記されることになった。そこでは、アメリカの政策目標を、「ヨーロッパとアジアの勢力均衡の回復に向けられるべきだ」と書かれている。また、「われわれはヨーロッパとアジアという二つの地域において、自立的な勢力を育成してわれわれの負担の一部を負ってもらうことによって、ある種の勢力均衡を回復させることが緊急に必要である」と書かれている[12]。

ケナンが戦略の基礎においたのが、勢力均衡的な発想であった。ケナンの発想では、「世界には工業的および軍事的な五つの拠点のみがあり、それらはわれわれにとっては国家安全保障の観点から重要となっている」という[13]。それらの五つの拠点とは、アメリカ、イギリス、ドイツ、ソ連、そして日本であった。ソ連はアメリカにとっての脅威となっており、他方でイギリスとは戦時中より友好関係を強化している。だとすれば、五大国のうちの残る二つの「拠点」、すなわちドイツと日本をアメリカの側に組み込むことで、西側同盟の安全を確保して、グローバルな勢力均衡を維持することが可能となるはずだ。

このようにして、アメリカの国家安全保障を考える上でも、あるいはグローバルな勢力均衡という発想からも、西ドイツ占領地区と日本という二つの「旧敵国」を西側同盟に加えることがきわめて重要であると考えるようになっていた。だとすれば、この二つの「旧敵国」を非武装化して占領下に置くだけではなく、アメリカにとっての強力な友好国へと発展させることが不可欠となる。そのためにも、アメリカ政府はそれまでの対独占領政策と対日占領政策を転換しなければならない。このようなケナンの発想が、アメリカの長期

的な対外戦略として確立していく。

3 「西欧同盟」から「西側同盟」へ

　同じ頃に、イギリス政府内でもソ連と協力することの限界と、西側諸国のみで戦後秩序を形成する必要が説かれるようになっていた。イギリスのアーネスト・ベヴィン（Ernest Bevin）外相は、1947年11月に作成された「東欧における人権の終焉」と題するメモランダムのなかで、「フィンランド、ギリシャ、トルコ以外の東欧で、全体主義体制が確立している」とソ連の行動を厳しく批判している[14]。この年の12月には、アメリカ、イギリス、フランス、ソ連の戦勝四大国間で行われていた外相理事会（Council of Foreign Ministers）における外交交渉が行き詰まり、もはやこれ以上ソ連と協力して戦後処理を進めることが困難であることが明らかとなった。だとすれば、新しい政策が求められることになる。

　12月18日の午後のイギリス議会での演説において、ベヴィン外相は「もしも四大国間でいかなる解決をも見いだせないのであれば、西欧が混乱のなかにあり改善の見込みがないなかで、これ以上いつまでもこのような状態のなかで負担を負い続けることはできない」と述べて、「われわれは今まで続けてきたことを、これ以上続けることはできない」と語った。翌年1月に作成した「ソヴィエト政策の見直し」と題するメモランダムで、共産主義者たちが「力ずくで政権を手に入れる」可能性を懸念して、それに対抗する必要が説かれていた[15]。西欧諸国間で協力することで、自らの安全保障と経済復興を進めていく必要があるという理念のもとに新しい外交路線が動き出す。

　イギリスの新しい対外戦略の基軸は、西欧諸国間で協力を深めて「西欧同盟（Western Union）」を構築することであった。ここでいう西欧諸国という場合には、イギリスやフランスが保有する植民地もそこに含まれていた[16]。したがって、それらの植民地の資源を合わせることで世界規模の巨大な勢力を結集することが可能となり、それによってイギリスはアメリカやソ連と対等な地位を手にして、世界政治におけるリーダーシップを発揮できると考えていた。ベヴィンはそのメモランダムで、「もしわれわれが、以上に述べたような西欧システムを組織できるなら、また英連邦とアメリカの資源と軍事

力に支えられるなら、われわれの国力と影響力を、アメリカやソ連のそれらと対等なものへと発展させることが可能であろう」と述べていた[17]。

ところが、1948年3月にチェコスロバキアでクーデタが起こり、6月からベルリン封鎖による緊張が高まってくると、イギリス政府は次第にアメリカを巻き込んだ巨大な軍事同盟を形成する必要を感じるようになっていく。1948年3月に西欧諸国の5カ国、すなわち、イギリス、フランス、オランダ、ベルギー、ルクセンブルクによるブリュッセル条約が調印されて、「西欧同盟機構」としての軍事機構化が目指されるようになる。

しかしながら、そのような5カ国のみでは、ソ連の巨大な軍事力に対抗することが不十分だと認識されるようになる。それゆえに1948年4月30日以降、英米両国政府間で「共同防衛計画」作成が進められ、大西洋地域に英米両国を中心とした新しい軍事同盟を形成するための交渉を始めた[18]。そして、11月2日のベヴィンのメモランダムでは、「大西洋を覆う地域条約としての枠組みが望ましく、ブリュッセル条約へのアメリカの支援では十分ではない」と述べている[19]。それまでの「西欧同盟」を大西洋同盟（Atlantic Alliance）へと拡大し、それがさらには巨大な「西側同盟（Western Alliance）」へと発展することを望んでいたのである。

その後、1949年4月4日に、アメリカのワシントンDCで12カ国政府代表によって北大西洋条約が調印された。その4カ月後の8月24日には、すべての国による批准を経て条約が発効する。西側同盟諸国はその結束を強めて、共産主義勢力に対抗するようになる。

II　グローバルな西側同盟へ

1　イギリス外交とアジア冷戦

1947年から49年にかけて、ヨーロッパ大陸ではマーシャル・プラン、ブリュッセル条約、そして北大西洋条約という西側諸国の協力と結束を目指す構想が実現していき、英米両国政府を中心として再軍備を進めて軍事機構化を企図するようになっていく。それはまた、アジアにおいて共産主義の脅威がイギリス政府によって意識されるようになる時期と重なっていた。

第二次世界大戦後のアジアは、内戦や革命、混乱が充満していた。日本の占領と支配から解放された諸地域で、現地の民族主義的な指導者が脱植民地化と独立国家の樹立を目指し、そのような運動が植民地宗主国との間の摩擦や軍事衝突へと発展していった[20]。1946 年にはフランスがインドシナ戦争を、1947 年にはオランダがインドネシア独立戦争を、そして 1948 年からはマラヤの「非常事態宣言」に続くイギリスの関与をそれらに含めることができる。とりわけ、1947 年にインドが独立してからは、イギリス政府にとって東南アジアの重要性が経済的にも戦略的にも上昇していった。ヨーロッパ大陸から目を転じると、東南アジアから北東アジアへ至る地域一帯で、政治情勢の混乱の数々によって、西欧諸国政府の指導者たちの不安が強まっていった。これらの地域では、脱植民地化の過程が冷戦の進行とさまざまなかたちで結びついていく。

　1948 年 6 月の、マラヤにおける「非常事態宣言」の発動は、イギリスが本格的に東南アジアの共産主義勢力と対決する上での大きな転機となる。共産主義勢力を中心とした蜂起勢力はイギリスの植民地支配からの解放を唱えて、さまざまなかたちでのゲリラ活動によりイギリスの支配を動揺させていた[21]。次第にイギリス政府は、このような脱植民地化の動きを冷戦というより大きな枠組みの中に位置づけるようになり、帝国防衛全体の一部として考えるようになる。

　ちょうどこの時期には、中国内戦において共産党が有利に戦いを進めていたために、その影響力が東南アジアに及ぶことが懸念されていた。イギリスの参謀本部は 1949 年 3 月には、「中国南部への共産主義の浸透が不安定を生み出し、東南アジア全体への安全保障上の関与の拡大を結果としてもたらすことにある」と分析していた[22]。そして 1949 年 9 月の閣議では、「マラヤは冷戦の最前線にあり、その安定はアメリカを含め、われわれすべてにとりきわめて重要だということを強調する必要がある」と論じられていた[23]。

　イギリス政府がアジアにおける共産主義勢力の活動の活発化と、ヨーロッパにおける冷戦の進行を結びつけて考えていたのには、いくつかの背景があった。外務省で事務次官に就任するにあたり、ウィリアム・ストラング（William Strang）は自らの希望で東アジアを歴訪することになった。ストラ

ングは、カラチからデリー、コルカタ、ラングーン、シンガポール、クアラルンプール、香港、上海、そして東京という、イギリス帝国と歴史的に結びつきの強い各都市を訪問する。そしてストラングはこれらの諸都市を連鎖して考えるようになり、それらを「ヨーロッパとアジアのハートランド（心臓部）のまわりに広がるリムランド（ユーラシアの沿岸部分）、あるいは海に囲まれた外縁部」と称している[24]。

ストラングによれば、「このハートランドは、大部分がこのときにはソヴィエトの支配の下に置かれている」ゆえに、「オスロからぐるりとまわって東京までの、その周縁部を自らの勢力下に収めて、共産主義の支配を拒絶し、可能であれば軍事攻撃からそれを防衛することが重要であるということが、より遠くまで訪問を続ければ続けるほど強く認識できた」という[25]。そして、ストラングは、「この外縁部を一つの全体としてみなすこと」が死活的に重要だと論じた。このようなストラングの地政学的な思考が、後のイギリス外務省における長期的な戦略と結びついていく。

アジア歴訪からの帰国後、ストラングは外務事務次官として重要な文書を作成することになる。新たに設置した事務次官委員会（Permanent Under-Secretary's Committee; PUSC）において、ストラング次官を中心としてイギリスの長期的外交戦略を検討することになった。1949年5月9日にこの事務次官委員会が作成した「世界第三勢力か西側勢力の結集か？」と題する文書においては、西欧諸国のみで自立的な勢力を結集する「第三勢力」構想を放棄して、英米両国を中心とした「西側勢力の結集」を優先すべき点が提言されている[26]。ストラングは冷戦という国際環境の中で、あくまでもイギリスがアメリカとの協力関係を強めていくことの重要性を強調した。そして、「西側同盟」が結束して、グローバルな安全保障上の懸念に対応することが重要だと考えていた。それによってはじめて、ユーラシア大陸の「ハートランド」に位置する共産主義勢力が、リムランドへと膨張していくことを阻止することが可能となるだろう。

さらに、このストラングの事務次官委員会では「イギリスの海外における諸義務」と題する文書が作成され、そこでは「イギリスは、帝国として400年間受け継いできた世界における責任を保持している」ことを確認してい

る[27]。あくまでも「世界大国としてのイギリスの地位を維持すること」が重要であると書かれている。というのも、ストラングは東アジアの諸都市を歴訪した印象として、イギリスが引き続きこれらの地域で影響力を保持する必要を感じていた。というのも、「イギリスはこの地域を支配することはできないが、われわれの政治的および経済的影響力を用いて、この地域における一定の地域協力へと導くことができるし、またそうすべきである」からだ。

だとすれば、「東南アジアおよび極東におけるイギリスの影響力は、それゆえ、世界平和の維持のための重要な要素である」。より具体的には、「東南アジアと極東における地域協力」と題する事務次官委員会の文書のなかで、イギリス政府がこの地域での西側勢力を結集させていくためのその方法が記されている。すなわち、イギリスの影響力を行使して、「西側諸国とコモンウェルスの太平洋地域の構成国が、何らかのかたちで結びつくことができるような、ある種のアジアにおける地域的連合の形成」へと向かうべきだと論じている。イギリス政府は、イギリス帝国としての一体性を保持し、帝国を防衛するためにも、アメリカの力にある程度依存しなければならないと考えていた。そしてそのために必要なのが、グローバルに広がる西側同盟であった。

2　西側同盟のなかの日本

このようにして、東南アジアや極東でシンガポールや香港のような領土を有するイギリス帝国は、「西側同盟の結束」や「アジアにおける地域的連合の形成」によって、長期的な冷戦戦略を構築しようとしていた。この1949年から1950年にかけて、イギリス政府は西側諸国を結びつけるためのさまざまな努力を試みる。そこで重要となるのが、日本である。1947年にインド独立が達成され、また1948年から1949年にかけて中国共産党の支配が広がるなかで、アジアにおける日本の位置づけがきわめて重要な意味を持つようになった。潜在的に巨大な工業力を有している日本が敵側の勢力に加わるようなことがあれば、グローバルな勢力均衡が大きく崩れるであろう。また同時に、もし日本がそのような敵対勢力の一部を構成するのであれば、第二次世界大戦の際にそうであったように、イギリス帝国が極東における自らの領土と権益を守ることはきわめて難しいであろう。そうならないためにも、

日本を西側同盟へと埋め込むことが重要であった。

　それゆえベヴィン外相は閣議文書のなかで、「中国における共産主義の浸透によって、東アジアにおける最も重要な非共産主義の地域として、日本の政治的および戦略的重要性は高まるだろう」と論じている[28]。次第に、アジアの冷戦における日本の将来の重要性が、英米両国政府によって強く認識されるようになる。問題は、この時点では日本の将来が不透明であり、日本国内で社会主義勢力が大きな影響力を持つなかで永世中立を選択する可能性もあったことだ。

　事務次官委員会が作成したイギリスのアジア政策に関する文書のなかでも、「日本の安全と、その列島が潜在的な敵国の手に渡ることを拒絶することは、アメリカと日本との間の二国間の防衛協定によって確保することが可能であり、それにより日本国内においてアメリカは軍事基地を維持することができるだろう」と論じられている[29]。ここではじめて、イギリス政府は日米二国間の安全保障協定の必要性を指摘するようになる。イギリス政府は、日本の潜在的な国力が敵対勢力の側に組み込まれることを防ぐことの重要性を指摘するが、他方でイギリス単独では日本の防衛のために関与することは困難であることも指摘している。そこで、アメリカが日本の安全を保障して、西側同盟へと招き入れることが重要となるのであった。

　事実、この時期に日本が共産主義勢力の側に組み込まれたり、あるいは中立的な立場に立ったりすることは、全く想定できないことではなかった。1949年5月に外務省条約局法規課が作成した、「日本の安全を確保するための諸方法に関する考察」と題する文書では、「日本の安全を確保する方法」として、三つの可能性が考慮されていた[30]。それは（イ）「永世中立の宣言」と、（ロ）「特定国との同盟条約の締結」、そして（ハ）「相互の安全保障機構の設立」であった。条約局法規課の考察では、「結局（ハ）の相互に安保を保障し合うことが最も適当ではないかと考えられるがその実効性については（ロ）に及ばないと考えられる」として、何らかの「地域協定」の成立が必要であると検討されている。これは、ちょうどヨーロッパで北大西洋条約が調印された時期と重なっており、それゆえにおそらくはそのような地域協定を意識しての指摘であると考えられる。

半年後の 1949 年 12 月 3 日になると、次第に現実的な考慮からもアメリカの軍事力で日本の安全保障を確保する必要性が指摘されるようになる。「マジョリティ・ピースにおける安全保障に関する基本方針案（改訂版）」と題する外務省作成の文書において、次のように書かれている。「わが国が戦争を放棄し武力を全く有しないことに鑑み又連合国が二大陣営に対立し全連合国との間の講和条約の成立が不可能となり、米側諸国との間にのみ講和条約が締結される状況に鑑み、わが国の安全保障は、実質的には米側諸国にこれを委ねる方針を採る[31]」。

　これは、日本が自らの意思で、西側同盟の一員となることを意味していた。また、それによってのみ、実質的に日本の安全が確保できると考えられていた。日本政府が、「多数講和」の立場を選択するようになるのは、言い換えれば、アメリカを中心とした西側諸国に参画することを意味していた。日本政府もまた、自らが西側同盟に加わる必要を考慮するようになる。

3　北大西洋条約と太平洋協定

　1949 年 4 月 4 日の北大西洋条約調印へ向けた動きは、ヨーロッパを越えて多くの地域に巨大な影響を及ぼすことになる。というのも、冷戦対立の深刻化によって国連による安全保障の確保が困難となったことで、国連憲章 52 条の地域的取り決め、そして 51 条の集団的自衛権に基づいて、地域協定を締結することで自国の安全保障を確保しようとする動きが加速していくのである。すでに触れたように、イギリス政府も東南アジアや極東で何らかの地域機構を設立する必要を説いていた。

　フィリピンのエルピディオ・キリノ（Elpidio Rivera Quirino）大統領は、北大西洋条約調印へ向けた動きを意識して、そのような地域協定を太平洋地域にもつくる必要を説いていた。キリノ大統領はそのような動きに強い印象を受けて、1949 年 3 月に、「北大西洋協定と似たようなかたちで、何らかのかたちで太平洋協定」を成立する必要を主張した[32]。そして、そのような協定は「アメリカのリーダーシップ」により成立させる必要があり、それは「極東諸国とアメリカ自らと、その双方にとって有益である」という。戦後独立国となったフィリピンは、アメリカとの緊密な関係にあり、自由主義陣営の

一員として共産主義の膨張に対抗しなければならなかった。とはいえ、マニラ駐在のアメリカ大使からの報告では、キリノ大統領は国内政治的な理由から、この「太平洋協定（pacific pact）」の提案を発表したようである[33]。

　実はアメリカの国務省内でも同様のかたちで、「太平洋協定」実現へ向けた構想が検討されはじめていた。マラヤの「非常事態宣言」と、中国内戦における共産党の優勢を受けて、アジア一帯に共産主義勢力が拡張することへの懸念が認識されていた。政策企画室の文書においても、「大西洋共同体とそれ以外の自由世界を調和させるような、東南アジアの発展を支援するという目的の継続」が留意されており、アメリカ政府が「この地域を、インド半島からオーストラリア、日本と続く、巨大な三日月形（great crescent）の統合された一部分となるようにみなすこと」が推奨されていた[34]。

　そして、この政策企画室のスタッフであったジョン・デイヴィス（John P. Davies, Jr.）は、次のように書いている。「われわれはフィリピンとオーストラリアに対して、三カ国防衛条約の必要性を打診するべきであり、それは大西洋条約と同じような路線をとるべきであり、まずはアメリカとフィリピンとオーストラリアから構成されることになる。後には、この条約はこれらの三カ国に加えて、カナダ、日本、ニュージーランドも含むべきである[35]」。次第にアメリカの国務省は、東南アジアから日本に至る地域の自由主義諸国の提携を、冷戦戦略という視点を通じて考えるようになっていく。

　ところが、ジョージ・ケナン自らは、このような同盟の拡大には否定的であった。ケナンは、「防衛的な利益を共有する真の共同体（a real community of defense interest）」とはなっていない諸国の間で、このような地域協定を創ることは現実的ではなく、望ましくもないと考えていた[36]。国務省内でも、このような「太平洋協定」がどの程度実際に機能することが可能なのかについて、幅広い疑念が見られていた。

　1949年8月にパリにおいて、イギリスの外務閣外相のヘクター・マクネイル（Hector McNeil）と、アメリカのケナン国務省政策企画室長が外交協議を行い、そこで日本の安全保障についても意見が交わされた。マクネイルはケナンとの会話のなかで、イギリス政府もまた同じように、「太平洋協定」という多数国間で構成される地域協定の実現可能性に疑いを持っており、あ

第1章　西側同盟のグローバル化 | 23

くまでもアメリカが戦略的にも重要な日本と「二国間の防衛協定」を創ることでこの地域の安定を確保できるだろうと述べた[37]。9月にはイギリスのベヴィン外相とアメリカのアチソン（Dean Acheson）国務長官との間で英米外相会談を行い、そのなかでも極東情勢が議論された。そこでベヴィンは、イギリス政府としては日米二国間の安全保障協定を結び、それによって日本国内での米軍基地を維持するのが好ましいと述べた[38]。

この年の年末の12月に、アメリカの国家安全保障会議（NSC）は、NSC48/2として、「アメリカのアジアに対する立場」と題する重要な文書を作成した[39]。これは、アメリカの国家戦略として、体系的なアジア政策の長期的方針を記したきわめて重要な文書であった。そこでは、次のように記されている。「アジアのさまざまな地域において、非共産主義諸国による地域的連合を形成するためのアジアの指導者たちの努力に対して、アメリカは共感を示すべきである。そして、もしそのような連合が実現するとすれば、アメリカはそこに招かれた場合は、われわれの利益に沿うような条件の下でそのような連合が目的を実現するために、支援を提供する用意をすべきであろう。」そのような、アジアの非共産主義諸国によって構成される地域のなかでは、最も重要なのは日本である。「もしも、極東において戦争を引き起こす巨大な国力を持つ主たる大国である日本が、スターリン（Iosif V. Stalin）のブロックに加わるとすれば、アメリカにとって不利となり、グローバルな勢力均衡を変化させるために必要な巨大な資源を、ソヴィエトのアジアの軍事基地に加えることになるであろう[40]」。

このようにして、この時期になると日本を西側同盟の一員に繋ぎ止め、また共産主義勢力の膨張を防ぐためにもアジアにおいて西側同盟としての結束を強化することが、重要な戦略と位置づけられるようになっていた。その背後には、英米両国における新しいグローバルな戦略が存在していた。

III　グローバルな戦略と西側同盟の軍事化

1　米英両国のグローバルな防衛戦略

1949年から1950年にかけて、アメリカとイギリスと両国政府のなかでは、

長期的な防衛戦略の指針となるようなきわめて重要な文書が作成されるようになる。1949年10月の、中国における共産党政権の成立は、西側諸国に強い衝撃を与えた。ソ連と中国が接近することによって、ユーラシア大陸はその中心部分が共産主義勢力によって支配されることになった。また、ドイツにおいては東西二つの分断国家が誕生して、ヨーロッパ大陸もまた東西分断が確立していった。このようにして、世界が二つの陣営へと分断され、また共産主義勢力が影響力を拡大するなかで、これにどのように応えるかが重要な課題であった。

アメリカ政府内では国務省と国防省が協力して、長期的なアメリカの戦略目標を規定する重要な文書を作成した。それは、NSC68として1950年4月14日に作成された、「国家安全保障のためのアメリカの目標とプログラム」と題する文書である[41]。この長文の文書では、ソ連の軍事的脅威が強調されて論じられており、それに対抗するためにも自由主義諸国がこれから急速に再軍備と軍拡を進める必要が説かれている[42]。また、アメリカが自由世界のリーダーとして、西側同盟諸国の軍事力を効果的に統合して、組織化する必要もまた指摘されている。グローバルな規模で、共産主義勢力の膨張を「封じ込める」必要が強調されているのだ。

他方で、イギリス政府内でも同様に、時を同じくして長期的な防衛戦略が検討されていた。それは、1950年6月7日に、「防衛政策とグローバルな戦略」と題する報告書として、国防省内でまとめられた。そこでは、次のように書かれている[43]。「今日では、イギリスの戦略や西欧の戦略を、なにか全体から切り離されたものであるとか、独立したものであるなどと考えることは、もはや意味をなさなくなっている。政策とその方法において、アメリカとの完全なる協力関係が死活的に重要となっている[44]。」また、そこでは、「冷戦政策は、それゆえに、軍事的な強大さと関連づけられていなければならない」と書かれており、さらには「冷戦における最終的な勝利に必要な要件とは、西側において十分な軍事力を発展させていくことである」と論じられている[45]。

このようにして、1950年の春から夏にかけてアメリカとイギリスの両国の政府内で、長期的な防衛戦略が検討されており、それは長文の報告書とし

てそれぞれまとめられていた。そして、そのような両国政府のグローバルな戦略が、西側同盟をグローバル化する役割を果たすことになる。まさにそのようなときに、朝鮮半島で軍事衝突が勃発した。朝鮮戦争である。1950 年 6 月 25 日未明、北朝鮮軍が軍事境界線であった 38 度線を越えて南下して、同月 28 日にはソウルを占領する。アメリカ政府は、韓国を支援する声明を発表して、軍事介入を行う決定をする。

　しかしながら、イギリス政府は同時に、この地域紛争がグローバルな戦争へと発展しないように、細心の注意を払うことになる。外務担当閣外相のケネス・ヤンガー（Kenneth Younger）は、6 月 27 日に、「事態を朝鮮半島に限定させて、世界戦争を防ぐことがわれわれの主要かつ最も重要な政策目標でなければならない」と論じていた[46]。イギリスは、香港やシンガポール、マラヤなど、極東で植民地を有していたために、朝鮮半島の紛争が他の地域に飛び火することを深刻に懸念していたのだ。コモンウェルス諸国とも政策を調整して、イギリス帝国としての一体となった対応を行うことが重要であった。

　アメリカ政府は、朝鮮戦争の勃発によって、NSC68 で検討していたソ連共産主義の膨張主義的な傾向をよりいっそう深刻に懸念するようになり、共産主義圏に軍事的に対抗することが不可欠であると考えるようになる。そして、そのような懸念は、地球の裏側のヨーロッパ大陸では、北大西洋条約の軍事機構化とドイツ再軍備へと帰結していく[47]。このようにして、朝鮮戦争とヨーロッパ大陸での東西対立が連動するようになり、それとともに西側同盟がグローバルな脅威に対応する必要が論じられるようになる。

2　日米同盟から SEATO へ

　アメリカ政府は 1950 年 4 月から、対日講和条約の準備作業を加速していく。この時期の対日講和条約問題の本質とは、いかにしてアジア太平洋地域で安定的な戦後秩序を形成して、そのなかに日本を位置づけるかということであった。オーストラリアやニュージーランドのコモンウェルス諸国のなかには、日本の軍国主義化への恐怖心が強く残っており、日本は依然として最大の脅威となっていた[48]。したがって、この地域の主要な諸国が十分に受入れ

可能な、そしてアメリカ軍にとっても許容可能な、講和のための枠組みを模索する必要があった。

アメリカ政府内では、1950年2月以降に「太平洋協定」成立へ向けた動きが見られるようになっていた。アチソン国務長官の特別補佐官となっていた国務省のジョン・ハワード（John Howard）は、「太平洋協定」の具体化のための検討作業を始めており、その「構成国は、アメリカ、カナダ、フィリピン、オーストラリア、ニュージーランド、そして日本」だと想定していた[49]。これ以後も、ハワードは国務省内でこの「太平洋協定」構想を検討していく。アメリカ国務省としては、大西洋同盟と同様の地域協定を、太平洋においても形成可能だと考えていた。

他方で、外交に精通した共和党の上院議員であったジョン・フォスター・ダレス（John F. Dulles）が、対日講和条約担当の大統領顧問となった。ダレスは、共産主義勢力に対抗するための西側同盟の組織化と強化を、重要な課題と位置づけていた。と同時に、敬虔なキリスト教徒として、道徳性や精神性を強調して、キリスト教の精神を共有する人々との連帯を重視していく。長年共和党内で外交問題を担当してきた優れた交渉者として、ダレスは政府内で巨大な権限を持って、対日講和条約作成へ向けて作業を加速していく。

結局ダレスは、イギリス政府や、コモンウェルス諸国の強い抵抗に直面して、自らもその実現を目指していた「太平洋協定」を断念するようになった[50]。その結果、1951年9月には日米安保条約を調印し、アジア太平洋地域の安定と平和、そして日本の安全保障を確立していくことを目指すようになる。また同時に、アメリカとオーストラリアとニュージーランドの間で、ANZUS条約が締結された。これらの条約が形成されたことで、日本が西側同盟の一員として加わると同時に、アジア太平洋地域において日米安保条約、ANZUS条約、そして後に成立する米韓同盟やSEATOというような安全保障条約がつくられる。これらを通じて、アジア太平洋地域の自由主義諸国は、アメリカの「封じ込め政策」の一翼を担うようになり、また反共的な結束を深めることになる。

しかしながら、それはまたアメリカを中心とした軍事同盟網であって、軍事的な必要から成立した安全保障枠組みであった。その西側同盟の内部では、

第1章　西側同盟のグローバル化 | 27

必ずしもヨーロッパとアジアは対等な、直接的な協力関係を構築することができなかった。グローバルな西側同盟が、価値や利益を共有する協力枠組みへと発展していくためには、冷戦という国際政治の対立状況の緩和と、脱植民地化、そしてあと少しの年月が必要となる。

おわりに

　対日講和交渉をアメリカ政府内で担当したダレスは、その後の1953年1月からはアイゼンハワー（Dwight D. Eisenhower）大統領の下で国務長官として、米韓同盟の成立やSEATO設立へ向けた外交努力を行う。そのダレスは、「条約マニア（pact mania）」とまで呼ばれ、西側の同盟網を設立および強化する上での中心的な役割を担った。

　ダレスは1948年3月の演説のなかで、次のように語っていた。「世界中の大部分において、道徳的な力の空白状況が生まれており、それは何世紀にもわたって道徳的な台頭を続けてきた西側の民主主義諸国の衰退が大きな原因となっている[51]」。そして、そのような思考からダレスは、「われわれは今、第二次世界大戦でそうであったように、グローバルな闘いを行っている」と説いていた[52]。そして、ダレスは次のように述べる。

　「アメリカにとって、ヨーロッパの人々と協力をすることは比較的容易なことである。というのも、われわれは同じ『西洋文明』に属しているからだ。われわれの宗教、文化、政治制度、教育、そして生活様式は、多くの場合において同様である。そして、その結果として、われわれは同じように思考をして、相互に理解し合うことができる。しかし、われわれがアジアの人々と協力をするときには、それとは異なった状況となる[53]」。

　このようにして、ダレスにとってアジアとは異質な存在であった。キリスト教の精神を共有しないアジアの多くの人々との協力には、限界があった。必ずしもそれのみが原因とは言いがたいが、皮肉なことにダレスが設立のための努力をしたアジアにおける反共同盟としてのSEATOも、後に瓦解していくことになる。西側同盟の中で、アジアの人々がどのような役割を担い、どのように位置づけられるべきかについて、難しい問題が横たわっていたの

だ。

　結局、イギリス政府が期待したようなかたちでは、イギリス帝国の一体性を維持することはできなかった。また、アメリカ政府が期待したようなかたちでは、共産主義の膨張を防ぐ同盟網を維持することはできなかった。アジア諸国が、ヨーロッパやアメリカと対等な関係で協力を発展させるためには、さらに多くの時間が必要とされていた。戦後初期の西側同盟のグローバル化の過程は、冷戦の深刻化と、共産主義の膨張という現実の危機を目の前にして、英米両国を中心に企図されたものであった。戦後のアジアとヨーロッパの関係は、そのような西側同盟という枠組みを基礎とすると同時に、そのような枠組みを変容させることではじめて発展させることができたのだろう。

1) 冷戦による世界の分断については、Wilfried Loth. 1988. *The Division of the World 1941-1955*. London: Routledge が優れているが、これはあくまでもヨーロッパの分断が中心である。他方で、それまでアメリカの冷戦戦略が中心であった冷戦史研究も、1980年代以降ヨーロッパ冷戦史研究、そしてさらにはアジア冷戦史研究が発展してきた。ヨーロッパ冷戦史については、David Reynolds. 1994. *The Origins of the Cold War in Europe: International Perspectives*. New Haven: Yale University Press が一次史料を豊富に用いた先駆的共同研究であり、アジア冷戦史研究については、中央公論社の「叢書国際環境」の各巻、とりわけ永井陽之助『冷戦の起源—戦後アジアの国際環境』（中央公論社、1978 年、2013 年に中公クラシックス版刊行）、およびその英語文献としての Yonosuke Nagai and Akira Iriye eds.. 1977. *The Origins of the Cold War in Asia*. New York: Columbia University Press が先駆的といえる。最新の冷戦史研究の研究状況については、Melvyn P. Leffler and Odd Arne Westad eds.. 2010. *The Cambridge History of the Cold War, in three volumes*. Cambridge: Cambridge University Press および、Richard H. Immerman and Petra Goedde eds.. 2013. *The Oxford Handbook of the Cold War*. Oxford: Oxford University Press を参照。
2) この時期のヨーロッパの植民地帝国と東南アジアとの関係を論じる研究として、イギリス外交が中心であるが、代表的なものとして、Karl Hack. 2001. *Defence and Decolonisation in Southeast Asia: Britain, Malaya and Singapore 1941-68*. Richmond: Curzon Press; Nicholas Tarling. 1998. *Britain, Southeast Asia and the Onset of the Cold War 1945-1950*. Cambridge: Cambridge University Press; Nicholas Tarling. 2005. *Britain, Southeast Asia and the Impact of the Korean War*. Singapore: Singapore University Press; Albert Lau ed.. 2012. *Southeast Asia and the Cold War*. London: Routledge; Peter Lowe. 2009. *Contending with Nationalism and Communism: British Policy towards*

Southeast Asia, 1945-65. Basingstoke: Palgrave; 木畑洋一. 1996.『帝国のたそがれ――冷戦下のイギリスとアジア』東京大学出版会を参照。
3) そのような視点から冷戦の起源を論じたものとして、細谷雄一. 1999.「ヨーロッパ冷戦の起源、一九四五――一九四六年――英ソ関係とイデオロギー対立の展開」『法学政治学論究』第 43 号参照。
4) John Kent. 1993. *British Imperial Strategy and the Origins of the Cold War 1944-1949*. Leicester: Leicester University Press, p. 15.
5) CAB81/65, PHP (45) 29 (0) Final, "The Security of the British Empire," 29 June 1945, in S.R. Ashton and S.E. Stockwell eds.. *British Documents on the End of Empire, Series A, Volume I: Imperial Policy and Colonial Practice 1925-45, Part I*. London: Her Majesty's Stationery Office, 1996. No. 43.
6) Ibid.
7) Louise L'Estrange Fawcett. "Invitation to the Cold War: British Policy in Iran, 1941-7," in Anne Deighton ed.. 1990. *Britain and the First Cold War*. London: Macmillan, p. 195.
8) このような政策の転換は、Yuichi Hosoya. 2010. "The Atlantic Community and the Restoration of the Global Balance of Power: The Western Alliance, Japan, and the Cold War, 1947-1951," in Marco Mariano ed.. *Defining the Atlantic Community: Culture, Intellectuals, and Policies in the Mid-Twentieth Century*. New York: Routledge, pp. 174-190 を参照。
9) George F. Kennan. 1967. *Memoirs 1925-1950*. Boston: Little, Brown, p. 368.
10) Kennan. *Memoirs*. p. 393. ケナンの対日政策構想については、楠綾子. 2009.『吉田茂と安全保障政策の形成――日米の構想とその相互作用 1943 ～ 1952 年』ミネルヴァ書房、2009 年、59-65 頁。
11) "Draft Treaty of Peace with Japan," 6 August 1947, Records of the Policy Planning Staff, Box 12, Record Group 59, National Archives of Records and Administration (NARA), College Park, MA, United States.
12) Policy Planning Staff, PPS13, "Resume of World Situation," November 1947, Box 1, RG59, NARA. また 佐々木卓也. 1993.『封じ込めの形成と変容――ケナン、アチソン、ニッツェとトルーマン政権の冷戦戦略』三嶺書房、74-75 頁も参照。
13) George F. Kennan, "Contemporary Problems of Foreign Policy," lecture at the National War College, Washington, D.C., 20 August 1948, George F. Kennan Papers, Box 6, Folder 21, MC076, Seeley G. Mudd Library, Princeton University Library.
14) The National Archives (TNA), PREM8/1431, CP (47)313, November 1947, "Extinction of Human Rights in Eastern Europe," memorandum by Ernest Bevin, Kew Gardens, the United Kingdom.
15) TNA, PREM8/1431, CP (48)7, 5 January 1948, "Review of Soviet Policy," memorandum by Bevin.

16) John Kent. 1989. "Bevin's Imperialism and the Idea of Euro-Africa, 1945-9," in Michael Dockrill and John Young eds.. *British Foreign Policy 1945-56*. London: Macmillan, pp. 47-76 などを参照。
17) TNA, CAB129/23, CP (48)6, 4 January 1948, "The First Aim of British Foreign Policy," memorandum by Bevin.
18) この経緯は、細谷雄一．2006.「冷戦時代のイギリス帝国」佐々木雄太編『世界戦争の時代とイギリス帝国』ミネルヴァ書房、107-8頁、および、細谷雄一．2001.『戦後国際秩序とイギリス外交—戦後ヨーロッパの形成　1945年～1951年』創文社、第6章でも詳しく触れられている。
19) TNA, PREM8/1431, CP (48)239, 2 November 1948, "North Atlantic Treaty and Western Union," memorandum by Bevin.
20) 戦後初期のアジアにおける戦争と混乱については、木畑洋一．2011.「アジア諸戦争の時代——九四五—一九六〇年」『岩波講座東アジア近現代通史7・アジア諸戦争の時代』岩波書店、1-39頁、および後藤乾一．1997.「東南アジアの脱植民地化と地域秩序」細谷千博・入江昭・後藤乾一・波多野澄雄編『太平洋戦争の終結—アジア・太平洋の戦後形成』柏書房、257-282頁が優れた概観である。
21) 木畑『帝国のたそがれ』159頁。
22) TNA, FO371/75743, F3507/1015/10G, P.W. Scarlett to Oliver Franks, 23 March 1949.
23) Cited in Thomas Kaplan. "Britain's Cold War: Malaya," in Deighton ed.. *Britain and the First Cold War*, p. 201.
24) William Strang. 1956. *Home and Abroad*. London: Andre Deutsch, pp. 239-240.
25) Ibid.
26) TNA, FO371/76384, W3114/4/500G, PUSC (22)Final, 9 May 1949, "Third World Power or Western Consolidation?".
27) PUSC (59)79, Final 2nd revised, 27 April 1950, "British Overseas Obligations," in Roger Bullen and M.E. Pelly eds.. *Documents on British Policy Overseas, Series II, Volume II: The London Conferences, Anglo-American Relations and Cold War Strategy, January – June 1950*. London: HMSO, 1987. No. 43.
28) CAB129/31, CP (48)299, memorandum by Bevin, 9 December 1948, in S.R. Ashton, G. Bennett and K. A. Hamilton eds. *Documents on British Policy Overseas, Series I, Volume VIII: Britain and China, 1945-1950*. London: Frank Cass, 2002. No. 51.
29) TNA, FO371/76385, W4826/3/500G, PUSC (53)Final, "Regional Co-operation in South-East Asia and the Far East," 30 August 1949.
30) 条約局法規課「日本の安全を確保する諸方法に関する一私的考察（未定稿）」1949年5月『日本外交文書　サンフランシスコ平和条約準備対策』（外務省、2006年）396-397頁。
31) 「マジョリティ・ピースにおける安全保障に関する基本方針案（改訂版）」1949年12

月3日、同上、441頁。
32) Lockett (Manila) to Acheson, 22 March 1949, *Foreign Relations of the United States, 1949, Vol.7: The Far East and the Australasia, Part I*. Washington, D.C.: USGPO, 1975, p. 1125. 以下、*FRUS* と略する。
33) Acheson to Lockett, 23 March 1949, *FRUS, 1949*, vol. 7, p. 1126.
34) PPS51, Policy Planning Staff Paper on United States Policy towards Southeast Asia, 29 March 1949, *FRUS, 1949*, vol. 7, p. 1129; Michael Schaller. "Securing the Great Crescent: Occupied Japan and the Origins of Containment in Southeast Asia," *Journal of American History*, vol. 69, No. 2 (1982), pp. 392-414.
35) Paper Drafted by John P. Davies, Jr., PPS, 7 July 1949, *FRUS, 1949*, vol. 7, pp. 1147-1151.
36) PPS43, "Considerations Affecting the Conclusion of a North Atlantic Security Pact," 23, November 1948, Record of the Policy Planning Staff, Box 1, RG59, NARA.
37) TNA, FO800/462, FE/47/No. 824, 10 August 1949, record of conversation between Sir H. McNeil and George Kennan.
38) Record of discussion of Far Eastern affairs in preparation for conversation with Mr. Bevin, 13 September 1949, *FRUS, 1949*, vol. 7, pp. 1204-1208.
39) NSC48/2, A Report to the President by the National Security Council, "The Position of the United States with Respect to Asia," 30 December 1949, *FRUS, 1949*, vol. 7, pp. 1215-1220.
40) NSC48/1, "The Position of the United States with Respect to Asia," 23 November 1949, in Thomas H. Etzold and John Lewis Gaddis eds., 1978. *Containment: Documents on American Policy and Strategy, 1945-1950*. New York: Columbia University Press, p. 253.
41) NSC68, "United States Objectives and Programs for National Security," April 14, 1950, in Etzold and Gaddis eds., *Containment*, pp. 385-442.
42) 佐々木『封じ込めの形成と変容』206-208頁。
43) CAB131/9, DO (50)45, Ministry of Defence, "Defence Policy and Global Strategy," in H. J. Yasamee and K.A. Hamilton eds., *Documents on British Policy Overseas, Series II, Volume IV: Korea 1950-1951*. London: HMSO, 1991. Appendix I, pp. 411-431. 以下、DBPO と略する。
44) Ibid., p. 411.
45) Ibid., pp. 412-413.
46) Younger to Sir Oliver Franks, 27 June 1950, *DBPO, II, IV*, No. 2.
47) 細谷『戦後国際秩序とイギリス外交』196-207頁、および Wilfried Loth. "The Korean War and the Reorganization of the European Security System 1948-1955," in R. Ahmann, A.M. Birke, and M. Howard eds., 1993. *The Quest for Stability: Problems of West European Security 1918-1957*. Oxford: Oxford University Press, pp. 495-486 を参照。

48) イギリス政府の対日講和政策については、細谷千博. 1984.『サンフランシスコ講和への道』中央公論社、および木畑『帝国のたそがれ』第1部、オーストラリアの対日講和政策については、菊池努. 1986.「オーストラリアの対日講話外交」渡辺昭夫・宮里政玄編『サンフランシスコ講和』東京大学出版会、193-224頁などを参照。
49) John Howard to Butterworth, attachment to memorandum, 9 March 1950, in *Foreign Relations of the United States, 1950, volume 6: East Asia and the Pacific*. Washington, D.C.: USGPO, 1977, pp. 1138-1140.
50) この経緯は、細谷雄一「イギリス外交と日米同盟の起源、一九四八-五〇年―戦後アジア太平洋の安全保障枠組みの形成過程」日本国際政治学会編『国際政治』117号、201-203頁を参照。
51) Draft of address to be made by John Foster Dulles, Washington, D.C., 11 March 1948, John Foster Dulles Papers, MC016, series 1, box 37, Princeton University Library.
52) John Foster Dulles. 1950. *War or Peace*. London: George G. Harrap, pp. 222-223.
53) Dulles. *War or Peace*. p. 229.

第 2 章

フランスと東アジア、1945-1951 年
――「第二次世界大戦の論理」と「冷戦の論理」のはざまで――

宮下雄一郎

はじめに

　20世紀のフランスとアジアの接点を歴史的にどう論じるか。フランス領インドシナの存在ゆえに、フランスとアジアの関係といえば、自ずとフランスと東南アジアの関係を連想することが多かった。

　しかし、植民地帝国を維持するためには、その帝国の周辺地域にも関心を寄せなければならなかった。つまり、フランスは、インドシナを足掛かりに、東南アジアに限らずアジア全体に目配りしていたといえるのだ。アジアの国際政治力学を考えるうえで東アジアは欠かせない地域であり、そのなかの日本は欠かせないアクターである。

　20世紀前半の東アジアは日本が跋扈した時代であり、フランスもその影響を受けた。そして、20世紀の折返しは、太平洋戦争に敗れた日本が大陸から撤退し、占領下に置かれることを契機に始まったといえよう。実は、フランスは、その折返しの時期に相当する1940年代後半から1950年代前半にかけての日本に多大な関心を持ち、東アジアの国際政治に率先して加わろうとしたのである。一体なぜフランスは、占領下に置かれた日本に関心を寄せ、その帰趨を決める政治に関与しようとしたのであろうか。

　本章の目的は、フランスが占領期の日本に直接的、間接的に関与した、あ

るいは関与しようとした意図を、アジアとヨーロッパ双方の国際政治力学を踏まえたうえで明らかにすることである。より具体的には、日本がポツダム宣言を受諾し降伏した1945年8月から、サンフランシスコ講和条約が調印された1951年9月までの期間に、フランスが日本に何を求め、日本を通じていかなる外交を展開しようとしたのかという問題を提起し、それに答えることを試みる[1]。

　時代区分として採用した1945年から1951年までの時期は国際政治史のうえで過渡期に相当する。第二次世界大戦が終わって間もない時期であり、フランスは敗れた旧枢軸国に対し、依然として強い警戒感を抱いていた。その一方で、米ソが対立するなかで二極構造が固まり始めた時期でもある。フランスは、西側陣営の主要な国家として「冷戦の論理」を受け入れつつも、時として反発した。なぜならば、フランスからしてみれば、それは米ソの圧倒的な地位を前提とする構造を受け入れることであり、陣営内でアメリカを一歩抜きんでた存在として認めることを意味したからだ。フランスは、二極型ではなく、多極型の国際システムを理想として掲げていたのである。それゆえ、冷戦を否応なく受け入れたといった方が実態に近いであろう。

　たとえば、フランスの「冷戦の論理」に対する違和感は、「ドイツ問題」への対応に見られた。たとえドイツが二つに分断され、さらに再軍備の対象が西側陣営に属していたドイツ連邦共和国（筆者注—西ドイツ）であっても、それを受け入れることは容易なことではなかったのである。これは、フランスが冷戦構造のなかにいることを自覚しつつも、数年前までは枢軸勢力として敵であった相手を警戒する「第二次世界大戦の論理」というべき思考枠組みに則って政策判断を行おうとしていたことを示す。

　フランスの政治エリートは、「冷戦の論理」と「第二次世界大戦の論理」に挟まれ、ジレンマに立つことが多々あった。こうした状況が少なからずアジアでも見られた。というのも、ドイツと同じく枢軸勢力の要であった日本に関してもその国際社会復帰をめぐる問題でフランスは悩むことになったからである。「ドイツ問題」があったように、第二次世界大戦終焉直後の時期には「日本問題」もあったことを本章では論じていく。

　日本の国際社会復帰をめぐる問題は賠償問題と講和問題をとおして展開し

ていく。そして、時として「日本問題」と「ドイツ問題」が交錯する局面も出てくる。フランスは東南アジアを足場に、東アジアを含むより広範囲のアジアを見渡そうとしていたのだが、実際にはそれが非常に困難なことであったことも本章で見ていく。

　フランスは世界レベルのパワーであるという自己認識の下、東アジアの問題に当然介入するつもりでいた。「日本問題」は、フランスがそうした理想を追求するアリーナであったといえよう。しかし、東アジアの現実はフランスが思い描いていた理想とは大きく異なるものであった。

　なぜ、フランスは日本をとおして現実とかけ離れた理想を描いたのか。それを理解するためには第二次世界大戦期に遡って問題を探る必要がある。

I　フランスと「世界大戦」

1　正統性の問題

　1945年の夏、フランス共和国臨時政府（Gouvernement provisoire de la République française, 以降GPRF）は戦勝国として終戦を迎えた。9月2日、ミズーリ号の甲板には同政府を代表してルクレール（Philippe Leclerc de Hauteclocque）将軍が立ち、署名もした。しかし、この場に代表を送ることのできた連合国のなかでフランスは最も居心地の悪い戦勝国であったのかもしれない。というのも、1944年までフランス本国では、「中立」を標榜していたヴィシー政府がドイツに協力し、時に日本とも協力したからである。このヴィシー政府が倒れ、1944年の夏にGPRFがパリに本拠を構え、主要連合国の承認を得ることによって、フランスは晴れて戦勝国となったのである[2]。

　フランスが戦勝国になることができたのは、1940年6月以来、若手の将軍であるドゴール（Charles de Gaulle）が、ロンドンを拠点に自由フランス（la France libre）という国外抵抗運動を立ち上げ、1943年5月下旬以降はアルジェに移動して対枢軸徹底抗戦を唱え、それを実践したからである。しかし、この間、ヴィシー政府も、フランスが完全に占領され、傀儡政権と化す1942年11月までフランス本国の占領下に置かれていない自由区域を統治し、それ以降も前述のように1944年まで存在していたのである。ヴィシー政府と

自由フランス系の勢力との間で、国際政治の舞台でフランスを代表する統治機構としての正統性をめぐる闘いが繰り広げられたのである。

結果的にドゴールがこの闘いに勝ったとはいえ、連合国、なかでも米ソにとってフランスの「お家騒動」は戦争遂行の邪魔となる醜聞でしかなかった。評判を落としたことから、連合国の国際政治のなかで「フランス」という括弧付きの存在として扱われたのである[3]。その影響は戦争が終焉を迎えても消えず、正統性をめぐる内紛が第二次世界大戦後のフランスの東アジアにおける外交活動の足枷になったわけだ。

2　参加の条件

敗戦後の日本の帰趨をめぐる政治に参加するには二つの条件を満たす必要があった。第一に、対日戦に参加することである。第二に、日本の降伏条件、あるいは占領構想を話し合う会議の場に出席することである。ドイツが敗れるまでフランスは太平洋の戦線に大規模な兵力を割くことはできなかったが、1945年5月8日にドイツが降伏したことで状況が変わった。早くもその1週間後の5月15日、ドゴールはトルーマン（Harry S. Truman）大統領に、「日本との最終決戦に向けて、フランス軍を参加させることを切に願っている」とメッセージを送ったのである[4]。この言葉どおり、フランスはルクレール将軍を司令官に、極東派遣軍を編成したのだが、これが間に合わなかった。ルクレールが、部下のグリビウス（André Gribius）という陸軍将校から受け取った手紙に、フランスにとって日本の敗戦が何を意味するのかが端的に表現されている。グリビウスによると、それは「早すぎる終戦」であり、「戦後フランスに深刻な影響を及ぼす」ことが予想され、「諸手を挙げて喜ぶことができない」のであった[5]。フランスの思惑を率直に表現した手紙である。インドシナにおける日本軍の武装解除も北緯16度線を境に、北が中国、南がイギリスによって実施され、フランスに明け渡すまで英中両国が行政を担ったのである。以上のように、フランスは、二つの条件のうちの一つである戦闘に参加する機会を完全に逸したのだ。

次に、第二の条件である日本の処遇に関する会議へのフランスの参加状況を見ていく。そもそも第二次世界大戦期の「フランス」が国際会議の場から

はじかれていたことを指摘せねばなるまい。GPRF がフランスの正統な統治機構としての地位を確立してからも、1945 年 2 月のヤルタと 7 月から 8 月にかけて行われたポツダムの両会議に招かれず、失望を味わった。こうした流れのなかで、敗戦した日本の管理を議題として扱った 12 月のモスクワ外相会議にも参加できなかった。フランスのボネ（Henri Bonnet）駐米大使は、ポツダムに続き、自国が招かれなかったことをバーンズ（James F. Byrnes）国務長官に抗議し、「ドイツ問題が議題にのぼらないからフランスを呼ぶ必要がない」という考えは間違っていると不満を露わにした[6]。

　フランスは、日本をめぐる問題どころか、ドイツに関しても、大戦中は関与するのに苦心した経緯がある。隣国の去就にすらまともに関与できないのだから、日本に関して呼ばれないのは当然ともいえよう。案の定、対日政策の最高機関として設置された極東委員会にフランスは参加するものの、米ソ英中の「四大国」と異なり、拒否権を与えられなかった。極東委員会がどれだけの権限を持つかが問題であったわけではない。フランスにとってヨーロッパは当然のことながら、アジアの処理問題に関しても「五大国」として残りの 4 カ国と同等の権利を与えられてしかるべきであったのだ。フランス外務省アジア・オセアニア局は、フランスが「国際連合の安全保障理事会の五大国の一角として」、ならびに「太平洋のパワー」として、極東委員会で扱うテーマでフランスの国益が関わる際には、残りの「四大国」と同じように拒否権を付与されることをアメリカに正式に要求すべきだと主張した[7]。だが、フランスが極東委員会で拒否権を獲得することはなかった。

3　戦争の記憶

　占領下の日本に代表団を派遣したフランスは、自らの劣勢を自覚せざるを得なかった。対日戦に参加しなかったことだけではなく、枢軸勢力に協力したことがあらためて問い直されたのである。終戦時の日本にはまだヴィシー政府系の外交官がいたため、1946 年初頭、GPRF は、正式な駐日代表の派遣に先んじて交代要員の外交官を派遣した。そのうちの 1 人が到着早々、本省のアジア・オセアニア局長に宛てて手紙を書き、そのなかで戦時中の「日仏協力」が足枷となっていることについて具体例を挙げながら嘆いた。そし

て日本におけるフランスの立場について「悲劇的」と表現し、不安を書き連ねたのである[8]。そもそも、自由フランスに連なる統治機構を正統なアクターとみなすGPRFと、それに続く第四共和制のフランスにとって「日仏協力」など非正統にして非合法のヴィシー政府の産物でしかなかった。

　だが、こうした論理は日本占領を主導したアメリカには通用しなかった。戦時中の国務省では「フランス」に対する根強い不信感が充満していたが、戦後もしばらくこうした状況が続いた。たとえば、1947年9月、国務省はワシントンのフランス大使館に対し、「フランスは一体、いつから日本と戦争状態に入ったのか」と問い合わせてきた。より具体的には、日米が戦争状態に入った1941年12月8日の段階では、ドゴールが政府の首班ではなかったと解釈し、その後の政府が「国際法とフランスの憲法に則って」遡及的に日本に対する「宣戦布告」に法的効力を持たせるような措置をとったのかどうか問い質したのである。

　1941年の自由フランスは「運動」であり、日本と外交関係を持っていたわけではないため、宣戦を布告したのではなく、「戦争状態に入った」と一方的に宣言したのである。しかし、フランスの「正史」では、自由フランスの政府的機構であるフランス国民委員会（Comité national français）がまず存在し、その後はアルジェで国民解放フランス委員会（Comité français de la libération nationale, 以降CFLN）が設立され、それがGPRFとして発展的に改組し、そこから第四共和制が誕生したのである。アメリカの質問の背景にはヴィシー政府が少なくとも戦争の前半は正統なアクターであったというフランスにとってすこぶる都合の悪い解釈があった。これはドゴールでなくとも、第四共和制の政治エリートにとって受け入れがたい解釈であり、フランスにとって不愉快極まりない問い合わせであった。

　もっともフランス外務省は、アメリカの問題提起が的外れではないことを重々承知しており、これは厄介な案件であった。ビドー（Georges Bidault）外相は、駐米大使への訓令のなかで、「われわれの説明は揺るぎないものだ。しかし、フランス憲政史上、かくも慎重を要し、繊細かつ論争的で、辛い時代の話を国務省とするのは時宜にかなっておらず、得策ではない」と記した[9]。自由フランスの正統性を公式には問題視しないフランス政府にとって

「1941年12月8日」以外の解答は出しえない。とはいえ、機微な問題であることは間違いなく、フランスの駐米大使館で極東委員会の業務を担当していた外交官のラコスト（Francis Lacoste）は、最善の策として「可能ならば問題が忘却されるように放置し、再度照会してきた際には返答を可能な限り遅らせること。同時に、質問に対し、気まずい素振りを見せたり、返答に窮するようなことがあったりしてはならない」と提言した[10]。

以上のような「戦勝国」フランスの特殊な事情を、歴史家の鈴木成高がほぼ同時期に次のような文言で端的にまとめた。「フランスの精神生活の現在における特有の複雑さは、戦い敗れながらもしかも戦勝国の列に入ったという複雑さをさながらに反映するもののごとくである[11]」。フランスの「精神生活」のみならず、1940年の敗北の記憶と正統性の問題は、外交活動にも影を落としていたのである。

II　フランスの復興をめぐる政治と日本

1　日本に対する峻厳な態度

フランスが日本に関心を抱いた大きな理由は、戦勝国の国際政治の枠組みのなかで「日本問題」がグローバルな議題として存在し、それに関与することで大国としての復帰を確固たるものにしようと目指したことである。つまり、日本そのものへの関心ではなく、日本の帰趨をめぐる問題に関与することで、フランスがこだわる国際的地位の向上を目論んだのだ。

以上のような壮大な目標だけではなく、フランスが日本の帰趨に関心を寄せた理由がほかにもあった。占領下に置かれた日本を取り巻く国際的な議題といえば賠償と講和である。フランスは、どちらに関しても独自の見解や思惑を持ち、それを実現させようとしたのである。ただ単に関与することによって存在感を主張するという「プレゼンスの政治」を追求したわけではない。

賠償と講和、それぞれのテーマにフランスが抱いていた思惑は分けて考える必要がある。最初に見ていく賠償はフランスの戦後復興政策と直結していた。フランスの経済復興を担当したのはモネ（Jean Monnet）を長官とする計画庁である。「フランス復興」は本国の復興だけを意味しない。フランス

領インドシナを含む植民地帝国も復興の対象であった[12]。

　1946年10月27日の憲法によって誕生した第四共和制では、フランスの植民地帝国が本国も含むフランス連合（Union française）として再編された。そして、ベトナム、ラオス、カンボジアは協同国家に分類され、一定の自治権を与えられた[13]。だが、「国家」の地位を与えつつも、フランスは、インドシナを自らの勢力圏として維持するつもりであり、だからこそ、その復興に取り組んだのである。それどころか、復興にとどまらず、インドシナを東南アジアにおける一大工業地帯にすることを目指した。日本の敗戦と弱体化をチャンスととらえたのだ。

　戦争が明らかに連合軍にとって有利となり、陣営内で戦後を見据えた本格的な動きが活発化すると、ドゴールを筆頭とする統治機構のCFLNも、アフリカ以外の植民地帝国の帰趨と復興に目を向けるようになった。復興を担当したモネがその一人であり、インドシナの経済状況に関心を寄せていた。1944年3月1日、モネはCFLNの閣僚級のロランシー（Henri Laurentie）植民地委員に、解放後のインドシナが何を必要とするのかを問う書簡を送った。ロランシーはそれに対し、日本軍の仏印進駐は「目で確認できない（invisible）」程度で、戦略的拠点を押さえているだけであると返答した。さらに、日本による現地調達のため、多少の損失はあるが、インドシナ経済を揺るがすものではないと答えた[14]。

　ところが、1945年3月9日、明号作戦が実施されたことで、こうした楽観的な情勢判断は吹き飛んだ。フランス領インドシナに進駐するだけでは不十分と考えた日本軍が現地のフランス軍を攻撃したのである。その結果、フランス側に相当の損害が生じた。1946年、暫定的かつ概算の額として20億ドルの被害額が算出された[15]。

　こうした作業を受けて、1946年12月10日、パリに設置された被害と賠償に関する諮問委員会（Commission consultative des dommages et des réparations）が首相府のマティニョン宮で総会を開き、対日賠償請求に関する議論を行った。フランスとその植民地の再建に関わる各分野の面々34名が顔を揃えた。委員長となったのは、フランス解放後、再建・都市計画大臣を務め、さらに原子力庁の初代長官に就任したドートリ（Raoul Dautry）である。彼は、

フランス鉄道業界の大物でもあった。その他、以下のメンバーが中心的な役割を果たした。インドシナ高等弁務官のティエリ・ダルジャンリュー（Georges Thierry d'Argenlieu）提督、国民経済省のド・フロンドヴィル（René de Frondeville）賠償・返還問題担当課長、計画庁の海外領土近代化委員会のインドシナ部会長であったブルゴアン（Jean Bourgoin）、フランスの対日賠償問題担当官の責任者として連合国最高司令官総司令部（General Headquarters, the Supreme Commander for the Allied Powers、以降GHQ/SCAP）の下に派遣されるデュクレ（Robert Ducrest）といった人物であり、外務省アジア・オセアニア局からも担当者が参加した。

　諮問的な機関とはいえ、この総会の議論に当時のフランスの日本に対する考え方が凝縮されている。フランスにおける対日賠償請求をめぐる政策をリードした一人であるド・フロンドヴィルは、国民経済省の構想を説明した。それによると、日本からの現物賠償の割当先はインドシナを最優先としつつも、同地にとどまらない広範囲にわたるものであった。第二の割当先が日本から比較的距離の近いニューカレドニアである。それに、北アフリカ、フランス本国と続く。ド・フロンドヴィルは、現物賠償を「帝国の（筆者注—インドシナ以外の）他の地域にも利用しなければならない」と明言するとともに、軍事産業に優先的に割り当てることを考えていた。

　フランス極東派遣軍は、日本降伏後のインドシナで徐々に勢いを取り戻しつつあったが、それでも失われたプレゼンスを取り戻すことは困難であった。ホー・チ・ミン（Ho Chi Minh）率いるベトミンと軍事的に衝突しつつ交渉も行われたが、結局 1946 年 12 月 19 日、全面衝突に至り、第一次インドシナ戦争が幕を開けたのである。つまり、その約 10 日前にパリで諮問委員会の総会が開催されたのだ。すでに軍事衝突は不可避の段階にあった。そのうえ、ティエリ・ダルジャンリューは、6 月にベトミンの猛反発を受けた傀儡政権のコーチシナ自治共和国をベトナムの南部で創設した張本人である。ティエリ・ダルジャンリューに加え、計画庁を代表したブルゴアンも海上戦力の補強を訴え、日本からの現物賠償もこの線に沿って要求すべきであると主張した。軍事基地、薬莢製造のための工場、大砲、軍艦などを求めたのである。

第 2 章　フランスと東アジア、1945-1951 年

以上のような軍事中心の視点に異議を唱えたのがドートリである。理由は、国民の生活再建に何ら役に立たない産物ばかりだからで、「まるで軍事の方が経済よりも重要であるかのようだ」と批判した。ドートリは、軍や計画庁と異なり、フランスとその植民地帝国のインフラ整備に日本からの現物賠償をあてようと考えていたのだ。こうした文脈で、鉄道設備、病院施設を移設できないかと問題提起し、フランスの第二次世界大戦での貢献を根拠にアメリカに強く要請すべきであると主張した。「フランスは、薬莢製造工場で復興を遂げられるわけではない。輸送のための鉄道設備、国民を救済するための医療設備によって復興するのだ」というのがドートリの考えであった。こうした主張に対し、ティエリ・ダルジャンリュー、ド・フロンドヴィル、そしてブルゴアンは、アメリカが非軍事施設を賠償にあてがうことに消極的であることなどを理由に反対した。暗にドートリの主張が非現実的であると批判したのである。

　とはいえ、諮問委員会のメンバーは、日本から搾り取るだけ搾り取るという点に関しては一致していた。ド・フロンドヴィルは、「当然、日本を犠牲にしてでもインドシナの経済復興計画を実現しなければならない」と息巻いていた。ドートリも復興の対象こそ見解を異にしつつも、駐日代表として派遣されたペシュコフ（Zinovi Pechkoff）将軍が賠償を勝ち取るために闘い、マッカーサー（Douglas MacArthur）を説得しなければならないと会議の終わりで語ったのである[16]。

　しかし、当のペシュコフは、パリで気炎を上げる面々をよそに、そもそも工場やその他の設備の移設の有効性に懐疑的であり、現物賠償の計画そのものが荒唐無稽であると考えていた[17]。諮問委員会の議論から浮かび上がってくるのは、東アジアの国際政治力学を踏まえずに、フランス本国と植民地帝国の利益を追求しようとする姿勢である。フランス本国は、こうした方針を貫徹すべく、東京に賠償問題担当の代表団を派遣したのだ。

2　賠償をめぐる思惑と挫折

　1947年2月12日の外務省令に基づき、賠償問題を担当する合計8名のフランス人が日本に派遣された。ペシュコフが出身機関の異なる彼らを管理す

ることとなった。とりわけ重要である3名が、諮問委員会にも参加したデュクレとブルゴアンであり、もう一人はドレ（Gaston Dollé）という海軍技術将校である。このなかのデュクレが団長を務めることになった。

　諮問委員会の議論から一目瞭然のように、賠償政策には本国とインドシナを軸とするフランス連合の再興という明確な目標があった。その根拠となったのがインドシナ経済の再建策を含むモネ・プランである。当初、このプランの枠組みで、日本の現物賠償を利用しようと試み、アルミニウムやレーヨンの製造工場、魚の加工工場など工場設備、あるいは工作機械を日本からフランス領に移設しようとしていた。だが、それだけではなく、このプランには政治的思惑も含まれていた。日本を経済的に弱体化させることで「インドシナがアジアの工業生産地として取って代わることができるのではないか」という期待が込められていたのである[18]。

　しかし、こうしたフランスの思惑が現実離れした理想であることが明らかとなるのに時間を要さなかった。アメリカ政府は、極東委員会の決定を待たずに、中間賠償という形で、戦争で激しい被害を受けた中国、フィリピン、オランダ（オランダ領東インド）、そしてイギリス（ビルマ・マライ・極東イギリス植民地）に対し、一足早く賠償対象に指定された産業施設の30％を即時取立てて引き渡す中間指令を発した。このリストからフランス（フランス領インドシナ）が漏れたのである。これはフランスにとって心外な結果であり、中国に働きかけてアメリカの方針を変えさせようとした。だが、もとよりフランスと組んだところで何ら利益にならない中国は、この要請を拒否した[19]。

　アメリカとフランスの将来の日本に対する考え方には大きな隔たりがあった。それからしばらく後の1947年5月、ブルゴアンはGHQ/SCAPのハリソン（William K. Harrison）賠償局長と会談した。ハリソンは、「日本を弱体化させることが［筆者注—賠償の］目的ではない」と述べた。ブルゴアンは失望したものの、インドシナの経済復興のために日本からの現物賠償が必要不可欠であると強調した。ハリソンによると、中間賠償で産業施設を受け取る中国とフィリピンは、それらをまったく活用できないとうあろうと論じ、間接的にフランスも同じ状況に陥ることを示唆した。ブルゴアンは引き下が

らず、フランスにはモネ・プランという優れた構想があり、その枠組みのなかで日本からの現物賠償を利用するのだと反論した。

このように、ブルゴアンは、アメリカの対日賠償政策の方針に真っ向から挑戦する態度を示した。その一方で、ブルゴアンは、フランスの対日賠償政策をより広範な東アジア経済の再建策の一環として紹介する必要があるということを極東委員会のフランス代表に訴えた。つまり、実際にはフランスに資するものであってもアメリカを説得するためには、よりグローバルな東アジアの再建のためであるという論理を用いて主張すべきことを提言したのである[20]。

ブルゴアン自身も、いったんは日本からの現物賠償をインドシナ再建に集中し、その他の本国やフランス連合各地の再建に向けた利用計画は放棄する必要性を指摘した[21]。フランスの対日賠償政策がいかに非現実的であるかが明らかになったのだが、それでも東京以外からは、東アジアの現実を踏まえない提案が出てきた。アメリカ駐在の商務参事官のドゥトー（Robert Douteau）は、アルジェリアの軍港メール・セル・ケビール、マダガスカルのディエゴ・スアレス（現在のアンツィラナナ）の各基地の改修、チュニジアのインフラ整備など、「壮大なプロジェクト」の実施を本国の外務省に提案したのである[22]。

ブルゴアンは、もはやフランス単独で事態を打開することが難しいことを承知していた。そこで、アメリカに加え、英中両国の説得にあたるよう、ムテ（Marius Moutet）植民地相に依頼し、その意を受けた外務省が働きかけに応じたが、結論からいえば、失敗した[23]。

ブルゴアンのみならず、賠償団長のデュクレも同じような困難に直面していた。代表団は日本到着後わずか2カ月で大きな挫折と無力感を味わうことになった。袋小路に陥ったフランスの駐日代表部とその傘下の賠償問題の担当官は対応策を迫られていた。

3　対日賠償政策の迷走

フランスは、対日賠償政策の転換を求められていた。概して強硬な意見を吐きがちなパリの政府と現物賠償に期待を寄せないペシュコフ駐日代表との

間に温度差があることはすでに見た。だが、東京で作業にあたる賠償問題の担当官の間でも、とるべき方針について意見が分かれていた。ブルゴアン、デュクレ、そしてドレの3名が対日賠償政策に関する報告書を作成し、ペシュコフに提出した。日本の軍事的復活を脅威ととらえる点では3名とも一致していた。デュクレは、主権回復後の日本の海軍力の保持を禁止するべきだと考えていた。だが、再軍備に反対ではあっても、対日賠償政策の方向性と日本の経済力の復興をどこまで許容するかについては、一方ではブルゴアンとドレ、他方ではデュクレとの間で見解が分かれたのである。

　1947年9月17日付のブルゴアンの報告書の内容は対日強硬策を堅持すべきであるという主張で一貫していた。フランスが賠償問題で突破口を見出せないなか、講和条約の締結に向けた交渉のなかで、できる限りの成果を収めるべきであると論じた。この報告書の第一の特徴は、「インドシナ経済復興至上主義」であり、第二に、「競争相手としての日本の弱体化の追求」であった[24]。

　同年11月15日付のドレの報告書も対日強硬路線を維持することを提唱する内容のものであった。「フランスの対日賠償請求は議論の余地がなく」、「フランスが最大限の利益を獲得できるような状況をつくらなければならない」と記した。その一方で、ドレは、賠償政策を根本的に見直すことを主張した。その新たな施策というのが、フランス側で必要な物資のリストを作成し、それを日本側で製造させるというものだ。つまり、既存の工場の解体と移設、あるいはすでにある工業製品の提供ではなく、真新しい状態のものを提供させようという案である。それだけにとどまらず、日本に新たな工業製品を製造させることは、同国の生産力と技術力の向上につながる恐れがあり、結果として潜在的に危険な工業力を入手する可能性があることから、経済復興に一定の枠をあてはめたポツダム宣言の忠実な履行を求めなければならないという議論を展開した[25]。

　デュクレからしてみれば、以上のような提案は、あまりにも現実離れした内容のものであった。デュクレが同年10月20日付で作成した報告書を見ると、その対照性が際立っている。デュクレは、現実に根差した対日賠償政策の立案を提唱し、「賠償に多くは期待できない」ことから、フランス政府に

外交方針の根本的な刷新を求めた。その批判の矛先は、計画庁にも向けられた。より具体的には、第一に、日本に対する見方を変えるよう促した。第二に、対日政策決定機関としてフランスが活動の拠り所にしようとした極東委員会が無力であるという事実を政府は受け入れるべきだと主張した。この点はもはや疑うべくもなく、デュクレ、ブルゴアンの両者とも賠償問題に関する交渉の舞台を講和条約の締結に向けた会議に移すべきだと主張していた。デュクレがブルゴアンと考えを共有していたのはこの点ぐらいである。第三の特徴として、計画庁の定めた復興計画が1947年の現実に適応していないと批判したことを挙げられる。

　デュクレは、復興計画のみならず、フランスのインドシナ政策全般にも批判を拡げた。ラオス、ベトナム、カンボジアのインドシナ3カ国のより一層の自治拡大を主張し、同地での復興政策に優先順位を設けることを提案した。最優先課題は、戦前の経済活動の水準を取り戻すためのインフラ・工場設備の再建である。この点については、日本からの現物賠償を利用するのではなく、フランスの自助努力が必要であると主張した。第二の課題は、一次資源と食糧の生産力を向上させることであった。そして第三に、前記二つの課題を実現させてはじめて現物賠償で獲得した工作機械などを利用してインドシナの工業化に取り組むべきと主張した。要するに、フランスが自力でインドシナを安定させない限り、現物賠償を利用しようとしたところで、何の役にも立たないということを示唆したのである。

　デュクレが批判を展開した背景には、自身のアジアの国際情勢分析があった。そしてそれを一向に理解しようとしないパリの政治エリートに対する苛立ちがあった。すなわち、インドシナがアジアで孤立して存在しているかのような見方を諫め、インドシナ半島を取り巻く国際環境を無視して復興計画を立案したところで、その実現は困難であるということだ。フランスの政治エリートに欠けているとしてデュクレが挙げたのが「西太平洋（Pacifique-Ouest）」という思考枠組みである。その背景にあるのが、日本のみならずアジアにおけるアメリカの圧倒的なパワーを念頭に置く必要があり、アジアの国際政治力学の重心が太平洋の西側に設定されたという視点だ。さらに、その「西太平洋」のなかで、日本がアメリカにとって最も重要な同盟国になる

であろうということである。その日本の復興を妨げるような賠償政策をアメリカが受け入れないことをデュクレは理解させようとした。日本の経済復興を目指し始めたアメリカの政策と真っ向から衝突するのではなく、むしろアメリカを中心とする、日本を含む新たな東アジアの秩序にフランスも積極的に組み込まれるべきと判断したのだ。デュクレによると、日本とインドシナ3カ国は相互補完的な関係にあり、インドシナから日本へは、米、トウモロコシ、ゴム、木材、食塩などが輸出され、日本からはインドシナが必要とする工業製品を受け入れるという構想であった[26]。アメリカは、「冷戦の論理」の枠組みで対日占領政策の転換を実施したのである。こうしたアメリカ流の「冷戦の論理」を受け入れるのに相当の時間を要したフランスにとって、日本と同じ地域秩序の一員として振る舞うことは困難であった。

　意見を異にしたブルゴアンとデュクレは対立した。デュクレはブルゴアンの解任を求めるに至る。ペシュコフは、3名の覚書を外務省に送るに際し、自らの見解は添えず、対日賠償政策に関する訓令を求めた[27]。だが、ペシュコフが現物賠償方式の有効性に懐疑的であったことはこれまで見てきたとおりである。それを示唆するかのように、すでに7月末の段階で、対日強硬論を吐くブルゴアンについて、日本では必要がなくなったと本国の外務省宛に伝えていたのである[28]。そして、1947年10月以降、ブルゴアンの日本での足跡が見当たらなくなる。おそらく日本を去ったのであろう。

　結果的にデュクレが日本に残ったわけだが、それによってフランス外務省の方針が変わったわけではない。1948年2月、フランスに現物賠償の割当てを望んだ外務省は、極東委員会のフランス代表団に対し、この旨をアメリカに要請すべきではないかと意見を求めた。それに対し、同代表団の責任者であるナジアール（Paul-Emile Naggiar）大使は、1947年以降、賠償問題に関する議論が停滞気味であるとしか答えなかった[29]。

　デュクレは、相変わらず悲観的な論調を保ちながら、インドシナの復興問題をアメリカの東アジアと日本をめぐる戦略のなかに組み込まなければならないと本国に発信し続けていた[30]。そして、極東委員会の弱体化を受け、フランスの日本に対する姿勢を改め、「西太平洋」という枠組みのなかでフランスの東アジア戦略を組み立てることを再び提案した。もっとも、デュクレ

は、フランス外務省にパラダイム転換を迫る一方で、東京ではアメリカ側に「地に足の着いた日本にしたいのならば、フランス統治下の豊かなインドシナが不可欠である」と諭し、事態打開を試みていた[31]。

さらに、ワシントンでは、1948年5月21日、ボネ大使がロヴェット（Robert A. Lovett）国務次官に対し、大至急フランスに日本の現物賠償を割当ててほしいと要求した。しかし、アメリカ国務省はこれを拒否した。その理由として「中間賠償の割当て対象となった地域は、日本に占領されている間、継続的に日本と戦ったから」という点を挙げたのである。要するに、太平洋戦争におけるフランスの貢献不足、さらには「継続的な戦争参加」ということで、戦時期フランスの統治機構の正統性に問題があることを示唆したのである[32]。

以上のように、フランスを取り巻くアジアの国際環境は、対日賠償請求を押し通すには程遠い状況にあった。極東委員会は、1948年にはその機能をほぼ停止させていた。同年8月の段階で専属の代表団をアメリカに駐在させていたのはフランスのみである。シューマン（Robert Schuman）外相は、月に7000ドルもかかる組織は不要と考え、撤退を決断した[33]。

1948年末までにデュクレは日本を去り、ドレも1949年3月には帰国を希望するようになった。最終的に賠償問題に関する案件は、駐日フランス代表部の経済問題の担当官に託された。それでもフランス政府は、現物賠償に期待を寄せ続けたが、対日賠償政策はもはや暗礁に乗り上げていた。

III サンフランシスコ講和条約とフランス

1 フランス外交と「日本問題」

フランスにとって日本の帰趨は他人事ではなく、ドイツを脅威とする「ドイツ問題」とともに、日本の再興を問題視する「日本問題」の解決に取り組んだのである。そのようなわけで、フランスは、対日講和条約をめぐる動きに深く関与することを希望し、条文の作成過程に参加することを前提に外交を展開した。前述のように、1945年12月のモスクワ外相会議に参加できなかったうえに、占領を担当する主要国から外れたことに衝撃を受けていた。

そのため、この「モスクワ外相会議の枠組み」に風穴を開け、その隙間から入ることを試みたのである。

その機会は1947年7月、国務省極東局が対日講和問題に関し、極東委員会の11カ国による予備会談の開催を呼びかけることで訪れた。しかし、ソ連が米ソ英中の「四大国」のみで予備会談を実施するべきだと主張し、会談構想そのものが立ち消えになった。結局、実現しなかったものの、アメリカの提案に賛成したフランスは、予備会談にとどまらず、それに続き、全議題を扱う主要国の外相会議の開催を提案していたのである。フランスの狙いは明確であり、4カ国ではなく、自国も含めた5カ国の外相で討議することであり、東アジアで「日本問題」を議論するための「五大国」の枠組みを構築することであった。しかし、国務省は「フランスだけがそのような提案をした」と一蹴し、取り合わなかった。それを受け、8月、ボネ大使はパリの外務省宛の電文のなかで「フランスの極東、太平洋における大国の地位からの凋落は決定的である」と悲観的にまとめたのである[34]。

だが、フランス外務省は、ボネの悲観論もどこ吹く風であった。1947年も暮れに入った12月1日、ビドー外相は、記者会見の場で対日講和条約草案作成過程の冒頭からフランスを参画させるようアメリカに求め、モスクワ外相会議路線の修正を求めたのである[35]。むろん、アメリカがビドーの要請に反応することはなかった。

前節の対日賠償政策に関する推移からも分かるように、フランスは日本の再興よりも自らの経済復興を踏まえて方針を立てていた。1947年には、国務省の政策企画室ではケナン（George Kennan）を筆頭に、対日講和条約の内容を日本に寛容なものにすることを構想していた。1948年10月、対日講和を延期し、日本の経済復興を優先することを定めた国家安全保障会議（NSC）13/2が正式にトルーマン大統領の承認を得た。経済復興の推進はフランスの希望とおよそ合致しない政策であった。その一方で、イギリスは、こうしたアメリカの占領政策の舵取りの変化を注視しており、それを踏まえた対日政策をとるようになる。1949年以降、イギリスはアメリカと共同で対日講和条約草案に向けた作業を実施することに成功した[36]。

フランスはイギリスと対照的な態度をとり続け、オーストラリアやニュー

ジーランドなど、日本を脅威として見ていた国家の立場を共有していた。そのようなわけで、フランスは、あくまでも講和条約の締結を延期すべきであるとアメリカに訴えたのである。1950年4月19日付のフランス外務省アジア・オセアニア局が作成した覚書には、講和条約よりも占領体制の変革で対処すべきであると記されていた[37]。

　1950年に入ると、対日講和条約締結に向けた動きは新たな局面を迎えた。第一に、4月にダレス（John Foster Dulles）が国務省の顧問に就任し、講和問題を担当することになったこと、第二に、6月の朝鮮戦争の勃発を契機に、日本の再軍備問題が浮上したことである。これはフランスにとって厄介な問題であった。いよいよ「第二次世界大戦の論理」では到底対応できない国際情勢に直面したのである。それは、ペシュコフの後任として駐日代表に着任したドジャン（Maurice Dejean）の同年9月20日付の電文に鮮やかに現れている。日本再軍備のフランスに与える影響について言及したドジャンは、それがインドシナに対する脅威となり得る一方で、ヨーロッパから見た場合、ソ連を背後から抑止するパワーの誕生につながることになると論じた[38]。つまり、ソ連が脅威であるという前提の下、西からヨーロッパ、そして東から日本が睨みを利かせるという「冷戦の論理」に基づく議論を展開したのである。

　しかし、パリの外務省では、こうした「冷戦の論理」を共有していなかった。ダレスは、「事実上の講和」にとどめようとする軍部を説得した後、講和7原則を作成し、極東委員会の参加各国に提示した。そして、9月21日、訪米したフランス外務省のバヤンス（Jacques Baeyens）アジア・オセアニア局長に、この講和7原則を手渡した。そこに懲罰的な色彩はなく、賠償請求権の放棄まで記載されていた。さらに、バヤンスにとって気がかりであったのが日本の再軍備禁止条項が明記されていないことであり、その場で彼はダレスにこの点を指摘した。それに対し、ダレスは率直に講和条約がリベラルな内容のものになると説明し、そもそも日本に再軍備に取り組む財政的余裕はなく、同国の政治指導者が驚くほど平和主義的であると反論した[39]。バヤンスの反応から見えてくるのは、ドジャンの分析とは異なる「第二次世界大戦の論理」である。

フランスにとってダレスの考えは到底受け入れられない内容を含むものであった。日本そのものが潜在的な脅威であるうえに、同国の再軍備がドイツ再軍備の前例となる可能性すらあり、それに利用されることを危惧したのである。フランスは「日本問題」を「ドイツ問題」とリンクさせた。この場合、より深刻なのは「ドイツ問題」の方であり、ヨーロッパ国際情勢の思考枠組みのなかで日本の将来について考えていたことがうかがえる。

　こうした議論を背景に、フランスでは外務省の主催で講和7原則の内容を吟味するための省庁間会議が開催された。1951年2月17日、外務省のアジア・オセアニア局と経済・金融問題局のほか、国防省、経済・財政問題省、海外領土省、そして協同国家担当省などの代表者が顔を揃えた。この会議から出てきた意見は、まず極東委員会の構成国で会議を開催するということである。つまり、アメリカ単独で条文を作成するというようなことがあってはならないという意思の表れだ。また、この会議では一転して「冷戦の論理」を用いてインドシナ戦争を引き合いに出し、フランスが反共闘争に貢献していることを強調し、アジアの問題に関与することが当然であるという立場がとられた。だが、議論の主軸は、あくまでも「第二次世界大戦の論理」であった。たとえば、日本の南沙諸島と西沙諸島の放棄を明文化すること、最恵国待遇を日本に付与しないこと、さらには現物賠償の履行、戦争犯罪人の処罰の徹底など、なかにはダレスが受け入れられないような提案も含まれていたのである。また、外務省と国防省のいずれの代表も、日本が保有できる軍事力を大幅に制限することの重要性を説いた[40]。要するに、講和7原則はフランスで不評であったのだ。

　省庁間会議から間もない3月27日、ダレスはボネ大使に対日講和条約の草案を手渡した。フランスでは外務省を中心にこの草案に非難轟轟のコメントが寄せられた。個別的・集団的を問わず、日本に対し自衛権を付与する点が批判の対象となった。さらに、日本の経済復興が予想され、フランスの輸出産業に与える打撃も心配された。5月4日に開催された第2回の省庁間会議でも、最恵国待遇の相互性の一切の排除、賠償請求の徹底、戦争犯罪人の処罰の徹底など、アメリカの対日寛容政策とは正反対の道をひた走っていることが露骨に出ていたのである[41]。

2 ダレスの訪仏と対日講和条約の調印

　1951年になると、ダレスは講和条約の内容を説明するため、ヨーロッパ各国の歴訪を決意し、フランスも訪問先として旅程に組み込まれた。フランス外務省はダレスと対峙する準備を始め、5月22日には早速アジア・オセアニア局が覚書を作成した。それを見ると、日本に対する態度は依然として厳しく、むしろ硬化していたことがうかがえる[42]。5月28日には、外務省の経済・金融問題局がアジア・オセアニア局宛に、賠償請求を徹底して堅持するべきだという内容の覚書を作成した。「冷戦下であろうとなかろうと、日本は賠償すべきものは賠償すべきである」と論じ、アメリカに講和7原則の修正を求めていく姿勢を明らかにした[43]。

　フランス政府の日本をめぐる対応は、それまでの姿勢と一貫していた。目指したのは、対日講和条約を可能な限り遅らせることであり、占領体制の緩和によって一時しのぎをすることであった。そもそも、フランスは「緩和」の意味するところを明らかにしたわけではなく、日本に対する厳しい姿勢を変えたくないのが本音であったと思われる。講和条約を締結する場合でも、外務省も国防省も日本の再軍備を禁止させる条文の挿入を希望し、核戦力の保持を阻止し、科学技術研究の監視体制が必要であるという点で一致していた。こうした点に加え、アメリカの「冷戦の論理」と距離を置いていた点を挙げられる。フランスは、中国の対日講和条約参加問題とソ連の調印が見込まれないことを憂慮していた。なぜならば、フランスは西ヨーロッパでの緊張緩和を望んでおり、ソ連を刺激するようなことを避けたかったからだ。そして、講和条約締結を延期させるため、あるいはフランスの視点を講和条約に反映させるため、アジア・オセアニア局はイギリス政府と「対米共同戦線」を張ることを提案し、シューマン外相も了承した[44]。

　この方針に基づき、ダレスの訪仏を目前に控えた1951年6月初旬、外務省アジア・オセアニア局のルー（Jacques Roux）がロンドンに派遣され、イギリス外務省のスコット（Robert H. Scott）外務次官補と会談し、フランス側の思惑を伝えた。ところが、スコットは、「アメリカが敷いた路線から逸脱するのではなく、最大限の影響を及ぼすべきだ」と論じ、まったく取り合わなかった。フランス政府はこの時、講和条約に関する「アングロ・サクソ

ンの立場」が構築されていることを知ったのである[45]。アメリカの描く「冷戦の論理」に歩調を合わせ、対日強硬策を緩和させていったイギリスとそうしなかったフランスとの乖離が明らかになった。イギリスに突き放されたフランスは、それでも持論を放棄することはなく、修正もしなかった。その代わり、自力で外交を展開するしかなかったのである。

そもそも、もはやフランスにイギリスと歩調を合わせるような時間は残されていなかった。6月4日、訪仏を控えたダレスは、まずロンドンでフランスのマシグリ（René Massigli）駐英大使と会談した。マシグリは、講和条約の締結を延期すべきであると率直に訴えた。それに対し、ダレスは、「アメリカは単独で日本と戦った。アメリカ国民はフランスの不満を理解できない」と反論した。今更何をいうのかという趣旨の発言であり、太平洋戦争を勝利に導いたアメリカの圧倒的な貢献を強調することで牽制したのである。その一方で、マシグリは、「フランスの思惑は、西ヨーロッパの安全保障を強化するために日本を犠牲にすることである」とソ連を刺激しかねない講和条約を締結することに懸念を表明し、フランス政府がヨーロッパでの緊張緩和を重視している姿勢を明らかにした。それだけではなく、フランスが日本の再軍備に反対する理由として、アジアにおける勢力均衡が崩壊する危険性を挙げた。だが、ダレスはマシグリの反発を意に介さず、アメリカが「米仏関係の破綻と同盟国としての日本の喪失との間で選択を迫られた場合、最小悪として前者を選ぶであろう」と返答し、マシグリを失望させたのである[46]。

結局、フランス政府は、イギリスとの連携に失敗し、さらにダレスがまったくフランスの提案に応じないことが予想されるなかで同氏をパリに迎えなければならなくなった。6月11日、対日講和条約を議論するための会談が外務省で設定され、フランス側はパロディ（Alexandre Parodi）事務次官、ショヴェル（Jean Chauvel）国連大使、アジア・オセアニア局長のバヤンスなどが出席し、アメリカ側はブルース（David K. E. Bruce）大使を伴ったダレスが出席した。

もはやフランスは、条約締結の延期を主張することはなかった。しかし、それまでの「日本問題」に関する主張は取り下げなかった。対日講和を急ぎたいダレスは、帰国後、約40カ国に新しい対日講和条約案を送付する予定

であった。それに対し、フランス側は、主要関係国による準備会議の開催を訴えた。そして、フランス側は「日本問題」と「ドイツ問題」とを同じ脅威論の文脈で論じた。日本そのものが再び脅威として浮上することだけでなく、その再軍備がドイツ再軍備の先例となることも危惧したのである。さらに、ショヴェルは、講和条約案のなかに日本の自衛権保有を認める条項があることも問題視した。

こうした指摘はダレスにとって突拍子もない議論であった。「ドイツ問題」と「日本問題」を同じ文脈で論じる視点については、日本が海洋国家である一方で、ドイツが大陸国家であり、地理的状況の違いからフランスの指摘が的外れであることを暗に示唆した。

日本の再軍備の可能性や自衛権の保有を憂慮するフランス側に対し、ダレスは、「フランスがシューマン・プランによって独仏両国の軍事力の源となる資源を共同管理し、互いに脅威とならない対策をとっているように」、アメリカは日本を太平洋の安全保障枠組みのなかに組み入れ、その脅威を軽減しているのだと説明した。ショヴェルは、それが日本の軍事力を「堰き止める」だけで、その制限にはつながらないと批判した[47]。フランス外務省からしてみれば、ダレスの議論こそ的外れに思えたのであろう。

パロディは、フランスがソ連との緊張緩和を望んでいることを重ねてダレスに訴えた。ダレスはパロディの要望を一蹴し、対日講和が不可避であることを知らしめるべく、「ソ連は、西側の対ソ恐怖感を察知すればするほど態度を硬化させる」と譲らなかった[48]。

結局、講和条約締結の延期をすでにあきらめていたフランスは、再軍備阻止の明文化など他の提案についても、核心的な要望については受け入れてもらえなかった。フランスの提案でまともに受け入れられたのは、インドシナ3カ国の講和会議への出席、あるいは日本が南沙諸島、西沙諸島の領有権主張を放棄することの明文化などである。当事者の日本は領有の意志などまったくなく、大勢に影響を及ぼす修正ではなかった[49]。

ダレスは、アメリカに帰国して間もない7月6日、ボネ大使に講和条約の最終案を渡した。パリの外務省では、引退後も対日講和をめぐる問題でアドバイスを与え、ダレス訪仏に際しては会談にも出席したナジアールが最終案

を論評した。ナジアールは、日本の自衛権保有を認める条文があることを批判し、外務省に対し、日本国憲法第9条、あるいは日本も調印した不戦条約に関する文言を講和条約に挿入することを提案した[50]。ナジアールに限らず、フランス政府の関係諸機関から講和条約に対する不満が出ていた。たとえば、ビュロン（Robert Buron）経済問題担当大臣は、日本に最恵国待遇を付与することに不満を表明し、シューマン外相に対し、該当する講和条約第12条を削除することをアメリカに申し入れるよう要請した[51]。実際、この要請は国務省に行われた。しかし、ダレスの補佐を務めていた同省のフィアリー（Robert A. Fearey）は、「12条に関し、原則的な反対を行ったのはフランスだけだ」とボネ大使に述べ、即座に拒否したのである[52]。

おわりに

1951年9月4日から8日にかけて、サンフランシスコで講和会議が開催された。8日、日本とフランスを含む49カ国が講和条約に調印した。フランスにとって、この条約締結に至るまでのプロセスは衝撃の連続であった。その理由は、第一に、条約作成の作業にフランスが実質的にまったく参加できなかったことである。そして第二に、アジアにおいて、イギリスと比べてみても、フランスがパワーとして著しく衰退し、結果的に大国としての地位に傷がつけられたことである。

講和会議が開催されたサンフランシスコのオペラハウスで演説したシューマンは、「1856年から1947年にかけて、フランスは多数のヨーロッパ、そして世界の戦争に終止符を打つための会議の場であった」と述べた。そして、ダレスの功績を讃えながらも、「条約草案の作成のために会議が開催されなかったのは異例のことだ」と述べ、アメリカの単独行動を批判した[53]。シューマンは、フランスが主要アクターとして参加した「会議外交」の時代が遠い過去のものになったことに一抹の寂しさを覚えたのであろう。

これはシューマンの単なる過去へのノスタルジーではない。同時代のフランスの国際法の専門家も、「対日講和条約は、それまでの国際関係における慣習と照らし合わせてみると、革命的な手法で作成されたものである」と論

評し、その特異性を指摘した[54]。

　日本の再興に対する消極的な態度を示す「日本問題」をとおして、終戦からしばらくの間、アメリカの「冷戦の論理」に翻弄されたフランス外交の実態が浮き彫りになった。サンフランシスコ講和会議を目前に控えた1951年8月31日、ボネ大使は総括と展望を兼ねて、長文の電報をパリの外務省に送った。そのなかには、アメリカの東アジア戦略に対する懸念が書き連ねてあった。ボネは、日本との戦争状態の終了が冷戦構造を固定化させるだけであり、「パールハーバーの記憶は遠い過去のもの」になってしまったと嘆いたのである[55]。

　フランスは、日本の帰趨をめぐり、明らかにアメリカとは異なった見解を持っていた。それが米仏両国間の東アジア国際秩序像の乖離を招いたのである。フランスは「第二次世界大戦の論理」に基づいて国際秩序をイメージし、日本を再興させることの弊害を強調し続けた。しかし、そうした主張を講和条約案に反映させるだけのパワーはもはや持ち合わせていなかった。フランスは、第二次世界大戦期に受けた「傷」によって影響力を大幅に減じざるを得なかったのである。その「傷」とは戦時期の国際政治アクターとしての「フランス」の正統性をめぐる闘争であり、太平洋戦争での貢献不足であった。

　かつて戦後50年の節目の年に、高坂正堯は、第二次世界大戦の最大の特徴はその「戦後」にあると論じた。むろん、本章と同じ問題意識やテーマについて語っていたわけではないが、それでも「戦後」の中身の一つとして「きちんとした戦後処理がなされなかったこと」を挙げた点に注目したい。高坂はウェストファリアやユトレヒトなどの会議と比べた場合のサンフランシスコ講和会議の特異性を指摘した[56]。この文脈で考えた場合、フランスはまさに伝統的な講和会議の準備と開催を望んでいたことになる。そして、日本という題材をとおして、「ヨーロッパ列強」の一角を占めていたフランスが、インドシナからの軍事的撤退を待たずにアジアでその影響力を後退させたことを鮮明に見ることができる。

【付記】　本稿は、松山大学特別研究助成（2015年度）の研究成果の一部である。

1) 本章は、次の博士論文の一部を基に執筆した。Yuichiro Miyashita. 2012. *La France face au retour du Japon sur la scène internationale, 1945-1964*, Thèse de doctorat en histoire sous la direction de Maurice Vaïsse, Institut d'Etudes Politiques de Paris. この博士論文のなかで日仏関係史に関する既存研究の詳細な紹介を行ったが、本章の問題意識と最も近い観点から実施された研究は、フランスの対日講和条約と日米安全保障条約に対する態度を分析した次の未公刊の修士論文である。Emmanuelle Pavillon. 1995. *L'attitude de la France face au traité de paix avec le Japon et au pacte de sécurité américano-japonais signés le 8 septembre 1951*, mémoire de maîtrise d'histoire des relations internationales sous la direction de Robert Frank et de Anahide Ter-Minassian, Université Paris I Panthéon-Sorbonne. 本稿の紙幅の関係上、その他の既存研究に関しては、筆者の博士論文の序章の該当箇所に譲りたい。Miyashita, *La France face au retour du Japon*, pp. 23-30.
2) 次の研究のなかでは、第二次世界大戦期フランスの特異性を「すっきりとした戦勝国ではない」という表現で説明している。剣持久木．1987．「戦後フランスと『占領期』──過去の傷痕の克服をめぐって」『上智史学』第32号、85-86頁。
3) この点については、次の研究を参照のこと。宮下雄一郎（近刊）『第二次世界大戦期フランスと戦後国際秩序構想──主権と統合をめぐる政治 一九四〇－一九四五年（仮題）』勁草書房。
4) Charles de Gaulle. 2010. "Message à Harry Truman, à Washington, Paris, 15 mai 1945," in *Lettres, Notes et Carnets, 1942-mai 1958*. Paris : Robert Laffont, pp. 667-668.
5) Mémorial Leclerc / Musée Jean Moulin, Ville de Paris, boîte n°16, CF45 / 6 / 001, Lettre d'André Gribius au général Leclerc, Saumur, le 15 août 1945.
6) Archives du ministère des Affaires étrangères, La Courneuve [ci-après AMAE-La Courneuve], Y internationale, vol. 127, Télégramme [ci-après Tél] de Bonnet à Bidault, le 8 décembre 1945.
7) AMAE-La Courneuve, Y internationale, vol. 127, Tél de Bonnet à Bidault, le 31 décembre 1945.
8) AMAE-La Courneuve, Asie-Océanie 1944-1955, Japon, vol. 2, Lettre de François Toussaint à Philippe Baudet, Tokyo, le 22 février 1946.
9) AMAE-La Courneuve, Asie-Océanie 1944-1955, Japon, vol. 46, Tél de Bidault à Bonnet, Paris, le 20 septembre 1947.
10) AMAE-La Courneuve, Asie-Océanie 1944-1955, Japon, vol. 47, Lettre de Lacoste à Baudet, Washington, le 28 octobre 1947.
11) 鈴木成高．1949．『世界の運命と国家の運命』甲文社、22-24頁。
12) Hugues Tertrais. 2002. *La piastre et le fusil, Le coût de la guerre d'Indochine, 1945-1954*. Paris : Comité pour l'histoire économique et financière de la France, p. 398.
13) フランス連合に言及した、次の邦語文献を参照。平野千果子．2000．『フランス植民地主義の歴史──奴隷制廃止から植民地帝国の崩壊まで』人文書院、287-293頁。

14) Archives Nationales [ci-après AN], Section d'Outre-Mer, FM Indochine, NF Carton 133, dossier 1203, de Laurentie à Monnet, 12.4.44.
15) AMAE-La Courneuve, Asie-Océanie 1944-1955, Japon, vol. 63, Commission consultative des dommages et des réparations, Délégation pour l'Extrême-Orient, *Evaluation des dommages subis par la France et l'Union indochinoise du fait de la guerre et de l'occupation ennemie (1940-1945), Part imputable au Japon (Chiffres approximatifs et provisoires)*, n° 2, Saigon, 1946, p. 9. なお、太平洋戦争開戦後の仏領インドシナをめぐる日本とフランスとの関係については、次の優れた研究がある。立川京一．2000．『第二次世界大戦とフランス領インドシナ―「日仏協力」の研究』彩流社、141-160頁。
16) AMAE-La Courneuve, Asie-Océanie 1944-1955, Japon, vol. 66, CCDR, *Séance plénière du 10 décembre 1946 tenue à l'Hôtel Matignon, Dommages subis par la Fédération indochinoise et réparations japonaises*, exemplaire n° 26 destiné à M. Baudet, Directeur d'Asie-Océanie.
17) Entretien de l'auteur avec M. Francis Huré, Paris, le 7 décembre 2012.
18) AN Section d'Outre-Mer, FM Indochine, NF Carton 179, dossier 1426, Note provisoire relative au matériel qu'il serait intéressant de se procurer au Japon, au titre des réparations pour faciliter l'exécution du plan d'industrialisation de l'Indochine, le 2 avril 1947.
19) AMAE-La Courneuve, Asie-Océanie 1944-1955, Japon, vol. 66, Tél de la direction des Affaires économiques et financières, pour Nankin, le 28 février [1947]. 中間賠償の割り当てに対するフランスの不満については、次の研究を参照した。原朗．1984．「賠償・終戦処理」大蔵省財政史室編『昭和財政史―終戦から講和まで―第1巻（総説／賠償・終戦処理）』東洋経済新報社、268-269頁。また、次の二つの研究も参考にした。北岡伸一．2000．「賠償問題の政治力学（1945-59年）」北岡伸一・御厨貴編『戦争・復興・発展―昭和財政史における権力と構想』東京大学出版会、169-170頁。伊藤信哉．2004．「戦争賠償と日本の世論―占領・講和期における戦争賠償論の形成と展開」長谷川雄一編『日本外交のアイデンティティ』南窓社、46頁。
20) AMAE-La Courneuve, Asie-Océanie 1944-1955, Japon, vol. 67, de Pechkoff à Bidault, Tokyo, le 20 mai 1947 ; annexe n° 1 : de Bourgoin à Naggiar, Tokyo, le 16 mai 1947.
21) AMAE-La Courneuve, Asie-Océanie 1944-1955, Japon, vol. 67, de Pechkoff à Bidault, Tokyo, le 20 mai 1947 ; annexe n° 2 : Note générale, signée par Bourgoin [s.d.].
22) AMAE-La Courneuve, Asie-Océanie 1944-1955, Japon, vol. 67, de Douteau à Bidault (direction d'Asie), Washington, le 1er juillet 1947 ; annexe : CEO, Section des Réparations, *Mémorandum n° III : Les demandes de l'Union française et les réparations japonaises*, exemplaire n° 1 à M le directeur d'Asie au ministère des Affaires étrangères.
23) AMAE-La Courneuve, Asie-Océanie 1944-1955, Japon, vol. 67, Note pour la direction d'Asie [de la DAEF], Paris, le 1er juillet 1947.
24) AMAE-La Courneuve, Asie-Océanie 1944-1955, Japon, vol. 67, Note sur les répara-

tions japonaises, signée par Bourgoin, Tokyo, le 17 septembre 1947.
25) AMAE-La Courneuve, Asie-Océanie 1944-1955, Japon, vol. 68, Note [de Dollé] sur les réparations japonaises, Tokyo, le 15 novembre 1947.
26) AMAE-La Courneuve, Asie-Océanie 1944-1955, Japon, vol. 68, Note [de Ducrest] sur les Réparations japonaises et l'Equipement de l'Indochine, Tokyo, le 20 octobre 1947.
27) AMAE-La Courneuve, Asie-Océanie 1944-1955, Japon, vol. 68, de Pechkoff à Bidault (direction des Affaires économiques), [Tokyo], le 28 novembre 1947.
28) AMAE-La Courneuve, Asie-Océanie 1944-1955, Japon, vol. 67, de Pechkoff à Bidault (direction des Affaires économiques), [Tokyo], le 28 juillet 1947.
29) AMAE-La Courneuve, Asie-Océanie 1944-1955, Japon, vol. 69, de Naggiar à Bidault (direction des Affaires économiques et financières), le 2 mars 1948.
30) AMAE-La Courneuve, Asie-Océanie 1944-1955, Japon, vol. 69, Lettre de Ducrest à Jacques Baeyens, Tokyo, le 26 mars 1948.
31) AMAE-La Courneuve, Asie-Océanie 1944-1955, Japon, vol. 69, Lettre de Ducrest à Baeyens, Tokyo, le 23 avril 1948.
32) AMAE-La Courneuve, Asie-Océanie 1944-1955, Japon, vol. 70, Tél de Bonnet à Schuman, Washington, le 5 août 1948.
33) AMAE-La Courneuve, Série Personnel, 3e série, NAGGIAR, Paul-Emile (3 mai 1883-8 août 1961), Note pour le cabinet du ministre, direction du Personnel, Paris, le 6 août 1948.
34) AMAE-La Courneuve, Asie-Océanie 1944-1955, Japon, vol. 46, Tél de Bonnet, Washington, le 6 août 1946.
35) AMAE-La Courneuve, Asie-Océanie 1944-1955, Japon, vol. 47. [Note sur] le traité avec le Japon, Paris, le 6 décembre 1947.
36) 河野康子．2010．『戦後と高度成長の終焉』講談社学術文庫、104-106、120-121 頁。なお、戦後アジア・太平洋地域の国際政治力学のなかでのイギリスの動きに注目した次の研究は、同国の日本との講和問題に関する政治を詳細に論じている。木畑洋一．1996．『帝国のたそがれ―冷戦下のイギリスとアジア』東京大学出版会。
37) AMAE-La Courneuve, Asie-Océanie 1944-1955, Japon, vol. 48, Note, Paris, le 19 avril 1950.
38) AMAE-La Courneuve, Asie-Océanie 1944-1955, Japon, vol. 48, Tél de Dejean, Tokyo, le 20 septembre 1950.
39) AMAE-La Courneuve, Asie-Océanie 1944-1955, Japon, vol. 48, Tél de Schuman, le 21 septembre 1950.
40) AMAE-La Courneuve, Asie-Océanie 1944-1955, Japon, vol. 49, projet d'exposé des observations du Gouvernement français à propos du mémorandum de M. Foster Dulles sur le Traité de paix avec le Japon, le 20 février 1951.

41) AMAE-La Courneuve, Asie-Océanie 1944-1955, Japon, vol. 51, Compte rendu de la réunion interministérielle qui s'est tenue le 4 mai à 11 heures dans le bureau du Directeur Général des Affaires Politiques, le 4 mai 1951.
42) 講和条約の前文に、開戦に際しての日本の責任を明示した一文を挿入すべきであるという案が出てきたのである。戦争責任の明確化は、イギリスなども挿入を検討していた案だが、アメリカの反対によって撤回したという経緯がある。結局、開戦責任の明示については、フランスもアメリカに求めず、引っ込めることとなった。AMAE-La Courneuve, Asie-Océanie 1944-1955, Japon, vol. 51, Ordre du jour, Préparation du traité de paix avec le Japon, le 22 mai 1951.
43) AMAE-La Courneuve, Asie-Océanie 1944-1955, Japon, vol. 51, Note pour la direction d'Asie, Paris, le 28 mai 1951, Modifications proposées au projet américain de Traité de paix avec le Japon.
44) AMAE-La Courneuve, Asie-Océanie 1944-1955, Japon, vol. 51, Projet d'observations du Gouvernement français sur le projet américain de traité de paix avec le Japon, Paris, le 28 mai 1951.
45) AMAE-La Courneuve, Asie-Océanie 1944-1955, Japon, vol. 52, Note, le 4 juin 1951.
46) AMAE-La Courneuve, Asie-Océanie 1944-1955, Japon, vol. 52, Tél de Massigli, Londres, le 4 juin 1951; d'Etienne de Crouy-Chanel à Roux, le 4 juin 1951 ; The Ambasador of the United Kingdom (Gifford) to the Secretary of State, London, June 4, 1951, *Foreign Relations of the United States, 1951, Asia and Pacific*, Part 1 United States, Department of State. 1977. pp. 1104-1105.
47) なお、ダレスは、翌日のオリオール（Vincent Auriol）大統領との会談でも講和条約の締結を正当化するためにシューマン・プランを用いて説明し、制度的緊縛の効果を挙げて説得しようとしていたことがうかがえる。その一方で、オリオールは日本の台頭を懸念し、アメリカが日本よりも軍事力で上回ることが必須の条件であると述べた。AMAE-La Courneuve, Asie-Océanie 1944-1955, Japon, vol. 52, Audience de M. Foster Dulles par M. Auriol, le 12 juin 1951 ; « Mardi 12 juin [1951], Baeyens : l'Extrême-Orient, J. Foster-Dulles : tour d'horizon international [Document "1951" du CD ROM], » in Vincent Auriol. 2003. *Journal du Septennat, 1947-1954* [Livre avec CD], Paris: Tallandier, pp. 172-175.
48) AMAE-La Courneuve, Asie-Océanie 1944-1955, Japon, vol. 52, Compte rendu de la réunion qui a eu lieu au Salon des Perroquets le 11 juin à 11 heures.
49) もっとも、インドシナ3カ国の講和会議への出席をめぐる問題は、会議開催の直前まで手こずり、紆余曲折を経た末で参加が実現した。
50) AMAE-La Courneuve, Asie-Océanie 1944-1955, Japon, vol. 53, Note de l'ambassadeur Naggiar, le 10 juillet 1951.
51) AMAE-La Courneuve, Asie-Océanie 1944-1955, Japon, vol. 53, de Robert Buron, secrétaire d'Etat aux Affaires économiques, à Schuman [le 12 juillet 1951].

52) AMAE-La Courneuve, Asie-Océanie 1944-1955, Japon, vol. 53, Tél de Bonnet, Washington, le 12 juillet 1951.
53) AMAE-La Courneuve, Asie-Océanie 1944-1955, Japon, vol. 57, Texte du discours prononcé par le président Schuman à San Francisco, le 6 septembre 1951, à la conférence du traité de paix avec le Japon.
54) Suzanne Bastid. 1954. "Préface," in Emile C. Ciuera, *Le traité de paix avec la Roumanie du 10 février 1947*. Paris : Editions A. Pedone, p. 2.
55) AMAE-La Courneuve, Asie-Océanie 1944-1955, Japon, vol. 56, Tél de Bonnet à Schuman, Washington, le 31 août 1951.
56) 高坂正堯. 1995.「思考停止をやめ明白な解答を」山崎正和他『戦後50年は日本を幸せにしたか』TBSブリタニカ、35-36頁。

第 3 章

イギリスと東アジア、1945-1948 年
―― 英中友好通商航海条約交渉を中心に ――

林 大輔

はじめに

　戦後アジアにおけるイギリスの地位とはいかなるものであったのだろうか。戦前までイギリスの地位と名声を確立してきた帝国という国際体制は、第一次世界大戦以降民族主義や民族自決の高まり、さらには第二次世界大戦での日本との戦いにより一時的に植民地を奪われたことで、フランスなど他のヨーロッパ諸国と同様に、宗主国としての復帰と帝国秩序の回復が危ぶまれていた。
　さらに戦後新たに出現した冷戦という国際環境は、イギリスのアジアでの役割を極めて曖昧なものにした。中国や朝鮮半島などで冷戦による分断国家が形成されてゆくなかで、支配的な役割を果たしたのは米ソであり、イギリスは積極的に関与しようとしなかった。むしろ彼らにとってのアジア冷戦とは、共産主義が自らの植民地に浸透し、さらにそれが民族主義と結びつくことで独立運動としてイギリスの植民地統治を揺るがすことに、より重要な意味を見出だしていた。このようなアジアにおける冷戦や、帝国秩序の衰退や脱植民地化といった大きなうねりのなかで、イギリスは戦後アジアにおける新たな立ち位置と役割を模索することとなる。
　本章では、イギリスが戦後直後のアジア国際関係をどのようにとらえ、斜

陽を迎えていた帝国の権益をいかに規定し、また米ソを中心とする冷戦構造がアジア各地でも顕在化してゆくなかで、イギリスはどのような役割を見出だそうとしていたのかを概述する。そのなかでも特に、アジアで最も冷戦が激化した舞台の一つであり、また伝統的にイギリスが最も多くの経済・通商権益を保有してきた中国との関係を取り上げる。イギリスはアジア冷戦には基本的に受動的な役割を意識しながらも、経済・通商権益の拡大には積極的に関与しようとしていた。そのようなイギリスにとって、戦後通商条約交渉問題は英中関係において最も重要な争点の一つであった。また戦後対中国通商条約はイギリスのみならずアメリカも同時に交渉を行っており、米中間では1946年11月に条約締結に至ったにもかかわらず、英中間では条約締結に至らず最終的に頓挫することになる。なぜこのような結果に至ったのか。本章では、戦後アジアにおけるイギリスの復権の試みとその挫折を象徴する事例として検証を進めてゆく。なお本章で論じる中国とは、当時の正統政府は中華民国国民政府であり、国家を表す場合は「中華民国」、単なる地理的概念や一般的呼称を指す場合は「中国」と表記する。

I 戦後イギリスの中国政策と極東政策の形成
——イギリスの役割と対米関係の模索

　戦後に向けたイギリスの包括的な対中国政策策定は、1945年3月2日外務省極東部覚書「イギリスの対中国政策」に始まる[1]。彼らは、中国におけるイギリスの役割は長い間「受動的な観察者」にとどまっていたと自戒し、このような状況を変えるべく次の二つの問題を中心に論じている。第一に、中国の現状と将来に関する長期的利益について。イギリスは第二次世界大戦中ローズヴェルト（Franklin D. Roosevelt）米大統領の説く「中国大国化」構想に懐疑的な姿勢をとり続け、イギリスは「強力で安定した友好的な中国」の出現に反対しているものと非難を浴びてきた。このような誤った印象を解き、かような中国が成立することはイギリスにとっても利益であることを明確に打ち出し、さらにこの実現にはアメリカ単独ではなくイギリスも支援を行うことで影響力を発揮すべき、と唱えた。第二に、では具体的にどのよう

な支援を行うべきかについて。英米共同での支援ではアメリカの膨大な支援に飲み込まれてしまうため、イギリスの対中国支援はアメリカと共同ではなくパラレルに行うべきとし、具体的には物資・技術支援や軍事訓練施設の増強、さらには長期的な貿易のための準備など、12項目にものぼる暫定的リストを提示した。要するに本文書は、①中国における受動的立場から積極的立場への転換、②対中国支援に関してはアメリカとの協調よりも競合、を訴えるものであった。

だがこのような野心的な転換を唱える本覚書は、多方面からの批判を受けることになる。たとえばコウルソン（J. E. Coulson）外務省経済関係部長は、本覚書は「われわれが達成できない責任を想定している」ことを危惧し、イギリスの支援能力は今後数年間「ほとんどとるに足らないことを明確にすべき」と迫っていた[2]。また軍部でも参謀本部が、外務省は「イギリスの戦争努力と整合しない支援の形を目論んでいる」と疑いの目を向けていた[3]。さらにホール＝パッチ（E. L. Hall-Patch）外務次官補（経済問題担当）もコウルソンの見解を支持し、イギリスにとって活用し得る資源は「絶望的に小さ」く「実質的には何もできない」と断じ、対中国支援ではアメリカや他の連合国と競争するよりも協調すべきことを説いたのである[4]。

以上のような非難に直面した外務省極東部は本覚書の修正を迫られ、7月7日「中国の現状と中国における英米の政策に関する覚書」を策定した[5]。これは3月2日の覚書と比べて、以下の点で若干の軌道修正を図るものであった。第一に中国問題に関して、英米の競合よりも協調に力点を置いていることである。中国での米英の利益は近いものと規定し得るため、イギリスの目的はアメリカと競争するのではなくむしろ「緊密に協力すること」であり、中国においてアメリカを支援および補助することで、「アメリカはわれわれの協力を歓迎するだろう」と見据えていた。第二にイギリスは自らの積極的役割を、英中二国間で懸案となっている問題に集中するようになったことである。具体的には、①香港、②チベット、③マラヤ・ビルマなどにおける中華系住民、④ビルマとの未確定国境問題、の四点であり、言い換えればこれらはすべてイギリスの帝国権益に密接に絡むものであった。本覚書は、これら四つの争点に関する英中双方の立場を整理したうえで、イギリスの積極的

な立場を追求するよう提唱したのである。その意味でここに見られる終戦当時のイギリスの対中国政策とは、①イギリスは対中国支援において英米間の協調を模索する一方、②ただし帝国権益に関わる争点に関しては積極的立場をより鮮明にする、というものであった。

そしてこのような対中国政策が、イギリスの対極東政策全体の中に組み込まれたのは、1945年12月31日に英内閣極東民政計画班（Far Eastern Civil Planning Unit）が策定した「極東におけるイギリスの外交政策」であった。本文書は外務省や植民地省・陸軍省など極東問題に関係する各省庁で戦後イギリスの極東戦略全体を俯瞰した覚書であり、全体で67ページにわたって包括的分析を行った文書であった[6]。

本文書は「結論」として、イギリスは大戦によって戦前のようなパワーや影響力をただちに取り戻す状況にはないとするイギリス外交の限界を自認している。ただし極東のうち、北回帰線の北側は米ソの権益が、南側はイギリスの権益が集中しているため、北側では米ソの権益対立に対して現実的な対応をとり、南側では植民地の政治的問題を解決し経済的資源を動員することによって、イギリスは揺るぎなき地位を確立し得るとの可能性も同時に導き出している。そのような自己規定のもと、イギリスは対極東政策の主な「具体的目標」として、イギリス領の安全保障や、経済権益の拡大ならびに財産の保護、極東地域全体の経済成長と財政的安定、英自治領諸国や関係各国との協調関係など、七つの項目を掲げているのである[7]。

そのような北回帰線の北側にある中国は、イギリスにとって植民地や保護領と比べると相対的な重要性は低くなるものの、北側に位置する極東諸国のなかでは日本と並んで極めて重要な関心を持つ国として描かれていた。中国については、①政治的には米ソが異なる政治勢力を支持するなど国内分裂の危機にあるなかで、イギリスはいずれの政治勢力にも肩入れするように見えることを避け、②経済的にはイギリスの在華資産を回復する必要性を説き、また中国側もアメリカの独占的な支援を防ぐためにもイギリスからの支援を歓迎するであろう、との展望を描いていた。また③香港やチベットなど英中間の懸案であるイギリス帝国権益に絡む問題の重要性を改めて確認しつつ、中国国内のナショナリズムに対する警戒を強調していた[8]。

また本文書は、イギリスの帝国権益を、経済・財政的権益、戦略的権益、政治的権益の三種類に切り分けて詳細な分析を行っているが、ここでは特に経済・財政的権益について論じる。まずイギリスにとって極東で最も重要かつ有望な分野は、イギリスの対極東貿易の半分を占める保護領との貿易であった。そのなかで、中国との貿易は「決して大きくはな」く、中国はいつか真に重要な市場となるかもしれないものの、現在の国内対立に鑑みればその状態にはほど遠いと、短期的には悲観的な見方を示していた。だがその一方で、中国は今後数年間で膨大な需要が生まれること、さらにアメリカが中国への輸出で支配的となり、香港やシンガポールの競合拠点として沖縄やマニラを建設することになればイギリスの貿易や通商権益に対する重大な損失になることも指摘していた。したがってより重要なことは、たとえ「落胆的なものであっても」中国への輸出を「可能な限り早く再開すべきことが大いに望ましい」として、長期的な観点から中国との貿易を強く促していることである[9]。

　以上のような多岐にわたる本文書のエッセンスをまとめるならば、イギリスは①政治的には植民地・保護領の回復と自治領諸国との関係強化を重視する一方、中国の国共内戦などのアジア冷戦には極力非関与の立場をとる、②経済的にはイギリス帝国の持つ通商ネットワークを梃子に経済・通商権益を拡大する、③地理的には帝国権益の集中する北回帰線以南を重視し、以北の地域は米ソの権益や対立が強いため限定的な関与にとどめる、という点に集約することができるだろう。また中国および極東をめぐる④英米関係においては、イギリスはアメリカと比べて限定的な地位や役割にとどまることを認めつつも、他方でイギリスが在華権益を回復しまた中国側もイギリスの支援を必要としている状況を上手に活用することで、イギリスの相対的影響力を拡大させるとの展望を描いていた。

　このようなイギリスの対中国政策のなかで、戦後の通商条約交渉は重要なアジェンダの一つであった。またこの問題は、戦後の中国問題をめぐる英米間の協調または競合の一側面を表すイシューでもあったのである。だがこれらの政策文書に見られるような、イギリスの経済通商権益の回復や、中国問題をめぐる英米間の協調とイギリスの影響力拡大といったイギリスの政策目

標は、これらの覚書が謳うほど容易に実現できるような甘いものではなかった。むしろこの問題において、イギリスは期待と現実のギャップ、あるいは英中間の条約案策定の思惑の違いに苛まれることとなる。次節では、そのような戦後英中間の通商条約交渉に焦点を当ててゆく。

II 英中友好通商航海条約交渉

　第二次世界大戦中の1943年1月11日、英米両国は中華民国と締結した不平等条約撤廃条約（以下、1943年英中条約・1943年米中条約）のなかで、終戦後6カ月以内に友好通商航海条約締結に向けて交渉を開始することで合意した[10]。これを受けて、英中間と米中間ではそれぞれ大戦末期より戦後にかけて通商条約交渉を進めていった結果、米中間では1946年11月4日に条約締結（以下、米中条約）[11]に至ったのに対し、英中間では1948年に実質的に幕を閉じることとなる。なぜこのような結果に至ったのか。

1 英国案の作成とその争点、1945-1946年5月

　1943年英中条約を受け、イギリス政府は戦時中より条約案（以下、英国案）策定に動き出した。すでに英商務省にはモデル条約案が用意されていたものの[12]、彼らは戦時中中国情勢が混沌としている間は通商条約案を策定する環境にはないと考え、当初の動きは鈍かった。1944年8月には英国案一次草案が策定されたが[13]、これは英商務省モデル草案をベースに、締約相手国を中華民国に設定し、同国との条約に無関係な条項を削除しただけのものだった。英国案策定が本格化してゆくのは終戦直前の1945年7月からであるが、その契機となったのは、イギリスの対中主要財界組織である英商中華協会（China Association）が条約案に関する包括的な提言を行ったことに加え[14]、1945年4月2日にアメリカがイギリスより先に重慶に条約案（以下、米国案）を提出したことであった[15]。大戦期英米当局者間では、対中国通商条約に関して情報交換を行うなど英米協調原則が謳われていたが[16]、そのようななかでアメリカがイギリスを出し抜いてすでに条約案を提出したことを知り、イギリスは大きなショックを受けた。

1945年4月20日よりワシントンで対中国通商条約に関する英米協議を開いたものの[17]、米国務省の態度は冷ややかだった。イギリス側は先般からの英米協調原則を確認し、米国案の詳細を聞き出そうと迫ったものの、米国務省は、米国案は1938年米・リベリア友好通商航海条約[18]のような従来のアメリカの条約と同様である、といった一般論に終始し、最後まで米国案を見せようとはしなかった。その後英米協議は5月下旬から7月上旬まで停滞する一方、アメリカは同じワシントンにて6月19日より米中間で米国案をめぐる非公式予備交渉を開始するなど[19]、英米間の協議停滞をよそに米中間では条約交渉が進んでいった。

　一方イギリス側は、米国案条文がなくとも、代わりに米・リベリア条約から米国案の概要を摑むことができると考え、英商務省モデル草案と米・リベリア条約の条文を丹念に比較検討した覚書を作成し[20]、米国務省に突きつけ、7月5日より英米協議は再開された。その際、①アメリカにあってイギリスの通商条約にない条項、②イギリスにあってアメリカの通商条約にない条項、③英米どちらの条約にもある条項、の三類型に分けて協議したところ、②のうち関税に関する諸規則、特許権・著作権、仲裁に関する条項などは米国案にも含まれていると答え、自ら米国案が米・リベリア条約と異なる内容のものであることを露呈した。さらに③のうち外国人・外国企業の権利や課税については、英米間で最も重要な違いがある問題と認めたのである。

　英米協議を通じて、イギリスは米中がより穏健な内容の条約案で協議を先行させてしまう場合、イギリスの権益確保の機会が「著しく損なわれてしまう」ことに危機感を募らせ[21]、英国案策定を本格化させた。すでに英米協議中の1945年7月に英国案一次草案を大幅に加筆・修正した英国案一次修正案を作成したのを皮切りに、以後英国案最終案が確定する1946年5月までの10カ月間、都合六度もの大掛かりな草案修正案を策定することになる[22]。なかでも特に重要な争点は、以下のものであった。

　第一に、相手国国民の権利（英国案最終案第3条～第6条）である。当初の英商務省モデル草案から最も大幅な加筆修正が行われたのがこれらの条項であり、また米国案（米国案第2条）と比べてもはるかに詳細な規定が施されていた。米国案と対比させて英国案の特徴を述べると、①英国案は条約名を

「英中居留航海条約」[23] としている点からもうかがえるように、特に入国・居住・旅行・雇用に関する権利を詳細に規定していること、②条約の対象を相手国国民のみならずその妻子にまで拡大していること、などが挙げられる。

　第二に、条約の適用範囲（英国案最終案第1条・第31条）についてである。本条約をイギリスのみならず植民地や保護領・信託統治領にも適用すべきかについては、植民地省・インド省・ビルマ省・インド政庁からさまざまな意見が出されたが、総じて否定的なものが多かった。特にインドは植民地ながら1943年英中条約の調印当事者の一つでもあった関係で、論理的にはインドも通商条約交渉に入るはずであった。だがインド政庁やインド省は、インドが本条約に含まれることを望まないとの否定的な意向を崩さなかった。また香港に関しても結果的には特別扱いせず、最終的に英国案ではインドや香港を含めすべての植民地・保護領・信託統治領に対しては、後日通達した場合に本条約を適用する、と含みを残す形とした。

　第三に、内河航行・沿岸貿易（英国案三次修正草案第21条）と保険に関する条項（英国案最終案第9条）である。英国案では当初、1943年英中条約でイギリスが喪失した内河航行権・沿岸貿易権に関する条項を規定し、英国案二次修正草案ではさらにこれらに関する最恵国待遇と相互主義を追加するなど、イギリスの対中国貿易におけるこれらの伝統的権利を取り戻すことを前提としていた。だが英国案三次再修正草案の段階で、中華民国が沿岸貿易権・内河航行権の内国民待遇に消極的な場合のみ本条項を条文内に含めるとして[24]、これらの条項を丸ごと削除した。ただし商務省は、本条項の放棄に最後まで反対した。彼らは運輸省の協力も得て、内河航行・沿岸貿易に関する内国民待遇を認めることが英中双方にとっていかに有益であるかを説き、たとえ中華民国側が消極的であっても最恵国待遇だけでも復活させる必要があるとして、英国案最終案の段階で、いったん削除した本条項を附属書にてそのまま挿入することを提案したのである[25]。他方イギリス政府は、次善の策としてイギリスの在華ビジネスのなかでも極めて重要な保険業に関する条項を、新たに最終案で追加した。だがこの保険条項も、中華民国側に手交する段階になってペンディング扱いとし、「後日保険に関する条項を挿入する」と伝えたうえで英国案最終案を手交することにしたのである[26]。このように

イギリス政府も、自らにとって重要な権益であった内河航行・沿岸貿易そして保険などの条項に関して、中華民国側の動向を見据えながら自らの姿勢を定めようとするなど、最後まで揺れ動いていた。

第四に、最恵国待遇に関する条項（英国案最終案第 20 条・第 27 条・第 28 条など）である。米国案が条項ごとに選択的に最恵国待遇を規定しているのに対し、英国案はほとんどの条項を一括する形で最恵国待遇の適用を規定していた。さらに英国案では、最恵国待遇の付与は即時・無条件で認め、仮に最恵国待遇に代わる待遇が規定される場合でもそのような代替条項の選択権は受益側の締約国に属する、と規定されていた（同第 28 条第 1 項）。それだけに、米国案と比べても最恵国待遇に関する規定ははるかに広範で徹底した内容となっていた。

第五に、その他イギリス側に有利な条項として、在華イギリス企業の既存権益や所有権の剥奪・無効化は認められず（同第 13 条第 1 項）、また特許・著作権などの保護も、単なる相互主義の規定からさらに踏み込む形で、イギリス国内で行われているのと同様の保護を中国国内でも行うこととする、との規定がなされたのである（同第 19 条第 2 項）。

さらにもう一つ重要な点として、交渉開始のデッドラインの問題があった。なぜなら 1943 年英中条約では、終戦後 6 カ月以内に友好通商航海条約交渉を開始することが謳われており、本来は 1945 年 9 月 2 日降伏文書調印式から 6 カ月後の 1946 年 3 月 2 日までに英中間で条約交渉を開始する必要があった。だが 1946 年 2 月下旬の時点ではまだ、英国案三次修正草案策定に向けた意見調整の段階にあり、英国案最終案を手交できる段階ではなかった。そのため苦肉の策として、イギリスは英中間の条約交渉入りの希望を改めて確認しつつ、現在は英国案策定中であり、本覚書手交をもって交渉開始としたい、との覚書を重慶に提出した[27]。そして中華民国からも、現在は戦時首都・重慶から南京への還都の準備で多忙なことを理由に、英中間の交渉は南京還都後に調整しようとの提案を受けた[28]。イギリス側にとっては渡りに船だったが、後に南京還都が単なる口実だったことを思い知ることになる。

2　英国案に対する中華民国の対応
──米中条約締結と国府案の成立、1946年6-12月

　イギリスは1946年5月14日駐華英大使館に英国案最終案を送付後、6月19日に王世杰外交部長に手交し、正式交渉に入ることを呼びかけた[29]。だがイギリスが交渉開始を促しても、中華民国側の反応は芳しいものではなかった。さらにイギリスにとってショックだったのは、英中間で通商条約交渉がなされない裏で、米中間では条約交渉が進展していることであった。1946年2月より米中公式交渉が開始され[30]、中華民国はイギリスに「米中条約締結までは他国と条約交渉を開始するよう持ち出すことはない」と通告してきた[31]。イギリスは彼らが南京還都を英中交渉延期の「口実として利用」しながら、アメリカと交渉を進めていることを思い知らされたのである[32]。そこでイギリスはアメリカに米中公式交渉の進展を再三問い合わせた。イギリスは米中条約が今後の対中国通商条約の「基準」となることを懸念していたのである。だがアメリカは英米が結託しているとの誤解を中華民国に与えるとの理由で、1945年英米協議と同様に英米協調に消極的であった。イギリスはこのような姿勢に対し、アメリカの「裏切り」であると強く苛立っていた[33]。

　1946年11月4日、米中友好通商航海条約が締結された。スティーブンソン（Skrine Ralph Stevenson）駐華英大使は、本条約が英国案と同じような事項を広範に扱い、個別には英国案より具体的に規定された条項もあることを評価しつつも、イギリスにとって重要な海運に関する条項は何の役にも立たず、また保険に関する条項もなく、全体的に「われわれの立場を先取りして勝ち取ったものとは思えない」と評価している[34]。

　では中華民国政府は英国案に対してどう対応したのだろうか。彼らが本格的に英中間の条約に着手したのは、米中条約が締結された1946年11月以降であった。まず外交部は英国案各条項の条文を精査して膨大なコメントを付した後[35]、それらを基に英国案草案審査会を11月11日より六度にわたり開催した[36]。ここで彼らは、英国案を逐条ごとに検討しながら中華民国側の対案（以下、国府案）の具体的条文を策定していった。そのなかでも重要な点は、以下の四点であった。第一に、米中条約との関係について、英中間と米中間

のどちらの通商条約にも含まれる条項に関しては「米中条約に合わせ」、英中間の条約は「米中条約の範囲を原則的に超えないものとする」との重要な規定がなされたことである[37]。このような米中条約の「基準化」は英国案の多くの条項に影響を与え、大幅に削除・修正される形で国府案対案が作られていった。特に大幅に削除・修正されていったのは、米中条約との違いが際立っていた相手国国民の権利（英国案第3条）や航海に関する条項（英国案第21条）などであり、前者は米中条約の規定に合わせて後半はほとんど削除され、後者は国府案対案原案第24条として大胆に修正された[38]。

　第二に、最恵国待遇に関する条項（英国案第20条・第28条）である。英国案の規定に従えば、米中条約締結でアメリカに付与した権利は、イギリスも同様に享受できるようになっていた。だが外交部としては、米中条約締結後に国内で受けた数々の批判のなかでも、最恵国待遇に関する批判を痛いほど味わっており、この点に配慮する必要を感じていた[39]。なかでも最恵国待遇の即時・無条件での適用（英国案第28条第1項）は、米中公式交渉においても最後まで揉めた末に条文から削除させた条項であり、そのような経緯を考えると、決して受け容れることができるものではなく、全体的に削除されたのである[40]。

　第三に、著作権保護（英国案第19条）に関しても、米中条約と同様に、翻訳物を著作権保護の対象外とすべきかなど、より制限的な内容にすべきとの議論がなされた。特に、イギリスと同様の著作権保護を中華民国も施行すべきとする条項（英国案第19条第2項）に対しては「全く以って不快である」とまでの拒否反応を示したのである[41]。

　第四に、それ以外の点としては、条約適用範囲にインドやその他植民地・委任領・信託領を追加したり（前文・英国案第1条第1項）、すでに他条項で十分規定されているとしていくつかの条項を削除する（英国案第14条・第18条・第31条）などが行われた。この英国案草案審査会での検討結果をもとに、英中条約の国府案対案原案が作成されたのである[42]。

　また外交部は、立法院や内政部や財政部など11省庁にも英国案条文を送付し、彼らの意見を仰いだ。これらの省庁は、1946年11月下旬から12月上旬にかけて意見を提出したが、特に著作権保護（英国案第19条）や、不動

産の権利（同第13条）や、個別条項の内国民待遇と最恵国待遇に関する規定（同第3条・第8条など）に対する修正意見が、経済部・司法行政部・地政署・教育部などから数多く出された[43]。

外交部はこれら修正意見をとりまとめたうえで、1946年12月10日に国府案対案修正案および説明書を策定した[44]。そして、同日より二度にわたり、これらの省庁の代表者も交えた英中通商条約審査会を開催したのである[45]。本審査会では、微細な点のみ若干の修正と削除が行われただけにとどまり、その意味で、国府案は実質的には12月10日国府案対案修正案でほぼ内容は固まっていたといえるだろう。最終的に本審査会での若干の修正・削除を反映した国府案対案再修正案が作成され、12月19日行政院に送られた[46]。12月30日、宋子文行政院長は手交を承認し、翌12月31日に英中条約国府案が正式にイギリスに手交されたのである[47]。

3　揺れ惑うイギリス政府と中華民国政府への不信、1947-1948年

かくして英国案と国府案が出揃ったものの、その条項構成や条文内容は極めて異なるものであった[48]。英国案と国府案の相違点は以下のとおりである。第一に条約適用範囲について（英国案前文・第1条第1項・第31条第1項―国府案前文・第1条第1項）。国府案では英中両国のみならずインドをはじめすべての英植民地・保護領・信託統治領を含むとしていたが、英国案では英中のみでそれ以外は後日通達された場合に適用する、と留保の形にとどまっていた。第二に相手国法人の権利について（英国案第8条―国府案第9条）。英国案は相手国で従事できる具体的業種の中に銀行・保険・海運を含んでいたのに対し、国府案は米中条約の条文の記述に合わせる形でこれらを削除していた。第三に著作権・特許などの保護について（英国案第19条第2項―国府案第17条第2項）。英国案はイギリスと同様の保護を中華民国も行うことと規定していたが、国府案では著作の翻訳については相手国で著作権が保護されようとも、締約国国内の法令で保護されていない限り従う義務を負わないとし、事実上翻訳の自由を許容する内容だった。第四に最恵国待遇の付与・適用について（英国案第20条・第28条―国府案第18条・第27条）。英国案では既存および今後発生する権利や優遇について相手国の要請がなくとも即

時・無条件で適用するとしていたのに対し、国府案では今後発生する権利のみ対象とし、また即時・無条件適用を削除していた。第五に国内法による留保である。国府案は各条項のいたるところで「相手国の法令に従ったうえで」や「法律で規定された場合を除いて」などの条件的記述を追加しており、条約の運用に際し締約国政府にある程度の裁量を認める内容となっていた。第六にその他米中条約の記述に合わせた条項である。具体的には、英中間での平和・友好関係の規定や（国府案第3条）、相手国国民が従事できる具体的業種（国府案第6条第1項）、相手国法人の法人設立・参加の権利（国府案第9条第1項）、相手国港湾への船舶・貨物の寄港の待遇に関する最恵国待遇（国府案第21条第1項）など、国府案は米中条約にある条文を盛り込む形で、英国案での同様の条項の条文を大幅に修正したのである。

　英商務省は包括的に精査した結果、国府案は確かに二国間通商条約や米中条約の観点から考えれば不合理なものではないとしながらも、イギリスの在華権益保護の点から考えれば大いに不満であると評した。特に彼らの不満が大きかったのは、相手国法人の権利や海運・航海の権利であった。そのうえで、今後の戦略として、イギリスは国府案ではなく英国案の規定を基礎とした交渉を推進すべきであり、特に英中間で差異が明確である条約の範囲や居住に関する条項や航海条項などでのイギリス側の立場を明確にすべきことを訴えたのである[49]。

　だがその後のイギリス政府の対応は長期化し遅々として進まなかった。第一に、政府内関係省庁との再調整の必要性である。英国案策定時もそうであったように、米中条約と比べて範囲の広い英中条約は、主務官庁である外務省と商務省のみならず、条項によっては運輸省や内務省などその他の省庁と意見調整を行う必要があり、多大な時間を余儀なくされた。またそれ以上に重要な要素だったのが、第二に、英中二国間通商条約よりも戦後多国間通商枠組構築に向けた作業が本格化したためである。米中条約締結直前の1946年10月以降、後のGATT（関税貿易一般協定）およびITO（国際貿易機構）創設に向けた多国間会議に商務省は作業を集中する必要に迫られ、時間と人員不足のため調整はさらなる時間を余儀なくされることとなった[50]。

　最終的にイギリス政府内で、英中間の条約交渉に関する省庁間会議が

1947年10月21日に開催された。会議を主導した商務省は、これまで各省庁から受けた意見を全体的に集約し、国府案で受け容れ可能な条項、英国案で修正したいと考える条項、そして今後の英中条約交渉のため問題となる論点などを詳細に検討した文書を用意した[51]。また事前に準備のための省内会議を開催したが、ここでの議論はその後の省庁間会議の方向性を決定づけるものであった。まず省内会議では、国府案はイギリスの目的に見合うには多くの点で不適切であり、また米中条約もアメリカが不利な形で合意した「全く不適切な文書」であるため、あくまで英国案を基に交渉すべきとの方針を改めて強調した。だがその場合、中華民国側が交渉を拒否するか決裂するとの脅しをかける可能性があるため、商務省は「暫定的」と断りつつも次のような重要な意見を提案したのである。それは、不満の残る条約を締結するよりも条約を締結しない方が望ましく、中国国内で治外法権など不平等条約の記憶が薄まるまで条約交渉を延期した方が有利かもしれぬ、というものであった[52]。

それを受けて開催された省庁間会議では、このような商務省の見解に外務省は真っ向から反対した。外務省は、たとえ条約内容に不満があろうとも、条約が締結されないことは今後の対中国関係全般に深刻な影響を及ぼすため、政治的な理由から条約を締結する方が望ましいと訴えた[53]。このような外務省と商務省の路線対立は、省庁間会議の場では明確な結論を出さず、駐華英大使館の判断を訊くこととした。スティーブンソンとハッチソン（J. C. Hutchison）駐華英商務参事官は、中華民国側が英国案をもとにした条約交渉を受け容れるとは思えず、また現下の中国の政治・経済状況の悪化を見ると、今はイギリスに有利な協定を得る機会にはないとして、非公式ながら商務省の見解を支持すると回答した[54]。結果的にイギリスは、不満の大きな条約を締結するくらいなら条約を締結しない方が良いとする商務省の見解以外に積極的な展望を見出だすことができず、英中間では条約交渉に入ることなく終わりを迎えたのである。

おわりに

　以上のように、英中友好通商航海条約交渉を通じて、戦後中国およびアジアにおいてイギリスはどのような役割を模索し、いかなる結果と意味をもたらしたのだろうか。ここでは主に以下の3点に沿って総括を試みる。

　第一に、戦後イギリスの経済通商権益回復の試みとその挫折が挙げられる。イギリスは1945年3月および7月の対中国政策覚書や12月の対極東政策覚書に見られるように、経済通商権益の回復を最も重要な政策目的の一つと位置づけていた。対中国通商条約もその一環であったが、結果的にイギリスは条約締結はおろか、英中間での直接交渉の機会すら持たぬまま、単にお互いの条約案を交換するだけで頓挫するに至る。そしてこの点は、中国における自らの役割と影響力低下にあえぐイギリスの姿を如実に表したものでもあった。中国問題に関するイギリスの相対的地位の低下とアメリカの台頭は戦前より顕著となっていたものの、ここで重要なことは、イギリスが特に重要視していた経済通商問題においてもアメリカの後塵を拝することとなったことである。戦後経済復興において中国はアメリカによる独占的支援ではなく、イギリスの資本や経済支援を必要とするであろうとの自負は、中華民国側の冷徹なまでのアメリカ最優先方針の前にもろくも崩れ去り、イギリスは期待と現実のギャップに苛まれることとなる。

　第二に、本条約は帝国としてのイギリスが抱えるさまざまな矛盾が表出した典型的事例の一つであった。イギリスは、英国案に見られるように、航海・海運の権利や、既存権益は剥奪してはならない、最恵国待遇は即時・無条件に適用する、など米中条約の内容と比べて数多くの帝国主義的要求を盛り込んでいた。だがこれらは、イギリスが不平等条約体制の下で伝統的に享受してきた権利を不平等条約撤廃後に改めて要求する「帝国の夢」の追求にほかならず、当時の中国国内のナショナリズムの観点からは到底受け容れ難いものであった。しかしながら中華民国側が国府案策定のうえで「基準」とした米中条約は、イギリスの観点からは彼らの権益を守るには不十分なものであり、その意味で英国案および国府案の手交の時点で双方の間に隔たるギャップが大きく、条約交渉頓挫という結果はこの時点でほぼ運命づけられてし

まったといえるだろう。

　だがその一方で、イギリスは本条約案において、インドやビルマその他植民地・保護領などを明確に組み込むことができなかった。これはインド政庁やビルマ政庁など現地当局が本条約に拘束されることを望んでおらず、またイギリス自身も中国国民・法人や現地の中華系住民らに対して、入境や居住、さまざまな商業活動から不動産の権利に至るまで、広範な権利を付与することを憂慮していた。言い換えれば、イギリスは帝国通商ネットワークを通じて経済通商権益の拡大を目指しておきながら、中国との関係を完全に組み込むことを避けていたのである。

　第三に、イギリスの中華民国に対する不信である。イギリスは最終的に、たとえ不満の残る内容であっても条約締結を優先すべきとする方針（外務省）と、そのような条約であれば締結しない方が賢明であるとする方針（商務省）との対立の間で、1947年10月の省庁間会議の末に商務省の路線を選択した。そしてこの通商条約をめぐる一連のやりとりの結果、イギリスは中華民国に対する強い不信感を残すこととなる。これ以外にも、英中間では戦後直後に中華民国が接収した在華イギリス資産をめぐる対立を抱えており、イギリスの経済権益や財産を保護しない政権に対する失望は大きかった。後の1948年12月、国共内戦の戦況が国民党政権から共産党へと決定的に傾くこととなった三大戦役の段階で、イギリスは対中国政策の見直しを行った。ここでイギリスは、蔣介石ならびに中華民国政府の行く末に早々に見切りをつけ、中共による支配を前提に彼らとの通商開始の可能性に言及し、イギリスは中国大陸という「扉の中に足を踏み入れておく」方針を固めてゆく[55]。その意味で、戦後英中間での通商条約締結の失敗は、イギリスの中華民国に対する不信と失望を残し、それに伴い中共政権への接近を考慮するうえでイギリスの行動の自由度を高め、後の承認問題にも間接的ながら影を落とすことになるのである。

【付記】　本稿は2012年度サントリー文化財団「若手研究者のためのチャレンジ研究助成」の成果の一部である。

● 英中友好通商航海条約案

条	項	英国案（1946年5月14日）	国府案（1946年12月31日）
前文		英中間で、国民の居留条件・航海の権利に関して、条約締結	英印中間で、友好関係・貿易商業に関して、条約締結
第1条		（本条約対象の領土の規定）	（本条約対象の領土の規定）
〃	第1項	本条約対象となる領土の規定。英国は英本国及び第31条の下で適用通達を受けた領土が対象	本条約対象となる領土の規定。英国は英本国・インド・全ての植民地・保護領・信託統治領が対象
〃	第2項	以下条項での領土の言及は本条約適用領土とみなす	以下条項での領土の言及は本条約適用領土とみなす
第2条		（用語の規定）	（用語の規定）
〃	第1項	「国民」（nationals）の規定	「国民」（nationals）の規定
〃	第2項	「船舶」（vessels）の規定	「船舶」（vessels）の規定
〃	第3項	「法人」（companies）の規定	「法人・団体」（companies and associations）の規定
〃	第4項	「外国」（foreign countries）の規定	「外国」（foreign countries）の規定
〃	第5項	N/A	「施行されている法令」の規定。本条約では今後施行予定のものも含む
第3条		（相手国での締約国国民の入国の権利・目的・証明・条件などに関する規定）	（英中間の平和・友好関係・外交代表権）
〃	第1項	相手国での締約国国民の入国・居住・旅行の権利。制限がある場合は両国民とも平等の条件で	英中間の恒久的平和・永続的友好関係の規定
〃	第2項	相手国入国が認められる目的	英中間の外交代表権
〃	第3項	相手国入国・居住に必要な身分証明	N/A
〃	第4項	相手国入国・居住時のビザ等の条件	N/A
〃	第5項	相手国入国・居住時のビザ等の条件の周知、制限的な改正は不可。連続5年以上居住者には適用せぬこと	N/A
〃	第6項	雇用・職業の条件に関する内国民待遇	N/A
〃	第7項	5年以上居住者の雇用・職業に対する延長禁止は不可。制限がある場合は両国民とも平等の条件で	N/A
第4条		相手国より出国する締約国国民の権利	（相手国での締約国国民の入国の権利・目的・証明・条件などに関する規定）

条	項	英国案（1946年5月14日）	国府案（1946年12月31日）
第4条	第1項	N/A	相手国での締約国国民の入国・居住・旅行の権利。ただし相手国の法令に従った上で
〃	第2項	N/A	相手国入国が認められる目的
〃	第3項	N/A	相手国入国・居住に必要な身分証明
〃	第4項	N/A	相手国より出国する締約国国民の権利
〃	第5項	N/A	本条約は中国人の香港入境の自由・ビルマ入境の取決めには影響しない
第5条		相手国強制退去・再入国拒否の禁止	相手国強制退去・再入国拒否の禁止
第6条		相手国滞在の国民の兵役・強制労働・司法行政職務の免除	（相手国での締約国国民の権利）
〃	第1項	N/A	締約国国民の商業・製造・加工・科学・教育・宗教・慈善活動の権利。そのための土地・建物の取得・所有・賃借の権利。これらの権利の内国民待遇、ただし相手国の法令に従った上で
〃	第2項	N/A	前項（第6条第1項）の法人・団体への非適用
第7条		（宗教・埋葬・礼拝の自由）	相手国滞在の国民の兵役・強制労働・司法行政職務の免除
〃	第1項	良心・礼拝・宗教活動の自由	N/A
〃	第2項	礼拝場所の尊重	N/A
〃	第3項	埋葬の自由	N/A
第8条		（相手国での締約国法人の権利）	（宗教・埋葬・礼拝の自由）
〃	第1項	**金融・商業・工業・銀行・保険・海運・運輸の権利と内国民待遇、本店・支店・代理店設立の自由**	良心・礼拝・宗教活動の自由、学校設立の許可
〃	第2項	法人の許認可条件としての国籍要件の禁止	礼拝場所の尊重
〃	第3項	石油資源開発及び同目的での法人設立に関する最恵国待遇	埋葬の自由
第9条		**（保険に関する規定）**	（相手国での締約国法人・団体の権利）

条	項	英国案（1946年5月14日）	国府案（1946年12月31日）
第9条	第1項	保険業務に対する制約の禁止	**商業・製造・加工・金融・科学・教育・宗教・慈善活動の権利。そのための土地・建物の取得・所有・賃借の権利。これらの権利の内国民待遇、ただし相手国の法令に従った上で**
〃	第2項	保険業の許認可条件としての要件の禁止	支店設立の権利
第10条		（裁判・司法の権利）	（裁判・司法の権利）
〃	第1項	相手国国民・法人の司法の権利と、最恵国待遇・相互主義	相手国国民・法人・団体の司法の権利と、最恵国待遇・相互主義
〃	第2項	貧者への無料法的支援給付・支払安全提供は、別議定書で規定	貧者への無料法的支援給付・費用の保証提供の相互主義
第11条		（課税形式に関する規定）	（課税条件に関する規定）
〃	第1項	相手国国民・法人の相手国内での課税形式に関する条件	相手国国民・法人・団体の相手国内での課税形式に関する条件
〃	(a)	法律・布告・規則で定めた条件下以外の課税・要件の禁止	法律・規則で定めた条件下以外の課税・要件の禁止
〃	(b)-(i)	相手国国内在住の国民・法人の課税・要件の相互主義	相手国国内在住の国民・法人・団体の課税・要件の相互主義
〃	(b)-(ii)	相手国国内非在住の国民の課税・要件に関する最恵国待遇	N/A
〃	(c)	「課税」（taxation）という用語に関する定義	相手国産品輸入時の、課税・要件の相互主義
〃	(d)	N/A	相手国国民・法人・団体の締約国内生産品への、課税・要件の相互主義
〃	(e)	N/A	「課税」（taxation）という用語に関する定義
〃	第2項	相手国国内の国民・法人の財務権限・司法に関する相互主義	相手国国内の国民・法人・団体の財務権限・司法に関する相互主義
第12条		相手国国民・法人が保有・賃借する、土地・家屋の尊重	相手国国民・法人・団体が保有・賃借する、土地・家屋の尊重
第13条		（相手国での締約国国民・法人の財産・不動産に関する権利）	（相手国での締約国国民・法人の財産・不動産に関する権利）
〃	第1項	**英国の中国内での既存権利・所有権に関する、剥奪・無効化の不可**	財産・不動産の取得・保有・処分と、最恵国待遇
〃	第2項	財産・不動産の取得・保有・賃借・占有と、その条件に関する相互主義	相手国国内からの財産・物品の輸出・売却＆相互主義

条	項	英国案（1946年5月14日）	国府案（1946年12月31日）
第13条	第3項	財産・不動産の処分・相続獲得と、その条件に関する相互主義	N/A
〃	第4項	相手国国内からの財産・物品の輸出・売却＆相互主義	N/A
第14条		締約国国民・法人の相手国での個人・代理店による商業活動の権利	（相手国国民・法人・団体の、雇用上の入国・居住の権利）
〃	第1項	N/A	相手国国民・法人・団体の、雇用上の入国・居住の権利
〃	第2項	N/A	相手国3年以上居住の国民の、扶養者の入国・居住の権利
〃	第3項	N/A	申請者本人（＋妻・成人以下の扶養子息）の入国・居住の権利
第15条		（相手国国民・法人の、雇用上の入国・居住の権利）	（相手国国民・法人の法人・団体の設立・参加・条件の権利）
〃	第1項	相手国国民・法人の、雇用上の入国・居住の権利	相手国国民・法人の有限会社・団体の設立・参加の権利と、最恵国待遇
〃	第2項	小規模・自営業従業者への非適用	商業・製造・加工・科学・教育・宗教・慈善活動に関する相互主義
第16条		（相手国での締約国法人・商工会議所の設立・参加などの権利）	軍事・民事調達や補償に関する相互主義
〃	第1項	相手国国民・法人の有限会社・団体の設立・参加の権利と相互主義	N/A
〃	第2項	法人・団体の設立・参加の許可条件としての国籍要件の禁止	N/A
〃	第3項	商工会議所などへの制限・要求に関する禁止	N/A
第17条		軍事・民事調達や補償に関する相互主義	（相手国での特許権の保護と、それに関する相互主義）
〃	第1項	N/A	発明、商標、商号、文学・芸術作品著作権、の特許権の相互主義
〃	第2項	N/A	権利侵害の現地法律による対処原則。著作翻訳は、相手国で著作権保護されても、締約国で保護されてない限り従う義務を負わない
第18条		相手国国民・法人の資産・権利の処理・制限・没収・補償方法の相互主義	本条約第4条―第17条全事項の、今後の特権・免責に関する最恵国待遇
第19条		（相手国での特許権の保護と、それに関する相互主義）	（輸出入品の関税・賦課金に関する最恵国待遇）

条	項	英国案（1946年5月14日）	国府案（1946年12月31日）
第19条	第1項	発明、商標、商号、意匠、文学・芸術作品著作権、の特許権の相互主義	相手国輸入品に対する関税・賦課金に関する最恵国待遇
〃	第2項	**英国と同様の発明・商標・著作権等の侵害・翻訳等に対する保護を国府も施行**	相手国輸出品に対する関税・賦課金に関する最恵国待遇
第20条		**本条約第3条―第19条全事項の、既存及び今後の特権・免責に関する最恵国待遇**	（輸出入品の禁止・制約に関する最恵国待遇）
〃	第1項	N/A	相手国輸入品に対する禁止・制約に関する最恵国待遇
〃	第2項	N/A	相手国輸出品に対する禁止・制約に関する最恵国待遇
第21条		（港湾に関する最恵国待遇・相互主義）	（港湾に関する最恵国待遇＋相互主義）
〃	第1項	船舶の寄港、通商・航海の権利・自由・好遇・免責に関する相互主義	相手国港湾・場所への船舶・貨物の寄港の自由・待遇の最恵国待遇
〃	第2項	**航海・海運に関する全事項の処遇に関する相互主義**	商品・乗客の（輸）出入＋船舶・貨物・乗客の特権・関税に関する相互主義
〃	第3項	商品・乗客の（輸）出入＋船舶・貨物・乗客の特権・関税に関する相互主義	自国船舶の輸出入品への奨励金等の特権に関する相互主義
〃	第4項	港湾の駐留・荷揚・荷卸しなどの特権・便宜に関する相互主義	船舶へのいかなる手数料・料金・支払に関する最恵国待遇
〃	第5項	船舶へのいかなる手数料・料金・支払に関する最恵国待遇	N/A
〃	第6項	賦課発効前の手数料・料金＋港湾規則・規制の正当な発行	N/A
第22条		（事故・座礁・難破の場合の、船舶＆全備品の取扱に関する規定）	（事故・座礁・難破の場合の、船舶＆全備品の取扱に関する規定）
〃	第1項	天候・事故で避難の場合の、修理・備蓄・再出港・支払に関する規定	天候・事故で避難の場合の、修理・備蓄・再出港・支払に関する規定
〃	第2項	座礁・難破の場合、船舶の全所有物は所有者に引渡し＆相互主義	座礁・難破の場合、船舶の全所有物は所有者に引渡し＆相互主義
〃	第3項	以上で保護された商品を、国内消費認可ない場合は関税支払なし	以上で保護された商品を、国内消費認可ない場合は関税支払なし
〃	第4項	所有者現地不在の場合、駐在領事が仲裁の権限を持つ	所有者現地不在の場合、駐在領事が仲裁の権限を持つ
第23条		第21条・第22条で、船舶の相手国での取扱に関する最恵国待遇	第21条・第22条で、船舶の相手国での取扱に関する最恵国待遇

条	項	英国案（1946年5月14日）	国府案（1946年12月31日）
第24条		（交通・通過に関する規定）	本条約で、第2条第2項・第23条以外、船舶に戦争の権限を認めず
〃	第1項	領土通過の自由な交通の促進、国籍・船籍などに基づく差別の禁止	N/A
〃	第2項	交通管理などに係る賦課金支払以外の、特別な賦課金の禁止	N/A
〃	第3項	入国禁止の乗客・輸出入禁止の物品運搬には、本条項の適用外	N/A
〃	第4項	領土通過の場合、移動中の個人・物品は締約国を越境する全行程の一部の途上とみなす	N/A
第25条		交通に関する①1921年バルセロナ協定・②1923年ジュネーブ協定の批准	本条約の船舶関係の条項は、内河航行・沿岸貿易には非適用
第26条		（相手国内の製造品に関する記載違反の場合の措置）	（交通・通過に関する規定）
〃	第1項	相手国内の製造品に関する記載違反の場合、民事・刑事上の賠償措置を規定	領土通過の自由な交通の促進、国籍・船籍などに基づく差別の禁止
〃	第2項	相手国内の製造品に関する記載違反の場合、輸入禁止または輸入差押え	交通管理などに係る賦課金支払以外の、特別な賦課金の禁止
〃	第3項	本条項の規定は、輸送中の商品差押えの義務を課すものではない	入国禁止の乗客・輸出入禁止の物品運搬には、本条項の適用外
〃	第4項	締約国法廷は、輸入品や記載適用に関して本条項の適用範囲を決定	領土通過の場合、移動中の個人・物品は締約国を越境する全行程の一部の途上とみなす
〃	第5項	N/A	国民・法人・団体・船舶・製品の通過の扱いに関する最恵国待遇
第27条		第24・25・26条で、国民・法人・船舶・製品の取扱に関する最恵国待遇	（最恵国待遇に関する規定）
〃	第1項	N/A	最恵国待遇の代替規定の場合、利益対象の締約国側に選択権
〃	第2項	N/A	最恵国待遇に関する規定の適用対象外
第28条		（最恵国待遇に関する規定）	本条約条項の解釈・適用の紛争は、国際司法裁判所（ICJ）に付託
〃	第1項	最恵国待遇の付与は、要請等なくとも即時・無条件で適用	N/A

条	項	英国案（1946年5月14日）	国府案（1946年12月31日）
第28条	第2項	最恵国待遇の代替規定の場合、利益対象の締約国側に選択権	N/A
〃	第3項	最恵国待遇規定は、第三国協定での二重課税の理由のみで拡大適用しない	N/A
第29条		本条約条項の解釈・適用の紛争は、国際司法裁判所（ICJ）に付託	（本条約と先行条約の関係性＋本条約の優先性と限界）
〃	第1項	N/A	本条約発効後、失効する諸条約
〃	第2項	N/A	両国間の他条約との競合性における、本条約の優先性
〃	第3項	N/A	本条約の適用対象外の領域・国民に対しては、本条約の優先性も非適用
第30条		（本条約と先行条約の関係性・本条約の優先性と限界）	（本条約の批准・発効・有効期間・終了規定）
〃	第1項	両国間の他条約との競合性における、本条約の優先性	**本条約の批准・批准書交換直後より5年間発効**
〃	第2項	本条約の適用対象外の領域・国民に対しては、本条約の優先性も非適用	発効後5年以内に条約終了の意志通告 → 通告後12カ月で終了
第31条		（英国の本条約適用範囲、本条約の有効期間・終了規定）	N/A
〃	第1項	英国の本条約適用範囲の規定。英植民地・保護領・信託統治領にも適用OK	N/A
〃	第2項	10年間期間満了後に条約終了の意志通告の場合、12カ月後に本条約終了	N/A
第32条		（本条約の批准・発効・有効期間・終了規定）	N/A
〃	**第1項**	**本条約の批准・批准書交換直後より10年間発効**	N/A
〃	第2項	発効後10年以内に条約終了の意志通告 → 通告後12カ月で終了	N/A
〃	第3項	条約終了意志通告は、第31条にて適用拡張通告受けた全領土に適用	N/A

(N/A：条項自体なし)
（筆者作成：下線・太字も筆者による）

1) The National Archives, UK（以下、TNA）, FO 371/46232, "British Policy towards China," 2 March 1945.

2) TNA, FO 371/46232, Coulson's minute, 6 March 1945.
3) TNA, FO 371/46232, Sterndale-Bennett's minute, 4 March 1945.
4) TNA, FO 371/46232, Hall-Patch's minute, 10 March 1945.
5) TNA, FO 371/46211, "Memorandum on Present China Situation and on British and American Policies in China," 7 July 1945.
6) TNA, CAB 134/280, FE (O) (46) 52 "British Foreign Policy in the Far East"（以下、BFPFE）, 31 December 1945.
7) BFPFE, pp. 3-4, ibid.
8) BFPFE, pp. 6, 18-20, 63-67, ibid.
9) BFPFE, pp. 46-54, ibid.
10) 「中英関於取消英国在華治外法権及其有関特権条約」・「中美関於取消美国在華治外法権及処理有関問題条約」1943年1月11日, 中華民国外交部編. 1958.『中外条約輯編（中華民国16年至46年）』（以下、『条約輯編』）台北商務印書館, 589-603, 659-669頁.
11) 「中華民国美利堅合衆国友好通商航海条約」1946年11月4日,『条約輯編』688-718頁. 日本語訳は、日本国際問題研究所・中国部会編. 1963.『新中国資料集成 第1巻』日本国際問題研究所, 320-344頁。全30条。なお本稿では英中間の友好通商航海条約交渉を扱うが、米中間については稿を改めて論じることとする。
12) TNA, FO 371/41601, Model of "Draft Treaty of Commerce and Navigation between the UK and ……," undated.
13) TNA, FO 371/41601, Draft Treaty of Establishment, Commerce and Navigation between the UK and China（以下、Draft Treaty UK-ROC）, undated.
14) TNA, FO 371/46220, Kennett to Overton, 30 January 1945.
15) Draft Treaty of Friendship, Commerce and Navigation between the USA and the ROC, handed April 2, 1945, US Department of State, ed.. 1969. *Foreign Relations of the United States*（以下、*FRUS*）*1945 VII*. Washington: USGPO, pp. 1259-1289, 1311-1313. 全30条。
16) DOS to British Embassy, May 6, 1943, *FRUS 1943 China*, p. 711; Jopson to Hornbeck, June 23, 1943, *ibid*., pp. 713-714; Memo of Conversation: Draft Treaty to the Chinese Government, May 24, 1945, note 1, Central Decimal Files（以下、CDF）1945-49, Box 3401, RG59, US National Archives（以下、NARA）.
17) 英米協議（1945年4月20日-8月3日：5回開催）については、Notes for an oral communication to DOS, May 22, 1945, CDF1945-49, Box 3401, RG59, NARA; Memo of Conversation: Draft Treaty to the Chinese Government, May 24, July 5, July 31 and August 3, 1945, ibid.; TNA, FO 371/46220, Halifax to FO, 26 April and 30 May 1945; FO 371/46221, Halifax to FO, 11 August 1945; FO 371/46221, Notes on information obtained in discussion of the US commercial treaty with China, 11 August 1945.
18) Treaty of Friendship, Commerce, and Navigation between the US and Liberia, August 8, 1938, US Government. 1943. *United States Statutes at Large, Vol. 54, Part 2.*

Washington: USGPO, pp. 1739-1750.
19) 米中非公式予備交渉（1945年6月19日-7月9日：5回開催）については、Memo of Conversation: The Proposed Treaty with China, June 19, 20, 22, 25 and July 9, 1945, CDF1945-49, Box 2765, RG59, NARA; Summary of Exploratory Discussions on American Proposal of a Draft Commercial Treaty (Amended), July 14, 1945, ibid.
20) TNA, FO 371/46221, Note comparing US and British treatment in commercial treaties, handed 23 June 1945.
21) TNA, FO 371/46221, Willis to Scott, 25 June 1945.
22) TNA, FO 371/46221, Draft Treaty UK-ROC, 1st Revise, July 1945; FO 371/46222, idem, 2nd Revise, October 1945; FO 371/46223, idem, 2nd Revise (amended), November 1945; FO 371/53657, idem, 3rd Revise, March 1946; FO 371/53658, idem, 3rd Revise (amended), April 1946; 英国案最終案は FO 371/53658, "Draft Treaty of Establishment and Navigation between the UK and China," 22 May 1946, 全32条。
23) 「Establishment」とは「居留」を意味し、中華民国は手交された英国案に対して「中英居留航海条約」との中国語訳を当てている。
24) TNA, FO 371/53658, Handwritten comment on Article 21, Draft Treaty UK-ROC, 3rd Revise (amended), April 1946.
25) TNA, FO 371/53658, Memo by the Board of Trade with Annexes A & B, 10 May 1946.
26) TNA, FO 371/53658, Bevin to Nanking, 22 May 1946.
27) TNA, FO 371/53657, FO to Seymour, 22 February 1946.
28) TNA, FO 371/53657, Seymour to FO, 27 February 1946. なお南京還都は1946年5月1日。
29) TNA, FO 371/53659, Wallinger to Wang, 19 June 1946.
30) 米中公式交渉（1946年2月5日-10月30日：30回開催）については、Memo of Conversation: The Proposed Sino-American Treaty of Friendship, Commerce and Navigation, CDF1945-49, Box 3401, RG59, NARA; idem, 中央研究院近代史研究所档案館蔵（以下, 中研院近史所）, 档号 606.42/0016〜0019;「中美友好通商航海条約初歩談判報告書」(修正)1946年7月15日, 中研院近史所, 档号 606.42/0004.
31) TNA, FO 371/53659, Stevenson to FO, 5 September 1946.
32) TNA, FO 371/53658, Seymour to FO, 3 May 1946; FO371/53657, FO to Chungking, 18 April 1946.
33) TNA, FO 371/53659, Scott to Hooper, 16 September 1946, and FO to Nanking, 18 September 1946.
34) TNA, FO 371/53660, Stevenson to Attlee, 8 November 1946.
35) 「中英居留航海条約」および「中英居留航海条約英方草案」コメント,〈中英居留航海条約〉《外交部档案》, 中華民国国史館蔵, 入蔵登録号 020000004729A.
36) 「中英商約英方草案審査会紀録」(以下, 外交部「審査会紀録」)(第一次－第六次)1946

年11月11-19日, 中研院近史所, 档号605.11/0021.
37) 外交部「審查会紀録」(第一次)1946年11月11日,「中英商約我方対案説明書」, 中研院近史所, 档号605.11/0021.
38) 外交部「審查会紀録」(第一次)1946年11月11日, (第四次)11月15日, (第五次)11月18日, 前掲.
39) 外交部「審查会紀録」(第一次)1946年11月11日, 前掲.
40) 外交部「審查会紀録」(第四次)1946年11月15日, 前掲.
41) 外交部「審查会紀録」(第四次)1946年11月15日, 前掲.
42) Draft of Sino-British Treaty of Friendship, Commerce and Navigation (Chinese Counterdraft), November 1946, 中研院近史所, 档号605.11/0021.
43) 「教育部意見」1946年11月29日,「地政署意見」1946年12月2日,「対英国所提中英商約草案有関司法部分之審查意見」1946年12月9日,「経済部対於「中英居留航海条約英方草案」之意見」1946年12月10日, 中研院近史所, 档号605.11/0022.
44) 「中英友好通商航海条約中文本未定稿（我方対案）」1946年12月10日,「中英商約我方対案説明書」, 中研院近史所, 档号605.11/0021.
45) 省庁間「中英商約審查会紀録」1946年12月10日・12月12日, 中研院近史所, 档号605.11/0022.
46) 「中英友好通商航海条約中文本未定稿（我方対案）」根據審查会議修正本, 1946年12月18日,「中英商約我方対案説明書」1946年12月18日,「呈報中英商約対案」1946年12月18日, 中研院近史所, 档号605.11/0022.
47) TNA, FO 371/63279, Treaty of Friendship, Commerce and Navigation: Chinese Draft, 31 December 1946. 全30条。
48) TNA, FO 371/63279, Comparison of Chinese Counterdraft with British Draft Commercial Treaty, 20 January 1947. また次註も参照。
49) TNA, FO 371/63279, Summary of Main Points of Difference between the UK Draft and the Chinese Counter Draft, 20 February 1947.
50) TNA, FO 371/63281, Note for Consideration by an Inter-Departmental Meeting to Discuss Further Action on the Commercial Treaty with China, undated.
51) Ibid.
52) TNA, FO 371/63281, Commercial Treaty Negotiations with China (Copy of Board of Trade Departmental Minute), undated.
53) TNA, BT 11/3466, Minutes of Meeting to Discuss the Commercial Treaty with China, 21 October 1947.
54) TNA, FO 371/69625, Hutchison's memo, 15 February 1948, and Stevenson to Bevin, 5 March 1948.
55) TNA, CAB 129/31, CP (48)299, "Recent Developments in the Civil War in China," memorandum by Bevin, 9 December 1948.

第Ⅱ部
戦後アジアにおけるイギリス

> 戦後アジアで最も巨大な影響力を保持していたのが、イギリス帝国であった。しかし、脱植民地化のイデオロギーはイギリスのアジアからの後退を促す結果となる。それにより東アジアに「力の空白」が生まれることが、巨大な政治変動と連関していく。ここでは、そのような戦後国際政治における地殻変動をイギリスとアジアとの関係から概観する。

第4章

コモンウェルスの絆
――マクミラン首相のアジア歴訪、1958年――

小川浩之

はじめに

　イギリスのマクミラン（Harold Macmillan）保守党政権（1957年1月～63年10月）の対外政策について、これまで多くの研究が発表されてきたが、①英米関係（冷戦や英米両国間の核協力など）、②欧州経済共同体（EEC）への第一回加盟申請とその挫折、③「変化の風」（wind of change）とイギリス帝国の解体などをテーマとしたものが多い。だが、マクミランは、1957年1月の首相就任後約1年間のうち、合計でほぼ2カ月もの期間を、コモンウェルス（英連邦）首相会議（1957年6月26日～7月5日）やアジア太平洋のコモンウェルス諸国歴訪（1958年1月7日～2月14日）に費やしている。そうしたコモンウェルスとの関係については、当時の新聞や雑誌などのマスメディアでは活発にとりあげられたものの、先行研究での扱いは限定的で、十分とはいえない。たとえば、アリステア・ホーンによるマクミランの公式伝記では、1958年1～2月のコモンウェルス歴訪がある程度の紙幅を割いて扱われており、マクミランの日記や関係者へのインタビューなどが活用されているが、公文書館所蔵の政府文書は使用されていない[1]。また、坂井秀夫の研究も同歴訪について一定の紙幅を割いているが、史料的にはマクミランの回顧録とホーンの公式伝記に依存している[2]。

それに対して、本章では、1958 年 1 〜 2 月のマクミランのコモンウェルス歴訪について、イギリス国立公文書館所蔵の政府文書を中心とする一次史料に基づき実証的な分析を行う。マクミランのコモンウェルス歴訪は、インド、パキスタン、セイロン、ニュージーランド、オーストラリアという五つのコモンウェルス諸国とシンガポール（当時は英領植民地）を 5 週間半かけて回ったもので、すべての国・地域に関して在任中のイギリス首相としての初訪問であった[3]。この歴訪で、マクミランら一行[4]は、英国海外航空会社（BOAC）からチャーターし、「空飛ぶダウニング街 10 番地」（Flying No.10 Downing Street）と呼ばれたブリタニア機（オーストラリア、ニュージーランドの一部区間では現地政府が用意した機材を使用）で各国・都市間の 3 万 3,000 マイル以上の距離を飛び、約 1,500 マイルを陸路で移動した。マクミランは 4 泊を機中で過ごし、それ以外の 34 泊は 17 の異なる場所に滞在した[5]。マクミラン自身の回顧によれば「在任中の首相がこのような冒険に出たのは初めて」であり、マクミランの日記を編纂したピーター・キャテラルによれば「イギリス首相によって行われた最初で最後のコモンウェルスのグランド・ツアー」であった[6]。本章では、このように多くの点で画期的であったコモンウェルス歴訪のアジア部分（インド、パキスタン、セイロン、シンガポール）について、基本的に時系列でマクミランらの主な行動を跡づけつつ、戦後のアジア諸国などの独立と加盟によって「多人種の連合」へと変化したコモンウェルスに対するイギリス政府の対外政策の意義および限界について分析を行う。

I　コモンウェルス首相会議から「小さな地域的困難」へ

　マクミランが 1958 年初頭のコモンウェルス諸国歴訪を真剣に考慮しはじめたきっかけは、57 年 6 〜 7 月にロンドンで開かれたコモンウェルス首相会議と並行して行われた個別の首脳会談で、オーストラリア首相メンジーズ（Robert Gordon Menzies）とインド首相ネルー（Jawaharlal Nehru）がそれぞれマクミランに自国への訪問を要請したことであった[7]。そもそも、1957 年 6 〜 7 月にコモンウェルス首相会議が開かれた主な理由は、同年 1 月に発足

したマクミラン政権がスエズ危機（1956年）をめぐり関係が悪化したコモンウェルス諸国間の協調を再び主張することを望んだからであった[8]。このコモンウェルス首相会議が、タイムズ紙で「マクミラン氏の個人的成功」と評されたように順調に行われたことも、翌年早々のマクミランのコモンウェルス歴訪を後押しした[9]。

　他方、イギリス国内では、マクミランのコモンウェルス歴訪計画を中止または短縮させかねない事態も生じていた。マクミランのコモンウェルス歴訪への出発直前に、予算問題をめぐる閣内対立から、ソーニクロフト（Peter Thorneycroft）蔵相、パウエル（Enoch Powell）金融担当国務相、バーチ（Nigel Birch）経済担当国務相という大蔵三閣僚が全員辞任するという政治危機が起こったのである。両大戦間期、重い失業に悩むイングランド北部の選挙区（ストックトン・オン・ティーズ）選出の保守党国会議員であったマクミランは、首相就任後も財政均衡よりも景気刺激策を優先する立場をとっていた。それに対して、スターリングの力を維持するために緊縮財政の必要を説くソーニクロフトらの姿勢は固く、1958〜59年の政府支出の規模を前年度と同水準に保つべきという主張が貫かれた。そうした結果、まさにマクミランの出発前日の1958年1月6日、上記の大蔵三閣僚の辞任という事態にいたったのである[10]。

　だが、マクミランはそうした事態にも動じる素振りを見せず、コモンウェルス歴訪への出発直前のインタビューでソーニクロフトらの辞任を「小さな地域的困難」（little local difficulties）と切り捨て、アジア太平洋のコモンウェルス諸国歴訪に出発した。戦後、アジア諸国を中心にイギリス帝国から次々と独立国が誕生するなかで、それらの多くが独立後に加盟したコモンウェルスは、「帝国後」のイギリスの世界的地位を支える存在として重視されていた。そうした「コモンウェルスというより大きなヴィジョン」と比べれば、イギリスでの大蔵三閣僚の辞任などは「地域的」な困難にすぎない——そういわんばかりの落ち着き払った言動は、マクミランの得意とするところであった。マクミランはさらに、コモンウェルス歴訪の主要な目的を「話を聞き、目で見て、学ぶ」ことであるとし、そこで行われる非公式の会談は何千通もの電報やメッセージ、書簡よりもはるかに有益であると述べた[11]。

そして、1月7日午前10時、マクミラン一行が最初の訪問国であるインドに向かって予定どおりに出発するのを、ロンドン郊外のヒースロー空港でほぼすべての閣僚が見送った。それは、ソーニクロフトらの辞任後の内閣の結束を示すもので、大蔵三閣僚の辞任を「小さな地域的困難」と表現しコモンウェルス歴訪に出発したマクミランの言動——ただし、マクミランは内心ではイギリスの経済状況や彼の内閣の存続について懸念を抱いていた——は多くの市民の感覚とも一致するもので、一連の事態は結果的にマクミランの立場を強化することになった[12]。

II　インド——ネルーとの対峙

　マクミラン一行は、ロンドンを出発後、給油のために英領キプロスのニコシアと英保護領バーレーンに立ち寄り、1月8日正午過ぎにデリーの空港に到着した[13]。マクミランらは、インドでネルーをはじめとする政府閣僚のみならず、デリーの市民からも大きな歓迎を受けた。インド市民の歓迎は、イギリス統治時代に最後の総督（インド副王）を務め、ネルーとも親しい間柄にあったマウントバッテン（Lord Mountbatten）がネルーからの書簡に基づき後日マクミランに書き送ったように、インド政府の動員で行われた面もあったが、マクミランらに強い印象を残した。そして、マウントバッテンが同じくマクミランに伝えたように、インドの人々は（マクミラン個人についてよく知っていたわけではないものの）イギリスに対して友好的な態度を示し、マクミランの訪問はネルーの予想を超える成功を収めたのであった。ネルーはさらにマウントバッテンへの書簡で、こうした人々の態度は、基本的に過去の対立がいかに払拭されたかを示すものであるとも記した[14]。

　1月8日夜、マクミランはネルーと個人的な会談を行った。そこでネルーはインドの経済状況について説明し、第二次五カ年計画を何としても推進する必要があるとした。それに対してマクミランは、イギリスにとって可能な最も重要な貢献は、スターリング残高を全額払い戻すための国力を維持することであるという考えを伝えた。マクミランによれば、彼がその後会談をしたインド側の閣僚らもそのことを理解しているようであった。さらにマクミ

ランの考えでは、五カ年計画はインド国民会議派が市民に提示している（イギリスからの独立に続く）新たな政治的魅力の一部であり、イギリスにとって共産主義を防ぐことが利益である以上、五カ年計画に関してインドを支援するためにできるだけのことをし、アメリカと西ドイツにも同様のことを求めるべきなのであった[15]。

　1月9日早朝、マクミランはまず、ガンディー（Mohandas Gandhi）の墓を訪れて花輪を手向け、次いでインド大反乱（1857〜59年）の記念碑を訪れた。その後、彼はネルーの自宅での昼食会に参加し、その際にインドを訪問中のインドネシアのスカルノ（Sukarno）大統領と短い会話を交わしている。マクミランは、インドネシアでオランダ系企業の接収やオランダ人の追放などが行われている状況で、スカルノに対して、「性急な行動よりも交渉の方がより賢明な道」であるという考えを伝えた。マクミランは同日午後、デリー近郊の二つの農村（伝統的な農村と開発計画のモデル村という対照的な二つの村）を訪問し、インド駐在イギリス高等弁務官マクドナルド（Malcolm MacDonald）主催のレセプション——ネルーとその娘インディラ・ガンディー（Indira Gandhi）も突然訪れて歓迎された——に参加した後、インド大統領プラサード（Rajendra Prasad）の公邸（旧インド副王公邸）で行われた晩餐会に出席した[16]。

　その晩餐会では、まずネルーが、イギリスはインドに制度、言語、文学などに関して基本となる刻印を残したと語ったうえで、対立の精神は終わりを告げ、協力への願望が取って代わったと述べた。それに対して、マクミランは、インドが独立にあたり、政府や司法に関する制度の多くをイギリスから引き継いだのみならず、コモンウェルスへの加盟を通して「私たちと自由に連合する」ことを選んだのは、世界史における重要な出来事であったと信じていると語った。マクミランによれば、それこそが、多くの人種の国家間の家族としての性質をコモンウェルスに与え、コモンウェルスが人種間の共存の模範となる道を歩んだ最初の動きなのであった。そのうえで彼は、イギリスとインドが個人の自由、議会制民主主義、平和、国家の独立尊重などの理念を共有していることを強調し、両国間の友好関係が相互に利益をもたらすのみならず、コモンウェルスを「より強い平和への力」とするのに貢献する

ことを期待していると述べた[17]。

　1月10日午前、マクミランはインド蔵相クリシュナマチャリ（T. T. Krishnamachari）と会談した。クリシュナマチャリは、もし英通貨ポンドがダメージを受ければ、インドの財政は真っ先に被害を受けるものの一つであるため、インドのスターリング残高は過度に引き出されるべきでないというのが、イギリスのみならずインドの利益でもあることを明確に認識していると述べた。彼はさらに印パ関係についても言及し、①西パキスタン方面については、カシミールを除いて解決不可能な問題はない、②両国間で係争事項となっていたインダス川の水利用問題は、彼の判断では妥協に達しうる問題である、③他方で、東パキスタン（現在のバングラデシュ）の問題はより手に負えず、何時も問題が拡大しかねないという見方を示した[18]。

　同じく10日、マクミランはラジオ（All India Radio）での演説の録音を行い、それが同日放送された。そこでマクミランは、イギリスは二度の世界大戦での資産の喪失にもかかわらず、いぜんとしてコモンウェルス諸国の経済開発のための資本の最大の供給国であり、イギリスの対インド投資は同国における海外企業資本の約82%を占めると強調した。彼はまた、コロンボ・プランを通した両国間の技術協力の重要性についても語り、イギリスに留学するインド人学生の数が過去最高を記録しているのを喜ばしいことであるとした。さらにマクミランは、インドが世界最大の議会制民主主義国であり、経済開発において莫大な計画努力を行っていることへの賛辞も忘れなかった[19]。その後、マクミランはプラサード大統領との昼食会に出席し、イギリス高等弁務官事務所の新たな建物の礎石を自ら据え、ムガール帝国時代の壮大な建造物群であるレッド・フォート（ラール・キラー）で行われ多数の市民が参加したデリー市主催のレセプションで演説を行うなど、公式行事をこなした。

　同日、マクミランに同行していたイギリス内閣官房長官ブルック（Sir Norman Brook）は、ネルーの補佐官のマタイ（M. O. Matthai）と私的な会談を行い、その際マタイは、イギリス政府はインドでの英語教育をより積極的に推進すべきであるという考えを強調した。マタイによれば、インドと他のコモンウェルス諸国を結びつける最も強いつながりは共通の言語であり、ま

たインドで英語が第二言語——そして多くの人々にとっての唯一の共通言語——であり続けるべきことが最も重要なのであった。ブルックはそれに同意し、イギリス政府がその直前に、インドや他のアジアのコモンウェルス諸国のブリティッシュ・カウンシルの目標のなかで英語教育に第一の優先順位を与えるべきと決定したことを伝えた[20]。

　1月11日、マクミランはインド各地から集まった現地のイギリス人コミュニティの代表らと会談した。そこでは、マクミランに対して、一般的にイギリス系企業の活動は順調であり、イギリス人コミュニティは現地で「最も好まれる外国人になった」こと、中央政府の態度も非常に友好的であることなどが伝えられた。他方、税制上の問題や、共産党がインド南部のケララ州で政権を握り、労働組合運動内での影響力も強めていることに示されるように共産主義の力が増しているといった問題も指摘された。それに対して、マクミランは、「アジアの非同盟諸国 (uncommitted nations) をめぐる競争はデリーで決するであろう」ことを認め、イギリスと西側にとって、インドを安定した非共産主義国に保つことが必要であり、インドに共産圏以外からの投資がより多く行われるべきという点でおおむね見解の一致が見られたという考えを示した[21]。

　同日午後、マクミランは約150人の記者を前に記者会見を行った。それは、「友好的な」ものになるという予測に反して、数名の共産主義者のジャーナリストが多くの質問をしたため、マクミランが各国・地域で行った記者会見のなかで最も困難なものとなった。しかし、イギリス政府文書によると、その他の「より信頼できるジャーナリストらが……非常に十分で正確な報道」をしたため、主要な新聞に反映されたように結果は「まったく満足のいく」ものとなった。記者会見でマクミランは、まずレッド・フォートでの光景が特に印象的であったことなどインド訪問の感想を述べたうえで（彼は後に、レッド・フォートでの「市民レセプション」がインド訪問の「ハイライト」であったと回顧している）、今回の訪問が前年夏のコモンウェルス首相会議の際のネルーの提案に基づくものであることに触れた。そして彼は、さまざまな質問に対応しつつ、世界各地に広がり、すべての人種、宗教、信条から成るコモンウェルスの物質的、道義的な力の重要性について語り、コモンウェルスが

平和、正義、議会政治、民主主義、個人の自由などの理念を共有していることを強調した[22]。

　11日夜、マクミランは、ネルーと2人だけで夕食をともにしながら二度目の会談を行った。インド滞在の最後の夜であったが、マクミランによれば約3時間にわたる会談は友好的ではあったものの、内容は非常に漠然としたものとなった。そこでは、ネルーが核実験停止や核兵器の放棄などについて長時間持論を展開した。それに対して、マクミランが核兵器を廃絶した後に大規模な通常兵器が突きつける危険について問題を提起すると、ネルーは明確な返答を避けた。議論が印パ間の対立と軍拡に及ぶとネルーの形勢はさらに悪くなった。ただし、カシミール問題についてネルーは、パキスタン政府は指導者が数カ月以上政権の座にとどまることがなく、健全な民主的制度も有していないため、交渉の相手とすることができないという議論を展開した[23]。

　このように両者の議論は常に円滑であったわけではなかったが、「率直で親密」なものではあった。ネルーは後日、「私たちがいくつかの問題について意見が一致しなかったのは確かだが、重要なことはお互いに理解し、私たちの諸問題に友好的な方法でアプローチすることである。この友好的なアプローチこそがすべての違いをもたらすのであり、コモンウェルスの連合はそうした友好的な接触を促すために最も価値があるのだ」と述べている。イギリス側も冷戦下でのインドの重要性を十分に理解しており、マクミランのインド訪問について後に「簡潔に分析」した文書で、「発展するコモンウェルスのなかでのインドの役割は大きく、継続的な価値がある。民主的な方法で進歩するためのインドの努力の成否は、南および東南アジアの他の地域の民主主義の将来にも影響を及ぼすであろう」と記した[24]。

Ⅲ　パキスタン――イスラーム共和国の困難

　マクミランらは1月12日早朝にデリーの空港を離れ、同日昼に当時のパキスタンの首都であったカラチに到着した。カラチの空港では、パキスタン首相のヌーン（Malik Firoz Khan Noon）らが出迎えた。ヌーンは空港での演

説で、「私たちはこの亜大陸で、あなた方から民主的形態の政府を受け継いだ」とし、「自由で平等な国家のコモンウェルスの加盟国であることを大いに感謝している」と述べた。さらに彼は、パキスタンとイギリスの協力拡大への期待を語り、コモンウェルスは政府のみならず個人間の友好と接触からも強さを引き出してきたと述べた[25]。その後、マクミランはヌーンと並んでオープンカーで空港から大統領公邸に向かったが、沿道で出迎えた市民は（デリーの場合とは対照的に）それほどの数には上らなかった。マクミランは、同日夜には軍人出身のミルザ（Iskander Mirza）大統領主催の晩餐会に出席した。

　晩餐会では、まずヌーンが、パキスタンのイギリスとの紐帯としてコモンウェルスとともにバグダッド条約と東南アジア条約機構（SEATO）の存在を挙げつつ、今回のマクミランの歴訪がコモンウェルス諸国間の関係の特徴であるアイデアの相互交換をさらに促すことを確信していると述べた[26]。それに対してマクミランは、イギリスや他のコモンウェルス諸国から物質的な支援を行うことに加えて、コモンウェルス諸国間でアイデアを共有し、共同で協議を行うことの意義について語った。その際、マクミランは、1957年10月にアメリカ大統領アイゼンハワー（Dwight D. Eisenhower）との英米首脳会談で発表した「共通目的に関する宣言」に言及し、「自由世界」諸国の間で「相互依存」を深める必要があると強調した。さらに彼は、新たな領土が独立するにつれて、コモンウェルスがより多様化することにも前向きな姿勢を示した[27]。

　1月13日早朝、マクミランはパキスタンの独立運動の指導者ジンナー（Mohammed Ali Jinnah）と初代首相カーン（Liaquat Ali Khan）の墓を訪ねて花輪を手向け、その後、カラチ近郊の複数の工場やカラチの海軍造船所、パキスタン海軍の軍艦などを視察した。同日夕方、マクミランはカラチで記者会見を行い、在パキスタンのイギリス人組織（United Kingdom Association of Pakistan）のレセプション——約500名が参加した——に出席するなど、カラチとその近郊で精力的に視察や行事に参加した[28]。イギリス側の文書によれば、記者会見では、多くの予想に反して、約70名のパキスタンのジャーナリストらは「現地の基準で見れば、進行を品位があり高い水準に保ち」、マクミランはカシミール紛争に関して嫌がらせのような質問を受けることも

第4章　コモンウェルスの絆 | 101

なかった[29]。

　マクミランの日記（1月19日にシンガポールからニュージーランドに向かう飛行機のなかで書いたもの）によれば、インド（特にニューデリー）からパキスタンに向かうのは、ロンドンの高級住宅街のハムステッドや北オックスフォードからイングランドとスコットランドの境界地方やスコットランドの高地地方に行くようなものであった。そして、パキスタンは貧しく、政治的に不安定で、宗教的な混乱の状態にあった。マクミランは、「ムッラー〔イスラームの聖職者〕たちはかなり不確実だが大きな力を持っている」と記している（以下も含めて〔　〕内は筆者による補足）。また、パキスタンは、インドと比べてイギリス統治時代のインド高等文官（ICS）の伝統を継承しておらず、大規模な腐敗も見られた。そうした状況で、マクミランが同国の安定要素として挙げたのが陸軍であった。空軍、海軍も信頼できるとされた[30]。イギリス側にとって、パキスタンの主な価値は同国が西側の軍事同盟の一員である点にあったが、マクミランはパキスタンの国内政治においても軍の存在の重要性を見てとったのである。

　1月14日朝、マクミランは同日中にラジオ（Radio Pakistan）で放送される演説の録音を行った。そこでマクミランは、イギリスとパキスタンの歴史的な紐帯および新たなパートナーシップと平等の精神について語り、パキスタンを含むコモンウェルス諸国からの留学生受け入れやコロンボ・プランを通した技術協力の意義を強調した。さらに彼は、両国間の貿易・投資関係にも触れ、特に投資面では直前の4年間にパキスタンに対して行われた海外からの投資の90%以上がイギリスからのものであると述べた。マクミランはまた、パキスタンが「まさに相互依存の原則を適用した建設的なパートナーシップ」であるバグダッド条約とSEATOに加わったのは喜ばしいことであるとした[31]。

　同日午後、マクミランはパキスタンの首相・閣僚・官僚との会談に臨んだ。会談では、まずカシミール問題をめぐり突っ込んだ議論が交わされ、ヌーンは、国連安全保障理事会でソ連代表がカシミールの領有権を住民投票で決めるべきという提案を阻止しており、また（マクミランがパキスタン側に解決に向けた意思表示として停戦ライン付近からの軍の一部撤退を考慮しているかどう

かと尋ねたのに対して、マクミランが示唆したようにするのはもっともなことだとしつつも）むしろインド側が軍事力を強化しており解決の意図を持っていないと述べた。また、パキスタン南部に位置する港町だが当時はオマーンが領有していたグワダルについては、パキスタン側が武力での威嚇や占領も辞さない姿勢を示したのに対して、マクミランは自制を求め、オマーンのスルタンが 5 月に訪英する際にグワダルをパキスタンに売却するよう説得するという立場を繰り返した。その際、マクミランは、英軍がオマーンでの反乱軍の鎮圧を支援したことやスルタンがオマーン軍の強化・再編のためのイギリスとの合意を求めるであろうことが、スルタンを説得する材料になるとした（結局、グワダルは同年中にオマーンからパキスタンに売却された）。ほかにも会談では、①インダス川の水利用問題の解決策については世界銀行による仲裁に期待するとされ、②パキスタン側からイギリス側に対してさまざまな軍事支援の要請がなされたのに対して、マクミランは印パ間の軍拡競争を懸念する発言を残し、また、③インド、パキスタンからイギリスへの繊維製品の輸出規制について 3 カ国の業界間での合意を目指すこと（この問題はインドでも議論された）についても話し合われた[32]。

　翌 15 日はマクミランにとって思い出深い日となった。この日、マクミランはヌーンらとともにパキスタン北西部のペシャーワルまでブリタニア機で向かい、「歴史的な」カイバル峠を訪れたのである。マクミランらは、カイバル峠に向かう途中でパキスタン陸軍の第四機甲連隊を視察するとともに、部族地域の入り口で約 60 名の部族長に出迎えられ、カイバル峠をアフガニスタンとの国境地点まで訪問した後、イギリス統治時代以来のカイバル・ライフル部隊の将校クラブで昼食をとった。そこはイギリス統治時代以来の伝統を色濃く残しており、マクミランは年輩の兵士らとともにイギリス統治下での作戦について会話を交わした。マクミラン自身の回顧録によれば、カイバル峠はイギリスにとって悲劇と勝利の地であり、「偉大な帝国の物語を知る者にとって、それはほとんど聖なる道のように思われた」[33]。マクミランは同日中にカラチに戻り、夕食後にミルザ大統領との 2 人だけの会談に臨んだ。ミルザはパキスタンの国内政治状況について詳しく語り、多くの人々が考えているよりも選挙で共産主義者が成功を収める危険があると感じている

と述べた。彼は、クーデターは最終手段だとしつつも、パキスタンで共産主義の政府が成立することは決して認めないと強調した[34]。

その後、パキスタンでは、同年10月に軍事クーデターが起こり、マクミラン訪問時のミルザ大統領は失脚し、アユブ・カーン（Muhammad Ayub Khan）将軍が実権を握った。その過程で、パキスタンでは憲法と議会制度が廃止されるとともに、戒厳令が敷かれた。マクミランの回顧によれば、彼の訪問時からパキスタンの「〔政治〕構造は私には脆弱に見えた」が、このクーデターは「あらゆるコモンウェルス諸国における議会制度という継承された構造の最初の侵害」となったのである[35]。マクミランがパキスタンの「安定要素」として挙げた軍によるクーデターにともない、彼がコモンウェルス諸国間で共有される理念としてその意義を繰り返し強調した議会制民主主義が転覆され、また「最終手段」としてのクーデターの必要について語っていたミルザ大統領自身も失脚に追い込まれたことは皮肉であり、かつコモンウェルスの限界を露呈するものであったといえる。

IV　セイロン──洪水被害への支援問題

マクミラン一行は、1月16日早朝にカラチの空港を離れ、次の訪問国であるセイロンに向かった。彼らを乗せたブリタニア機は、同日午後の早い時間に当時の首都コロンボ（現在も実質的な首都）の空港に到着した。空港での歓迎式の後、マクミランらは沿道で多くの友好的な雰囲気の市民に迎えられつつコロンボ市内に向かい、記者会見などを行ったうえで、バンダラナイケ（S. W. R. D. Bandaranaike）首相と会談を行うため首相公邸に到着した。その後、当初の予定にはなかったものの、バンダラナイケはマクミランを洪水救済基金の支援のためのシンハラ人のダンスの見学に連れていった[36]。セイロンでは、マクミランの訪問の3週間前に島の北東部で大規模な洪水が起こっており、深刻な被害が出ていた[37]。この洪水からの復興支援問題は、以下でも見るようにマクミランの滞在中の会談でも重要な議題となる。

セイロンでの滞在中、マクミランはセイロン総督グーネティレケ（Sir Oliver Goonetilleke）の公邸に宿泊した。セイロン総督公邸（クイーンズ・ハウス）

は、マクミランの日記によれば、オランダ人が建てた建物を元とした「チャーミングでアンティークな家で……私たちは非常に快適に滞在した」[38]。インドとパキスタンがそれぞれ 1950 年、56 年に共和国に移行し独自の大統領を国家元首としていたのに対して、当時のセイロンはエリザベス二世（Elizabeth II）を君主としてイギリスと共有する「君主国」（monarchy）であり、もはやイギリス人ではなくセイロン人に委ねられていたものの総督がその代理人を務めていたのである（その後、1972 年にセイロンは共和国に移行し、その際に国名が「スリランカ共和国」に変更された）。

　マクミランがセイロン到着当日の 16 日夕方に行ったバンダラナイケとの首脳会談は、タイトなスケジュールのなかで 1 時間を超えるものとなった。会談では国際問題などについても議論が交わされたが、とりわけ重要であったのは洪水被害への支援の問題であった。まず、バンダラナイケは被害の状況について説明し、鉄道、道路、橋、水貯蔵タンク、通信などの設備の広範な修復が求められ、家を失った 25 万人から 30 万人にのぼる被災者の新たな住居の確保なども必要だと述べた。それに対して、マクミランは、イギリス政府はすでに医療や他の必需品の緊急支援を提供すると申し出ており、セイロン政府と具体的な協議のうえ、さらに同規模の支援を行う用意があるとした。他方、バンダラナイケがより長期的な復興にも大きな関心を示したのに対して、マクミランはそのためにはまずセイロン側が詳細な復興計画を立てることが必要であり、その目的のために必要であれば技術支援を提供すると述べた[39]。マクミランがこうした態度をとった背景には、ヒューム（Lord Home）コモンウェルス関係相がマクミランのパキスタン滞在中に現地の高等弁務官サイモン（Sir Alexander Symon）を通して送ってきた助言があった。ヒュームによれば、セイロンでの洪水は疑いなく深刻で、特に米の生産への被害が大きかったが、セイロン経済への本当のリスクは政府の弱さにあった。さらに、バンダラナイケは「最良の賭け」ではあるようだが、マルクス主義者の同僚の支持に依存しているとされた。そうした状況で大規模な経済支援を行うのは、「金を排水管に流し込む」ことになるのであった[40]。

　翌 17 日、マクミランは、バンダラナイケらとともにセイロン島中部の古都キャンディまで車で向かい、セイロンを代表する仏教寺院の仏歯寺を訪れ、

セイロン大学で名誉法学博士号を授与された[41]。マクミランらは同日中にコロンボに戻ったが、その直後、セイロン総督グーネティレケがブルックに個人的に話しかけ、セイロンの国内政治の見通しについて語った。グーネティレケによれば、バンダラナイケの政治的立場はイギリス側がおそらく考えているよりも強く、あと数年間は政権の座にとどまりそうであった。そして、バンダラナイケはイギリスからの激励と支援を必要としており、彼が洪水後の復興と被災者の再定住計画で迅速な結果を示せなければ、彼は大きな政治的困難に直面するであろうとされ、それゆえに彼は緊急に資金を必要としているとされた[42]。

その後、マクミランは、セイロン議会の両院議長が主催する晩餐会に出席するとともに演説を行った。演説のなかでマクミランは、コモンウェルスは解体しつつあるのではなく成長しており、「新たな国々が完全な独立を獲得するにつれて、コモンウェルスのサークルがさらに拡大し、多様化することを期待している」と述べた。さらに彼は、あらゆる民主的な政府のシステムの背後に存在すべき自由の原則について触れた後、「私たち自身が受け入れているこれらの原則は、世界の多くの部分で挑戦を受けている」と危機感を示したうえで、バンダラナイケの最近の発言に言及しつつ、コモンウェルス諸国を結びつける伝統の重要性を強調した。マクミランはまた、過去10年間のコモンウェルスの変化（つまり1947年のインド、パキスタン、48年のセイロンの独立・加盟以来の「多人種の連合」への変化）はイギリスで歓迎されており、精神と目的の両面でコモンウェルスは結束していると続けた。さらにマクミランは、彼がロンドンを離れてから訪れたすべての国々で経済開発への高い関心があり、そのために熱心な努力が行われていることに強い印象を受けたと語った。マクミランは経済に関して議論を続け、イギリスは自国の困難にもかかわらず、近年、コモンウェルスのスターリング圏諸国への海外からの投資のほぼ4分の3を提供してきたという自負を述べた。ただし、彼はセイロンの議員らに対して、イギリス政府には民間資本がどの国で投資を行うかを命じる権限はないとし、新たな開発や既存の事業の維持や育成のために海外から資金を引きつけたいと望む国は、「資本は妥当な安全の保証を提供できる国に向かう傾向があるだろう」ことを心にとどめる必要があると

付け加えた[43]。

　このマクミランの演説の最後の部分は、セイロンの国会議員たちから大きな拍手を浴びた。後にイギリスの駐セイロン高等弁務官モーリー（A. F. Morley）がグーネティレケに尋ねたところ、「議員らはもちろん公的な場でそれらのことがいわれるのを聞いて喜んだ——彼ら自身でそれらをいわなくてもよいのであれば」という説明が返ってきた[44]。

　マクミランにとってインドとパキスタンでの滞在がそれぞれ4日間であったのに対して、セイロンでの滞在は48時間に満たない短いものであったが、バンダラナイケが後にマクミランに「あなたの訪問によってコモンウェルスという感覚が強められた」と書き送ったように、セイロン側で基本的に好意的に評価されたといえる[45]。他方で、マクミランはセイロンについて日記に次のような印象を記している。まずバンダラナイケは、政権の座に就いたばかりでセイロンの独立達成には何ら関係がなかったものの、「ある種の地方のネルー」のような人物であった。セイロンの人々は幸せそうに見え、彼の訪問を熱狂的に迎えた。そして、マクミランによれば、東洋の他の地域と同様に、セイロンにおける危険は、「私たちが権力を移譲した、感じがよく教養があり、リベラルな北オックスフォードの社会が、ロシアの帝国主義のすべての力を背後にした共産主義の勢いに直面して崩壊してしまうことである」のであった[46]。

V　シンガポール——自治への歩み

　マクミランらは1月18日早朝にセイロンを離れ、英領シンガポールに向かった。彼らを乗せたブリタニア機は同日夕方にシンガポールの空港に到着し、総督グッド（Sir William Goode）、シンガポールに駐在する東南アジア総弁務官スコット（Sir Robert Scott）、そしてシンガポール首席大臣（Chief Minister）のリム・ユーホック（Lim Yew Hock、林有福）らによって出迎えられた。空港でマクミランは、シンガポールへの初訪問を喜ばしく思うとしたうえで、「昨年、イギリス政府とシンガポール政府がシンガポールにおける完全な内政の自治（full internal Self-Government）の導入に関して合意にい

たることが可能であると判明したことを非常にうれしく思う」と述べた[47]。

　マクミランのシンガポール滞在はわずか1泊で、セイロンから次の訪問国のニュージーランドに向かう途中の一時的訪問という性質が強かったが、彼は限られた時間のなかで複数の会合や会談を行った。なかでも重要であったのは、東南アジア総弁務官公邸（イーデン・ホール）を舞台に行われた東南アジア総弁務官主催の現地駐在官会議への出席であった。この会議では、アジアの各国・植民地およびオーストラリアのイギリス在外公館の代表や極東軍の司令官らが一堂に会し——さらにイギリスからこのためにシンガポールを訪れた外務事務次官ホイヤー＝ミラー（Sir Frederick Hoyer-Millar）らも参加した——、4日間にわたり議論が行われたが、マクミランは1月19日午前に開かれたその最終会合に出席したのである[48]。

　この会議で、マクミランはイギリス政府の対外政策の概観を示した。それは、事前にスコットから、会議の出席者の間には、イギリス政府は明確で一貫性のある政策を追求しておらず、政府の長期的な目的や目標が不明確であること、またそれによって彼らの仕事がより困難になっているという一般的な感覚があると伝えられていたことを受けてのものであった。マクミランによれば、イギリスの物質的な力は二度の世界大戦の結果縮小し、アメリカとソ連が物質面で優越するようになったが、イギリスは依然として大国であり続けることを選択していた。そうした状況で、戦後イギリスの対外政策は変化する環境に適応することを余儀なくされてきた。イギリスはもはや「状況の主人」ではなく、明確で一貫性のある長期的政策を形成することもできずにいた。しかし、マクミランによればそれは避けがたいことで、イギリスは自らの資源によって容易になしうる以上のことをしようとしているのが事実であった。だが、マクミランは「私たちは私たちの戦後の記録を恥じるべき理由はない」とし、特に帝国をコモンウェルスへと円滑に移行させることに成功し、その結果コモンウェルスが全体として——そしてイギリスもそれを通して——世界で大きな影響力を持ちうるのだと強調した。

　さらにマクミランは、彼の世代の人々が世界でのイギリスの影響力を測るとき、19世紀を比較の基準としてしまうが、むしろイギリス史のなかで19世紀が例外的な時期なのであるとした。彼によれば、再び物質的な力の優越

を失った今こそ、他の手段で影響力を行使することを学ぶ必要がある。そしてマクミランは、「私たちの歴史のより前の時代のように、私たちはもう一度、私たちの機知によって生きるべきである」と述べた[49]。この会議ではまた、より具体的なイギリスのアジア太平洋での軍事戦略についても議論された。そして、マクミランの回顧録によれば、会議の出席者のなかで、現実の軍事的プレゼンスによってイギリスの権威を維持することの重要性を疑う者はおらず、スエズ以東からの「完全な撤退は当時はまったく考慮されていなかった」のである[50]。

マクミランは、シンガポールの東南アジア総弁務官公邸で日本の藤山愛一郎外相とも会談した（ただし、上記の現地駐在官会議の直前に午前9時から行われた会談は20分から30分間程度と短いものであった）。この会談は、マクミランの訪問と、藤山がインドネシアとの賠償協定の調印式のためにジャカルタに向かう途中でシンガポールに立ち寄る日程が重なったことで可能となったが、そもそも会談を強く希望したのは日本側であった。その際には、藤山が1957年9月にロンドンを訪問し、マクミランらと会談したことに言及され、そうした個人的接触を維持・強化したいという希望が伝えられた[51]。

マクミランと藤山の会談は、スコット、ホイヤー＝ミラー、ラセルズ（Sir Daniel Lascelles）英駐日大使（上記の現地駐在官会議に出席するためにシンガポールを訪れていた）および駐シンガポール日本総領事の日向精蔵が同席し、国際問題が主な議論の対象となった。そこでは、藤山がインドネシアの共産化の危険を防ぐためには日本や他の自由世界の諸国による経済援助が必要だと説いたのに対して、マクミランはインドネシアにおける共産主義に向けた動きを食い止めることは重要だが、「インドネシアが協定を一方的に破棄しオランダに対し強硬手段をとることは自由諸国にとり意外であり、このインドネシアに経済的ないし政治的に協定することは悪者に報償を与えることとなり賛成でない」という考えを示した。そして彼は、藤山がジャカルタ滞在中に、インドネシア側に対して彼らの行為を改めることの重要性を強調することへの希望を伝えたのである[52]。また、藤山自身の回想録によれば、マクミランはこのとき「われわれにとっては中国本土が大事であり、台湾の軍事的価値は必要としない」と断言した。それを受けて、藤山は「こうしてイギリ

スの中国に対する態度を、このとき確かめることができたのである」と記している[53]。

　1月19日午後、マクミラン一行は次の訪問先のニュージーランドに向かってシンガポールを出発した。その際、マクミランは「シンガポールの進歩は私に強い印象を与えた」と述べ、別の機会に再びシンガポールをマラヤ連邦とともに訪れたいと述べた[54]。マラヤ連邦は1957年8月にイギリスから独立し、コモンウェルスにも加盟していたが、マクミランの歴訪先から外れていた。マラヤを訪問先に含めなかったことについては、イギリス側でもマラヤ首相ラーマン（Tunku Abdul Rahman Putra）の反応が懸念された。しかし、マラヤ駐在のイギリス高等弁務官トーリー（G. W. Tory）がラザク（Tun Abdul Razak）副首相と非公式に会談した際、ラザクは個人的には独立後のあまりに早い時期にイギリス首相がクアラルンプールを訪問することは政治的理由から危険であろうと考えているという明確な印象を与えた[55]。また、マクミランがラーマンに直接メッセージを送ったところ、後者からはイギリス側の懸念を払拭する内容の返信があった[56]。

　その後、マクミランはニュージーランド（1月20〜28日）とオーストラリア（1月28日〜2月11日）を訪れ、アジア太平洋のコモンウェルス諸国歴訪を続けた。このニュージーランドとオーストラリアの訪問についてはここで詳しく論じる余裕はないが、マクミランがそれら2カ国でも「多人種の連合」としてのコモンウェルスの意義を繰り返し説き、とりわけニュージーランド首相ナッシュ（Walter Nash）との首脳会談やオーストラリア閣議での発言でインドおよびネルーの重要性を強調したことは、ここでも触れておく意義があるだろう[57]。

　そして、マクミランはオーストラリア訪問を終えた後、イギリスに帰国する途中で再びシンガポールを訪れた。シンガポール到着は2月12日早朝であった。マクミランは、オーストラリアから到着した直後に行われた記者会見で、イギリスはこの年の中頃にシンガポールに自治のための憲法を認めるという予定を延期する意図はないと宣言した。彼は、シンガポールにおける自治を延期すべきという政治団体や個人による運動についてコメントし、共産主義を打ち破る最善の方法は自由な政府であると述べた[58]。マクミランは

また、二度目のシンガポール訪問にあたり、リム・ユーホック首席大臣と会談するとともに、在シンガポールのイギリス人ビジネスマンらと会合を持った。イギリス人ビジネスマンらはシンガポールへの権力移譲を時期尚早と考えており、その結果についてかなり暗い見方を示した。他方、マクミランは、シンガポール市庁舎を訪れた後、シンガポールを2時間にわたり車で視察し、新たに建設されているビルの数と高い水準に感心した。人々は彼が通り過ぎるのを見るためにあらゆるところで歩道に集まり、特にチャイナタウンでは「群衆」の数が多かったとされている[59]。

　マクミランとリム・ユーホックの会談は、総督のグッドをともなって行われた。会談では、グッドがシンガポールの憲法草案が数日中に準備できることを期待すると述べたのを受けて、マクミランはリムに対して、もし共産主義者がシンガポールで権力を握ったら何をすると思うかと尋ねた。リムは、そのような共産主義の政府は成立しそうになく、よりありそうなのは共産主義に秘密裏に同調する者たちの政府であると述べた。そして彼は、そうした政府は増税をしたり、さまざまな大口をたたいたりするかもしれないが、シンガポールが貿易に大きく依存しているのを無視することはできず、憲法に反するようなこともしないと確信しているとした。また、リムは、共産主義に対抗するのはシンガポール自身の問題であり、イギリス人のビジネス・コミュニティを含む人々のなかにはイギリス政府の助けを求める声もあるが、シンガポールは自らで自らを助けねばならないと述べた。彼によれば、たとえばイギリス政府がシンガポールにおける共産主義の政府は認めないと声明を行うことは敗北主義的で、効果よりも害の方が大きいのであった。マクミランはそうした意見に完全に同意するとした。最後にリムは、イギリス政府がシンガポールを助ける最もよい方法は、彼らに留保された権限を、可能な限り非共産主義の政府にとって有利なように用いることであるとして発言を締めくくった[60]。

おわりに——コモンウェルス歴訪からの帰国とその評価

　2月13日早朝、マクミランらはシンガポールを後にして、ロンドンへの

帰国の途に就いた。彼らを乗せたブリタニア機は、カルカッタ、カラチ、バーレーン、ニコシアでそれぞれ給油した後、2月14日正午過ぎにロンドンに到着した。マクミランは帰国時に空港でインタビューに応え、コモンウェルス歴訪について次のように語っている。

　まず、マクミランは、市民と個人の自由を守り広める戦いにおいて、コモンウェルスは非常に重要な役割を担っているとし、「多くの人々は古い帝国から新しいコモンウェルスへの変化はイギリスの影響力の終わりを意味すると考えてきたが、それはまったく逆である」と述べた。そして彼は、インド、パキスタン、セイロンへの訪問を振り返り、それらの国々の巨大な人口の間では、コモンウェルスの絆——議会政治、地方政府、自由で民主的な生活様式、個人の権利など——を維持する決意が見られたとした。また、それらの国々が、経済開発に関するイギリスからの支援とパートナーシップを必要とし歓迎していることにも触れられた。そしてマクミランは、古い加盟国と新たな加盟国から成るコモンウェルスは、歴史においてまったく独特の存在であると強調した。さらに彼は、インドと他のより古い加盟国の間で共産主義諸国との関係について見解の相違はないかという記者の質問に答えて、インドは——パキスタンとは異なり——西側の軍事同盟は支持していないが、共産主義のドクトリンやイデオロギーとはまったく反対の立場をとっており、完全に反共産主義的であるとした[61]。

　2月18日、マクミランは閣議でコモンウェルス歴訪について報告した。そこで、彼はまず、出発の時点ではこの歴訪に出るのがよいのかどうか判断するのが難しかったが、その後の出来事は計画どおりに歴訪を実施したことが正しかったことを十分に証明したとした。彼によれば、政府は国内での困難を克服し、あらゆるところで成功と称賛された彼の歴訪は、新たなコモンウェルスの力と結束を強調するのに役立ったのであった。マクミランによれば、オーストラリアやニュージーランドの人々は当初、アジアやアフリカの国々のコモンウェルス加盟に懸念を見せ、当時もまだそれに十分関心を示していなかった。それに対して、イギリスには、古い加盟国に対して新しい加盟国の立場を解釈して伝え、議会制民主主義や個人の自由という原則への共通の信念によって結びつけられたコモンウェルスの連合の重要性を強調し、

「専制諸国と自由諸国の間の世界的な戦いにおいてこの独特な連合が果たしうる役割の重要性」を示す義務があるのであった[62]。

　最後に、こうしたマクミランの帰国後の発言について検討しつつ彼のコモンウェルス歴訪の評価を試みたい。第一に、マクミランの歴訪は、植民地支配の過去を抱え、また1956年のスエズ危機で悪化したイギリスとアジアのコモンウェルス諸国の関係を改善することに貢献した——あるいは少なくともそうした発言をネルーらから引き出した——点で成功を収めたと考えられる。また、2月14日のニューズ・クロニクル紙が、オーストラリアの官僚の発言を引用しつつ、マクミランが「いずれにも背くことなく……古い帝国に新しいコモンウェルスを売り込んだ」と評価したように[63]、マクミランが「多人種の連合」へと変化したコモンウェルスの重要性を繰り返し説き、それを古い加盟国にも「売り込む」ことに力を注いだことにも意義があったといえるであろう。また当時、「過度に先を見通すことはおそらく賢明ではない」としつつも、イギリスの保守系新聞でのインドに関する論調が好意的に変化したように思われるという指摘もなされていた[64]。ただし、そうした新旧の加盟国間の結束はその後もしばしば困難に直面し、特に1960年代に入ると、南アフリカの人種隔離政策（アパルトヘイト）などの人種問題が前面に出るなかでコモンウェルス諸国間の亀裂が深刻化することになる。

　第二に、史料を通して繰り返し確認されたように、マクミランはコモンウェルス歴訪で、共産主義への対抗を強く意識しつつ、コモンウェルス諸国の結束とそれを支える要素として民主主義や個人の自由といった理念を強調した。それは、2月18日の閣議での発言からもうかがえるように、決して単なる表向きの建前やレトリックではなかった。しかし、彼が後に刊行した回顧録で「いずれにせよ、議会制民主主義の実践が成功したと判明したかどうかにかかわらず、当時まではすべてのコモンウェルス加盟国がその原則への共通の信念と個人の自由を維持する決意によって結びつけられていた」とより控えめに記したように[65]、実際の民主主義や自由の実践の度合いには差異があり、かつマクミランの訪問の約半年後にはパキスタンで軍事クーデターが起こり、コモンウェルス諸国間の議会制民主主義の共有にも早々と綻びが

見られるようになる。しかし他方で、現在にいたるまでインドが「世界最大の民主主義国」であるように、そうした主張はそれなりの実質もともなっており、また特に 1990 年代以降の現代のコモンウェルスでは自由や民主主義、人権擁護が共通の目標として掲げられるようになっているなど、長期的な視点から継続性を指摘することも重要であろう。

第三に、ソーニクロフト蔵相らの辞任をめぐる混乱は比較的早期に収束し、マクミランのコモンウェルス歴訪は彼の政治的立場を強化することに貢献したといえる。たとえば、マクミランのコモンウェルス歴訪は「本物の個人的、政治的勝利であり、またそのように受けとめられ」、国内外での彼の政治的立場を強化することに役立ったという評価がある[66]。実際、マクミランのコモンウェルス歴訪は、イギリスおよび訪問先のコモンウェルス各国の新聞やラジオ、テレビなど（英語のみならず現地語でも）で大々的に報道・特集され、大きな注目を浴びた。しかし、彼のコモンウェルス歴訪のイギリス国内の政党政治への効果はきわめて限定的であった。たとえば、1958 年 2 月 12 日と 3 月 27 日に行われた下院補欠選挙で保守党はともに議席を失い[67]、同年 1 月から 3 月にかけて保守党の支持率は低下していた[68]。全般的に見て、マクミランのアジア太平洋のコモンウェルス歴訪は、おそらく首相の「個人的勝利」であって、コモンウェルスの絆を強めることにも貢献したと考えられるが、後者の点では限界もあり、また国内政党政治上の効果は乏しかったと評価できるのではないだろうか。

1) Alistair Horne. 1989. *Macmillan 1957-1986: Volume II of the Official Biography*. London: Macmillan, pp. 74-75, 83-88.
2) 坂井秀夫. 2000.『現代イギリス政治外交論―そのイメージ論的分析』日本図書センター、61-66 頁。その他にも、以下の注で示すような文献でマクミランのコモンウェルス歴訪が扱われているが、いずれも包括的な記述・分析ではない。
3) マクミランは、1957 年のクリスマス直前にカナダを訪問しており、それも合わせると短期間に六つのコモンウェルス諸国を訪問したことになる。The National Archives［以下、TNA］, DO35/9619, Speech by the Right Honourable Harold Macmillan, M.P., Prime Minister of the United Kingdom at the Citizens' Reception, City Hall, Brisbane, 31st January, 1958.
4) マクミラン夫妻、ブルック（Sir Norman Brook）内閣官房長官、ジェイムズ（J. M. C.

James) コモンウェルス関係省事務次官、エヴァンス (S. H. Evans) 首相広報担当補佐官、ケアンクロス (N. F. Cairncross) 首相私設秘書、ウィンダム (J. E. R. Wyndham) 首相私設秘書など。TNA, CAB129/93, C (58) 120, 4 June 1958, Appendix A: Composition of the Party accompanying the Prime Minister. また、デイリー・メール紙のトンプソン (T. F. Thompson)、オブザーヴァー紙のサンプソン (Anthony Sampson)、ニューズ・クロニクル紙のバーバー (Stephen Barber) という3名のイギリス人記者も全行程に同行取材した。TNA, CAB129/93, C (58) 120, 4 June 1958, Prime Minister's Commonwealth Tour, Part IV: Press Arrangements. イギリス政府も、イギリスと訪問先各国でマクミランの訪問が積極的に報じられるように努力、工夫した。たとえば、イギリス側から見て現地メディアが「未熟」であったパキスタンに関する努力は、TNA, DO35/9638, R. McC. Samples (British Information Services, Karachi) to B. Cockram (Director of Information, Commonwealth Relations Office [以下、CRO]), 5 March 1958.

5) TNA, PREM11/2219, Prime Minister's Commonwealth Tour Statistics, undated.
6) Harold Macmillan. 1971. *Riding the Storm 1956-1959*. London: Macmillan, p. 380; Peter Catterall, ed.. 2011. *The Macmillan Diaries, Vol. II: Prime Minister and After, 1957-66*. Basingstoke: Macmillan, p. 89.
7) Macmillan. *Riding the Storm*, p. 380.
8) H. Basil Robinson. 1989. *Diefenbaker's World: A Populist in Foreign Affairs*. Toronto: University of Toronto Press, p. 10.
9) D. R. Thorpe. 2010. *Supermac: The Life of Harold Macmillan*. London: Chatto & Windus, p. 391. タイムズによる評価は、*The Times*, 6 July 1957.
10) TNA, CAB128/32, CC (58) 3, 5 January 1958; TNA, CAB128/32, CC (58) 4, 6 January 1958; *The Times*, 8 January 1958.
11) マクミランの発言は、TNA, DO35/9619, Statement at London Airport by the Prime Minister, The Rt. Hon. Harold Macmillan, M.P., on Departure for his Commonwealth Tour on January 7, 1958; *The Times*, 8 January 1958.
12) Harold Macmillan Diaries [以下、HMD], 7 January 1958, in Catterall. ed.. *The Macmillan Diaries, Vol. II*, pp. 88-89; HMD, 31 January 1958, in *ibid.*, pp. 93-94; George Mallaby. 1965. *From My Level: Unwritten Minutes*. London: Hutchinson, p. 63; Horne, *Macmillan 1957-1986*, pp. 73-75; Thorpe, *Supermac*, p. 407.
13) 以下も含めて詳細な旅程については次の文書を適宜参照した。TNA, CAB129/93, C (58) 120, 4 June 1958, Prime Minister's Commonwealth Tour, Part III: Diary of the Commonwealth Tour.
14) TNA, PREM11/2219, Mountbatten (First Sea Lord) to Macmillan, 14 February 1958.
15) TNA, CAB129/93, C (58) 120, 4 June 1958, Appendix B: Note by the Prime Minister of the United Kingdom of his two Conversations with Mr. Nehru on 8th and 11th January, 1958.

16) TNA, DO35/9619, Prime Minister's Visit, Verbatim Report of Press Conference on Arrival at Sydney, Tuesday, 28th January, 1958; TNA, CAB129/93, C (58) 120, 4 June 1958, Appendix C: Despatches from United Kingdom High Commissioners, "India," Acting United Kingdom High Commissioner in India to Secretary of State for Commonwealth Relations, New Delhi, 17th January, 1958.
17) TNA, DO35/9619, "U.K. Prime Minister Commends Commonwealth Ideals, Speech at State Banquet," in Fortnightly Review of News and Events, January 5 to January 18, 1958, issued by the British Information Services, Eastern House, Mansingh Road, New Delhi; TNA, CAB129/93, C (58) 120, 4 June 1958, Appendix C: Despatches from United Kingdom High Commissioners, "India," Acting United Kingdom High Commissioner in India to Secretary of State for Commonwealth Relations, New Delhi, 17th January, 1958. 以下も参照。National Archives of Singapore, Singapore [以下、NAS], DIS315/57, Pt. 1, "Indo-British Links – Macmillan Stresses Importance," 11 January 1958.
18) TNA, CAB129/93, C (58) 120, 4 June 1958, Appendix B: Record of a Conversation between the Prime Minister of the United Kingdom and Mr. T. T. Krishnamachari (Minister of Finance), India, on 10th January, 1958.
19) TNA, DO35/9619, "British Prime Minister's Message to India, Text of Air Broadcast," in Fortnightly Review of News and Events, January 5 to January 18, 1958, issued by the British Information Services, Eastern House, Mansingh Road, New Delhi.
20) TNA, CAB129/93, C (58) 120, 4 June 1958, Appendix B: "India: Teaching of English," Record of a Conversation between the Secretary of the Cabinet and Mr. M. O. Matthai (Personal Assistant to Mr. Nehru) on 10th January, 1958.
21) TNA, PREM11/2219, Note of Meeting, undated (but 11 January 1958).
22) TNA, DO35/9619, "British Premier Addresses Indian Journalists, Press Conference in New Delhi," in Fortnightly Review of News and Events, January 5 to January 18, 1958, issued by the British Information Services, Eastern House, Mansingh Road, New Delhi; TNA, CAB129/93, C (58) 120, 4 June 1958, Prime Minister's Commonwealth Tour, Part IV: Press Arrangements; Macmillan, *Riding the Storm*, p. 385.
23) TNA, CAB129/93, C (58) 120, 4 June 1958, Appendix B: Note by the Prime Minister of the United Kingdom of his two Conversations with Mr. Nehru on 8th and 11th January, 1958.
24) TNA, CAB129/93, C (58) 120, 4 June 1958, Prime Minister's Commonwealth Tour, Part II: Commentary on the Visits to Each Country, India.
25) TNA, DO35/9619, "Noon Welcomes Macmillan, I am Proud to Visit Pakistan, Says U.K. Premier Speeches at Karachi Airport," Karachi, January 12, 1958; NAS, DIS315/57, Pt. 1, "The Commonwealth Partnership," Press Release issued from the Office of the Commissioner General for the United Kingdom in South East Asia, Phoenix

Park, Singapore, 14 January 1958.
26) TNA, DO35/9619, President's Dinner in Honour of U.K. Premier, Text of Speech of Malik Firoz Khan Noon, Karachi, January 12, 1958.
27) TNA, DO35/9619, U.K. Prime Minister's Speech at President's Dinner, 12 January 1958; NAS, DIS315/57, Pt. 1, "The Commonwealth Partnership," Press Release issued from the Office of the Commissioner General for the United Kingdom in South East Asia, Phoenix Park, Singapore, 14 January 1958.
28) TNA, DO35/9619, Mr. Macmillan Visits the Mazars, Karachi, January 13, 1958; TNA, DO35/9619, U.K. Prime Minister in Industrial Estate, Karachi, January 13, 1958; TNA, CAB129/93, C (58) 120, 4 June 1958, Appendix C: Despatches from United Kingdom High Commissioners, "Pakistan," United Kingdom High Commissioner in Pakistan to Secretary of State for Commonwealth Relations, Karachi, 12th February, 1958.
29) TNA, DO35/9638, Samples to Cockram, 5 March 1958.
30) HMD, 19 January 1958, in Catterall, ed. *The Macmillan Diaries, Vol. II*, pp. 89–92. 以下も参照。TNA, CAB129/93, C (58) 120, 4 June 1958, Prime Minister's Commonwealth Tour, Part II: Commentary on the Visits to Each Country, Pakistan.
31) TNA, DO35/9619, British Prime Minister's Broadcast in Karachi, January 14, 1958.
32) TNA, CAB129/93, C (58) 120, 4 June 1958, Appendix B: Extracts from Record of a Meeting between the Prime Ministers of the United Kingdom and Pakistan and other Pakistan Ministers and Officials held in Karachi on 14th January, 1958. マクミランに同行していたコモンウェルス関係省のジェイムズによれば、グワダルは両者の間で議論された最も重要な問題で、グワダルに関するパキスタン側の圧力は非常に大きく、マクミランは会談で約束したようにする以外になかったと感じていた。TNA, PREM11/2219, James to Sir Gilbert Laithwaite (CRO), 15 January 1958.
33) TNA, CAB129/93, C (58) 120, 4 June 1958, Appendix C: Despatches from United Kingdom High Commissioners, "Pakistan," United Kingdom High Commissioner in Pakistan to Secretary of State for Commonwealth Relations, Karachi, 12th February, 1958; HMD, 19 January 1958, in Catterall, ed., *The Macmillan Diaries, Vol. II*, pp. 89-92; Macmillan, *Riding the Storm*, p. 392; Anthony Sampson. 1967. *Macmillan: A Study in Ambiguity*. Harmondsworth: Penguin Books, p. 138.
34) TNA, PREM11/2219, Record of the Prime Minister's Discussion with President Iskander Mirza, undated (but 15 January 1958).
35) Macmillan, *Riding the Storm*, pp. 390-391, 393.
36) TNA, CAB129/93, C (58) 120, 4 June 1958, Appendix C: Despatches from United Kingdom High Commissioners, "Ceylon," United Kingdom High Commissioner in Ceylon to Secretary of State for Commonwealth Relations, Colombo, 6th February, 1958.
37) TNA, CAB129/93, C (58) 120, 4 June 1958, Prime Minister's Commonwealth Tour, Part II: Commentary on the Visits to Each Country, Ceylon.

38) HMD, 19 January 1958, in Catterall. ed.. *The Macmillan Diaries, Vol. II*, pp. 89-92.
39) TNA, CAB129/93, C (58) 120, 4 June 1958, Appendix B: Record of a Conversation between the Prime Ministers of the United Kingdom and Ceylon in Colombo on 16th January, 1958; TNA, PREM11/2219, U.K. High Commissioner in Ceylon to CRO, telegram No. 67 (TRACK No. 57), 17 January 1958.
40) TNA, PREM11/2219, CRO to U.K. High Commissioner in Pakistan, telegram No. 148 (TRACK No. 63), 14 January 1958.
41) TNA, CAB129/93, C (58) 120, 4 June 1958, Appendix C: Despatches from United Kingdom High Commissioners, "Ceylon," United Kingdom High Commissioner in Ceylon to Secretary of State for Commonwealth Relations, Colombo, 6th February, 1958.
42) TNA, PREM11/2219, "Ceylon: Political Position," by Norman Brook, 18 January 1958.
43) TNA, DO35/9619, "Commonwealth United in Spirit and in Purpose, Macmillan's Speech at Colombo Dinner," in Fortnightly Review of News and Events, January 5 to January 18, 1958, issued by the British Information Services, Eastern House, Mansingh Road, New Delhi; Macmillan, *Riding the Storm*, p. 394.
44) TNA, CAB129/93, C (58) 120, 4 June 1958, Prime Minister's Commonwealth Tour, Part II: Commentary on the Visits to Each Country. Ceylon.
45) TNA, PREM11/2219, Bandaranaike to Macmillan, 15 October 1958.
46) HMD, 19 January 1958, in Catterall. ed.. *The Macmillan Diaries, Vol. II*, pp. 89-92.
47) NAS, DIS315/57, Pt. 1, "Mr. Macmillan Arrives in Singapore," Singapore Government Press Statement, 18 January 1958.
48) 東南アジア総弁務官と駐在官会議については、都丸潤子．1999．「東南アジアの地域主義形成とイギリス（1941 〜 1965）—東南アジア総弁務官と駐在官会議の役割」『国際法外交雑誌』第98巻第4号：1-40頁。1958年1月の同会議については、Nicholas J. White 1999. *Decolonisation: The British Experience since 1945*. London: Longman, pp. 37, 116にも簡潔な言及と史料紹介がある。
49) TNA, PREM11/2219, Record of the Final Session of the Annual Conference of the Commissioner-General, South-East Asia, held at Eden Hall, at 9.30 a.m. on 19 January, 1958. この演説で、マクミランは「他の手段」や「機知」について、これ以上具体的に語っていないが、おそらく具体的には、コモンウェルスやコロンボ・プランなどを通した多国間協力が方策の一部ととらえられていたと考えられる。
50) Macmillan, *Riding the Storm*, p. 397.
51) 1958年1月7日付藤山大臣宛中川駐英臨時代理大使電信（在京英大使との会談問題に関する件）外務省外交文書 A'1.3.1.1-1「日本・英国間外交関係 藤山・マクミラン会談（於、シンガポール）」外務省外交史料館; TNA, PREM11/2219, Tokyo to Foreign Office, telegram No. 8, 7 January 1958; TNA, PREM11/2219, CRO to U.K. High Commissioner in India, telegram No. 95 (TRACK No. 24), 9 January 1958; *The Straits Times*, 20 Jan-

uary 1958.
52) 1958年1月19日付岸大臣臨時代理宛日向総領事電信（藤山大臣とマ首相会談に関する件）外務省外交文書 A'1.3.1.1-1「日本・英国間外交関係 藤山・マクミラン会談（於、シンガポール）」外務省外交史料館; TNA, PREM11/2219, CRO to U.K. High Commissioners, telegram W. No. 47, 25 January 1958. この会談については、宮城大蔵. 2004.『戦後アジア秩序の模索と日本—「海のアジア」の戦後史1957～1966』創文社、32頁も参照。
53) 藤山愛一郎. 1976.『政治わが道—藤山愛一郎回想録』朝日新聞社、15-16頁。
54) NAS, DIS315/57, Pt. 1, "Singapore's Progress Impresses Mr. Macmillan," Singapore Government Press Statement, 19 January 1958. その後、マクミランは1961年9月にマラヤ、シンガポール、香港、日本を歴訪する予定を組んだが、ベルリンをめぐる情勢の緊迫化により延期——そして結局中止——を余儀なくされた。Public Records Office of Hong Kong, Hong Kong, HKRS70-1-206, "Prime Minister's Visit Cancelled," 1 July 1961; *China Mail*, 29 June 1961.
55) TNA, PREM11/2219, U.K. High Commissioner in the Federation of Malaya to CRO, telegram No. 457, 7 December 1957.
56) TNA, CAB129/93, C (58) 120, 4 June 1958, Prime Minister's Commonwealth Tour, Part II: Commentary on the Visits to Each Country, Singapore.
57) TNA, CAB129/93, C (58) 120, 4 June 1958, Appendix B: Record of a discussion between the Prime Ministers of the United Kingdom and New Zealand in Auckland on 20th January, 1958; TNA, CAB129/93, C (58) 120, 4 June 1958, Appendix B: Record of a Meeting between the Prime Minister of the United Kingdom and the Australian Cabinet held at Parliament House, Canberra, at 10.30 a.m. on 29th January, 1958.
58) *The Star*, 12 February 1958; *The Times*, 13 February 1958. マクミランが自治の約束を守ると再確認したため、シンガポールの左翼の中国語新聞も一様に彼のことを高く評価した。*News Chronicle*, 14 February 1958. その後、シンガポールでは1958年5月に調印された合意に基づき、選挙で勝利した人民行動党（PAP）のリー・クアンユー（Lee Kuan Yew、李光耀）首相（Prime Minister）の下で59年6月に最初の自治政府が誕生することになる。
59) TNA, CAB129/93, C (58) 120, 4 June 1958, Prime Minister's Commonwealth Tour, Part II: Commentary on the Visits to Each Country, Singapore.
60) TNA, PREM11/2296, Prime Minister's Meeting with Mr. Lim Yew Hock at Singapore on February 12, 1958.
61) TNA, DO35/9619, Return of Prime Minister from Commonwealth Tour, 14th February 1958, transcribed from a telediphone recording; *The Times*, 15 February 1958.
62) TNA, CAB128/32, CC (58) 17, 18 February 1958.
63) *News Chronicle*, 14 February 1958.
64) TNA, DO35/9638, J. T. Hughes (British Information Services, New Delhi) to Cock-

ram, 23 January 1958.
65) Macmillan, *Riding the Storm*, pp. 413-414.
66) 約 20 冊の著作を残した歴史家で、1976～92 年には保守党下院議員も務めたロバート・ローズ = ジェイムズ（1958 年当時は下院職員を務めていた）による評価。Robert Rhodes James. 1996. "Harold Macmillan: An Introduction," in Richard Aldous and Sabine Lee, eds.. *Harold Macmillan and Britain's World Role*. Basingstoke: Macmillan, p. 4. ほかにも、マクミランの歴訪を「完全な成功」と評したものとして、Horne, *Macmillan 1957-1986*, p. 87. また、コモンウェルス歴訪がマクミランの個人的な人気を高めたと評価したのは、Harold Evans. 1981. *Downing Street Diary: The Macmillan Years 1957-1963*. London: Hodder and Stoughton, p. 73.
67) HMD, 14 February 1958, in Catterall, ed.. *The Macmillan Diaries, Vol. II*, pp. 94-95; Thorpe, *Supermac*, p. 409.
68) George H. Gallup, ed.. 1976. *The Gallup International Public Opinion Polls: Great Britain 1937-1975, Volume One 1937-1964*. New York: Ramdom House, pp. 445, 451, 456.

第 5 章

帝国の終焉と同盟の解体
―― イギリスの脱植民地化政策と SEATO ――

水本　義彦

はじめに

　本章の目的は、戦後英政府の対東南アジア条約機構（SEATO）政策を、同地域における脱植民地化政策との関連において考察することにある。戦後イギリスの東南アジアへの軍事関与は、自国の植民地（マラヤ、シンガポール、北ボルネオ（サバ）、サラワク、ブルネイ）防衛と、第一次インドシナ戦争停戦後の 1955 年 2 月に設立された SEATO の集団防衛によって成り立っていた。近年、東南アジアにおけるイギリスの脱植民地化については数多くの研究が発表されているが[1]、北大西洋条約機構（NATO）とともに西側世界の集団防衛体制の一翼を形成した SEATO に対する政策についてはいまだ少数の研究しか発表されていない[2]。

　本章は、従来の冷戦史研究でアメリカ主導の反共集団防衛機構ととらえられてきた SEATO の展開、変容、終焉の過程をイギリスの脱植民地化政策との関連において考察する。議論の要点をあらかじめ提示すれば、戦後歴代の英政府は独立した SEATO 政策を展開していたというより、植民地防衛や脱植民地化、帝国・コモンウェルスの再編との関連で同政策を立案・遂行したため、SEATO 政策は脱植民地化の進展に大きく左右されることになった。本章は東南アジアで反共封じ込めと脱植民地化の二つの力学が交錯する

なかで、英政府の漸進的な帝国の縮小と軍事撤退の決断が冷戦同盟たるSEATOの政治的・軍事的基盤を切り崩していく過程を描くものである。

I　SEATOの創設

　1954年7月、ジュネーヴ協定の締結によって46年末以来続いてきた仏領インドシナでの独立戦争、いわゆる第一次インドシナ戦争が停戦を迎えた。同協定でインドシナからの仏軍の撤退と北緯17度線を軍事境界線とするベトナムの暫定南北分割、ラオス、カンボジアでの停戦が合意されたものの、共産中国とホー・チ・ミン（Ho Chi Minh）の北ベトナムによる共産主義の拡大を恐れたアメリカ、イギリス、フランス、オーストラリア、ニュージーランド、タイ、フィリピン、パキスタンの8ヵ国代表は9月にマニラに集結し、東南アジア集団防衛条約（マニラ条約）を締結した。マニラ条約の核心である第4条は、第1項で外部からの武力侵略に対して締約国が自国の憲法上の手続に従って共通の危険に対処すべく行動することを謳い、続く第2項で国内の武装蜂起などの直接の武力侵略以外の脅威に対して対応を協議することを規定した。さらにその付属議定書は、停戦後も共産主義の脅威にさらされている南ベトナム、ラオス、カンボジアをマニラ条約の保護対象地域に指定した。そしてこのマニラ条約に基づき、翌年2月、集団防衛機構として創設されたのがSEATOである[3]。

1　SEATOと英植民地の相互補完関係

　後の議論との関連で、イギリスにとってのSEATO創設の意味を2点指摘しておきたい。

　第一に、英政府のSEATO政策と東南アジアの植民地防衛の間には相互補完関係が成り立っていた。1948年6月、植民地マラヤで華人主体の共産党による武装蜂起が発生し「非常事態」を発令して以来[4]、アトリー（Clement Attlee）労働党政権とそれに続くチャーチル（Winston Churchill）保守党政権は、中国とベトナムの共産主義勢力がインドシナ戦争の拡大に乗じてマラヤに南下してくるのを恐れた。チャーチル政権はジュネーヴ協定の締結によっ

て、ベトナムの分断を基礎にカンボジアとラオスをインドシナの「緩衝地帯」にしてマラヤへの共産主義の拡大防止を目指したが、SEATOはこの外交的妥結を保障する軍事的措置であった。そして同時に看過してはならないのは、SEATOの存立と機能がイギリスの東南アジア基地に大きく依存していた点である。一般的にSEATOはアメリカ主導の集団防衛機構と解釈されるが、アメリカとともにSEATOの実質的な軍事基盤を構成したのはマラヤ、シンガポールに駐留する英軍であり、その基地・施設であった。さらに、SEATOの創設直後、チャーチル政権はオーストラリア、ニュージーランド政府とともに、東南アジア植民地の治安と対外防衛を目的とするコモンウェルス戦略予備軍（CSR）を創設してマラヤに配備することを決定したが、CSRの任務にはSEATO作戦への派兵も含まれていたのである。CSRの重要性はイギリスに限定されず、メンジーズ（Robert Menzies）豪政権はCSRをSEATOへの関与を可能とする前方展開の一環として重視していた[5]。このように、SEATOが植民地防衛にとって有益であると同時に、マラヤ、シンガポールの英軍基地はSEATOの存立にとって不可欠だったのであり、英政府にとってSEATOへの参画と植民地防衛には相互補完関係が成り立っていたのである。

2　SEATOと内政不干渉規範の摩擦

　第二に、イギリスにとってSEATOの創設は植民地防衛およびオーストラリア、ニュージーランドとの連帯に寄与する反面、大国の軍事支配・内政干渉を批判したアジア・コモンウェルス諸国との摩擦要因ともなった。1955年4月、インドネシアで「有色人種による史上初の国際会議」、アジア・アフリカ会議（バンドン会議）が開催された[6]。同会議は平和10原則として記憶されることになるポスト帝国時代の国際関係の規範を創出し、主権・領土保全、全人種と国家の平等、内政不干渉、国際紛争の平和的解決や、大国による恣意的な集団防衛の発動を禁止した。バンドン会議はその後の世界的な脱植民地化の流れを方向づける出来事となったが、同会議の準備で中心的役割を演じたのがネルー（Jawaharlal Nehru）のインドであり、セイロン、パキスタンのコモンウェルス諸国とビルマ、インドネシアからなる通称コロン

ボ諸国だった。バンドン会議の開催直前に創設された SEATO をインド政府は、帝国主義国家による東南アジアの「現代版保護国化」、新たな「勢力圏分割」と痛烈に批判した。こうした批判を憂慮してチャーチル政権のイーデン（Anthony Eden）外相は、SEATO が現地の「人々の支持を得ない白人が外部から押しつけた条約」と思われないようにアジア・コモンウェルス諸国の参画を模索したが、インド、セイロンは加盟を拒否した[7]。既述のように、マニラ条約の第 4 条 2 項は国内紛争への対処を想定に含んでいたが、内政不干渉原則への抵触が問題になりやすいこの条項は、冷戦期に同じく西側陣営で設立された集団防衛機構の NATO や中央条約機構（CENTO）にはない SEATO に特有な規定だった[8]。このように SEATO は設立当初から、反植民地、内政不干渉を提唱するコモンウェルス諸国やアジア・アフリカ新興諸国との摩擦を孕んだ組織であり、1960 年代にインドシナへの軍事介入が検討されるようになると、英政府は SEATO への関与とアジア・アフリカ諸国の批判の狭間で苦悩することになる。

II　マラヤ連邦の独立

　前節で見たように英政府の SEATO 政策は東南アジアの植民地防衛と関連していたが、1955 年の後半になると、植民地マラヤで 7 月の立法評議会選挙に勝利したラーマン（Tunku Abudul Rahman）率いる連盟党主導の独立運動が活発になり、イギリスとマラヤの間で独立交渉が本格化した。これに並行して 56 年 4 月からは独立後の防衛関係に関する交渉も始まるが、時のマクミラン（Harold Macmillan）政権にとっての最大の関心は、独立後も英軍がマラヤ領内の基地を自由に使用できるかにあった。基地を引き続き安定的に使用できなければ、イギリスのみならずオーストラリア、ニュージーランドの前方展開の基盤である CSR の SEATO 参画が不可能となってアメリカとの同盟に支障が出る恐れがあったのである。

　しかし、マラヤの指導者はインドシナからの共産主義の拡張を警戒しつつも、国内の反発を恐れてアメリカが主導する SEATO には参加しない意向を示していた。ラーマンはバンドン精神への共感を表明するとともに、隣国

インドネシアとの友好関係を考慮し、またアジア共産主義国との不要な摩擦を回避すべくSEATOと一線を画したのである。ラーマンは独立後もマラヤの防衛にイギリスの関与が不可欠であることを自覚しながらも、英軍の駐留と基地の無制限使用によってマラヤの主権が侵害され、反英感情が高揚することを危惧した[9]。

このように、英軍の基地使用に制限を設けたいマラヤ側と、マラヤの防衛のみならずSEATOへの展開拠点としてもバタワースなどの基地を自由に使用したいイギリス側の思惑が交錯するなか、双方の利益の妥協点を見出したのがマラヤ独立の翌々月の1957年10月に成立したイギリス・マラヤ防衛協定（AMDA）であった。AMDAは第1条でマラヤの対外防衛に対するイギリスの支援を規定し、第3条で、コモンウェルスの防衛と「国際的な責務」を遂行するためにCSRを含む陸海空軍をマラヤに駐留させる権利を英政府に付与している。肝心な点は、意図して曖昧に表現されたものの、この国際的な責務にSEATOの集団防衛が含まれることで合意に至ったことである。しかし同時に、英軍による基地の無制限使用を防ぐため、第6、7、8条はマラヤ、香港などの極東英領に対する攻撃を除いて、基地使用の事前同意をマラヤ政府から取りつけることを英政府に義務づけた。これによって形式上マラヤが拒否権を持つ格好になって、英軍がSEATO作戦にマラヤ基地を自由に使用することが困難になった。しかし、この制限には「抜け穴」が設けられた。つまり、第8条は同時に、マラヤから軍隊を自由に移動する権利をイギリスに付与し、これにより基地使用に制限がないシンガポールに英軍とCSRを移動させることで、マラヤ基地からの直接の派兵を避けつつSEATOの集団防衛に参画する仕組みを構築したのだった[10]。こうして、AMDAによって英軍の継続駐留が可能になり、マラヤ、シンガポールとSEATOの機能的連関はマラヤ独立後も維持されることになったのである。

III　ラオス内戦

1　内戦の発生

1960年代に入ると、SEATOは集団防衛機構としての実効性を試される

危機に次々と直面していくが、その最初の試練となったのが60年8月に発生したラオス内戦であった。9日未明、アイゼンハワー（Dwight D. Eisenhower）米政権が支援するソムサニット（Tiao Somsanith）政権に対するクーデターが発生した。この事件をきっかけに、元来対立関係にあったラオス3派間で新たな合従連衡が生じ、プーマ（Souvanna Phuma）率いる中立派と左派共産主義勢力パテト・ラオの連合と、南部サバナケットを拠点とする右派との間で政権争い、武力衝突が激化した。同年末までにラオスでの戦闘は、北ベトナム、中国、ソ連が中立派・左派連合の外交承認と経済・軍事支援にまわり、アイゼンハワー政権が右派への加担を強めるなかで一気に国際内戦の様相を呈するようになった[11]。

　内戦発生当初、マクミラン政権は連合政府の樹立を通じた3派和解の斡旋を試みた。しかし、1961年1月に発足したケネディ（John F. Kennedy）米政権は外交的解決と並行して軍事介入の検討を始め、SEATOの一員としての協力を英政府に求めた。3月23日、マクミランは二度閣議を招集してラオス問題への対応を討議する。閣僚の多くが軍事介入に消極的な態度を見せるなか、外交交渉による紛争解決とラオスの国際的中立化を最優先課題にすることが確認されたが、マクミランは同時に、共産陣営側の妨害によって停戦が実現しない場合の最終手段としてアメリカとの共同介入を決断した。そして3日後の26日、急遽設定されたフロリダでの首脳会談でマクミランはケネディに上記の方針を伝達した[12]。

2　SEATO集団介入へのマクミランの反対

　しかし、本章の問題関心との関連で重要な点は、最終手段としての軍事行動を是認しつつも、マクミランがケネディとの会談でSEATOの全面介入に歯止めをかけようとしたことである。大規模な集団介入を提案するアメリカに対して、マクミランは米軍主導の作戦に有志のイギリス、タイが参加する限定的介入を提案し、残りの加盟国は当面待機させる計画を示した[13]。

　なぜマクミランは大規模介入を回避しようとしたのだろうか。第一に、SEATOの組織的介入が中立・左派連合を支援する中ソの介入を惹起し、核兵器の使用を伴う東西全面衝突に至る危険があった。1960年代初頭は、特

にベルリン情勢への影響を警戒しなければならない時期だったのであり、マクミランはラオスとベルリンのいずれか一方、あるいは両方で「戦争が起きうる」と考えていた。ラオスの内戦は「必ずしも全面戦争には至らない」だろうが、ベルリンでは「いったん本格的な軍事作戦が始まるとそうなるに違いな」かった[14]。ラオス内戦自体が全面対決に発展しなくても、それが原因となってベルリン情勢が緊迫する恐れが常に存在していたのである。

　第二に、1960年代初頭は、アジア・アフリカ諸国の相次ぐ独立や国連等を舞台とする反植民地主義、非同盟運動が高揚した時期であり、また帝国に代わる枠組みとしてイギリスが旧植民地諸国間の連帯を企図したコモンウェルスが人種問題をめぐって分裂の危機にあったことが、ラオスへの大規模介入をマクミランに躊躇させる要因となった。60年12月、アジア・アフリカ43カ国の提案によって、あらゆる形態の植民地支配を無条件で終結させることを目的とした植民地独立付与宣言が国連総会で採択されたほか、61年9月にはベオグラードで第1回非同盟諸国首脳会議が開催された。さらに、61年1月、ソ連指導者のフルシチョフ（Nikita Khrushchev）がアジア・アフリカの民族解放闘争への支援を宣言すると、SEATOのラオス介入は小国へのあからさまな軍事干渉と映って批判を呼び、新興独立国を共産主義陣営に追いやる危険を秘めていた。

　こうした世界大での旧植民地諸国の台頭と呼応する形で、コモンウェルス内でもアジア・アフリカ諸国の発言力が高まっていくが、ラオス介入が本格的に検討された61年春、コモンウェルスは南アフリカ問題をめぐって分裂の危機に瀕していた。危機の原因は、61年3月開催のコモンウェルス首相会議で南アフリカのフルヴュールト（Hendrik F. Verwoerd）政権が、実施予定の共和制への移行後もコモンウェルスに残留することを希望したのに対し、有色人種への隔離政策（アパルトヘイト）をとる南アフリカの残留は多人種連合を旨とするコモンウェルスの理念に背馳するとして、インド、パキスタン、セイロン、マラヤ、ガーナ、ナイジェリアの各首相が猛反発したことにあった。マクミランによる調停も効果がなく、最終的にフルヴュールトが希望を取り下げることで決着が図られたが、これはコモンウェルスからの南アフリカの事実上の「追放」につながっていった[15]。

第5章　帝国の終焉と同盟の解体 | 127

ラオス内戦は、このような反植民地主義批判、人種問題をめぐるコモンウェルスの内部分裂を背景に生起したのである。欧米とオーストラリア、ニュージーランドという白人主体の国家が多数を占めるSEATOのラオス介入は、「ヨーロッパ人対アジア人」、白人と有色人種の戦争という構図で捉えられ、アジア・アフリカ諸国の批判にさらされる可能性があった[16]。ラオスで内戦が続く間、マクミラン政権は対米協力とコモンウェルスの分裂回避の狭間で苦しい選択を迫られた。アメリカへの協力を拒否すれば、ケネディ政権は単独でも介入するかもしれない。それはかつてスエズ戦争で経験した同盟破綻の危機に英米がラオスで再び直面することを意味する。他方、アメリカ主導の軍事介入に同調すれば、インド、マラヤ、シンガポールのコモンウェルス諸国の反発を招くのは明らかだった[17]。マクミランは結局ケネディ新政権との緊密な関係を重視して最終的な軍事介入を決断したが、同時にSEATOの介入の制限に腐心したのは、新興独立諸国との不和やコモンウェルスのさらなる分裂の回避を等しく重要な課題であると認識していたからであった。

　第三に、SEATOのラオス介入によって英軍とCSRが駐留するマラヤ、シンガポールの情勢が悪化する危険があった。独立後マラヤ政府はSEATO不参加の姿勢を貫き、1960年1月には国防相ラザク（Abdul Razak）がマラヤ駐留英軍のSEATO軍事演習への参加に難色を示して英軍関係者を狼狽させた[18]。60年にマラヤで非常事態が解除されCSRの主任務がマラヤの治安維持からSEATO作戦に移行するなかで、マラヤ政府・国民がSEATOとの連携が明白になったCSRの駐留に反発を強める可能性があり[19]、ラオスへの介入はその危険をいっそう高めるものであった。既述の3月23日の閣議直前にロンドンを訪問したラーマンは、マラヤを直接の作戦基地としないことを条件にラオスへの展開に理解を示していたが[20]、いったん作戦が始まるとラーマンが「怖気づく」のではないかとマクミランは案じていた[21]。

　加えて、シンガポール情勢も大きな懸案だった。マラヤの独立によってイギリスにとってシンガポール基地の重要性は一段と高まっていたが、ラオス内戦当時、シンガポールは政治的危機の渦中にあった。シンガポールは1959年に治安・防衛と外交を除く内政分野で自治権を持つ自治植民地となり、5月30日の立法議会選挙でイギリスからの完全独立を叫ぶ人民行動党

が勝利してリー・クアンユー（Lee Kuan Yew）が首相となった。しかし、自治政府発足直後から党内でリーをはじめとする英語教育組と共産系華語教育組との路線対立が始まり、61年までに両者の対立はシンガポールの共産化を危惧させるまでに悪化していた[22]。61年7月にはリーによって党から追放された共産系議員が「社会主義戦線」を創設し、イギリスからの無条件独立と社会主義憲法の制定を唱道するようになる[23]。こうした状況でイギリスがラオス介入に踏み切れば、左派勢力の敵意を煽るのは必至であり、住民暴動や基地労働者の職務放棄、妨害活動でシンガポールの三つの基地運営に大きな支障が出る可能性があったのである[24]。

　マクミランは前述の首脳会談の様子からケネディ大統領本人は軍事介入に必ずしも乗り気でないとの印象を得ていたが[25]、1961年4月上旬バンコクで開催されたSEATO閣僚理事会で米・タイ代表団は迅速な軍事行動を要求した。さらに5月1日、マクミランはメンジーズ豪首相、ホリオーク（Keith Holyoake）ニュージーランド首相から、彼が「非常に愚かで相当偽善的」な内容と評した親書を受け取る[26]。その親書でメンジーズは、オーストラリアの安全を総合的に判断した結果、SEATOの作戦でアメリカと行動をともにする結論に至ったと述べ、英政府が今後も軍事介入に消極的な対応をとり続ければ、英豪関係に「壊滅的な影響」が及ぶだろうと記していた[27]。

　こうして、アメリカのみならずオーストラリア、ニュージーランドとも袂を分かつ危険が生じていた最中の5月11日、ラオスで紛争当事者による停戦が成立した。軍事介入を瀬戸際で回避したマクミランは即刻ラオス問題を討議する国際会議をソ連政府とともにジュネーヴで招集し、外交的解決を主導した。ジュネーヴ会議の詳細については他の研究に譲るが[28]、英代表団の粘り強い会議運営も功を奏して、1962年7月、ラオスでの停戦と連合政府の樹立が合意され、さらに同国の国際的中立を保障してSEATOの保護対象からラオスを外すことが決定された。

　マクミラン政権はジュネーヴ会議を通じてラオスの中立化を達成し、インドシナ半島での中立緩衝地帯の創設という1954年ジュネーヴ会議以来の目的を実現した。しかし、SEATOの真価が試されたラオス内戦でのイギリスの軍事的に消極的な態度は、米政権内の強硬派のみならず、インドシナ共産

化の脅威を間近に感じたタイ政府の失望と反感を招いた。タイ政府は集団防衛の失敗の主たる責任を英仏の緩慢な態度に帰し、61年秋以降、SEATOからの両国の追放や、全会一致から多数決への議決方式の変更を要求するようになった[29]。

このタイの不満を和らげるべくケネディ政権がとった方策が、1962年3月に発表されたラスク（Dean Rusk）・タナット（Thanat Khoman）共同声明だった。同宣言で両国は、マニラ条約の防衛義務は集団でも個別でも遂行可能であり、各加盟国による個別の行動は全加盟国の事前の同意を必要としないとの解釈を提示した。要するに米政府は、自らが必要と判断した場合には単独でも防衛行動をとることを宣言してタイに安全を保障したのである。しかし、これはタイの不安解消に役立った反面、多国間機構としてのSEATOの統一性を損なうものであった[30]。

加えて、英政府はラオス内戦の経験を通じて、SEATOの枠組みが同盟国に対する影響力の維持に必ずしも役立たないことを実感した。ブッシュ（Peter Busch）によれば、イギリスにとってSEATOに所属することの意義は、アジア共産主義を軍事的に封じ込めること以上に同盟政治上の理由、すなわちアメリカ、オーストラリア、ニュージーランドに対する影響力を維持することにあったという[31]。しかし現実には、ラオス内戦でSEATOは同盟の結束を促すどころか、むしろ同盟国との対立の原因になって3国への影響力の行使にもつながらなかった。SEATOは集団防衛の形態をめぐる英米の見解の相違を露呈し、アメリカとの安全保障関係を優先するようになったオーストラリア、ニュージーランドとイギリスとの間の伝統的な紐帯を弱らせる原因ともなったのである。

Ⅳ　マレーシアの創設とシンガポール基地問題

1　マレーシア構想

前節で見たように、マクミラン政権はラオス介入にともなうマラヤ、シンガポール情勢の悪化を危惧したが、それは、内戦の発生からジュネーヴ会議の閉幕までが、東南アジア英植民地・保護領の統合再編計画である「マレー

シア」構想の模索と時期が重なっていたからでもあった。

　マレーシア構想は、ジュネーヴ会議開幕直後の 1961 年 5 月 27 日、ラーマンがシンガポールの外国人記者クラブで発表してから実現に向けての本格的な歩みが始まった。実はこの新国家の創設に当初から熱心だったのはシンガポール首相のリー・クアンユーであった。左派勢力との格闘に苦心していたリーは、将来シンガポールが単独で独立した場合の共産化の危険を防ぐため、マラヤとの統合による独立を試みたのである。しかし、華人が圧倒的多数を占めるシンガポールとの統合では新国家でも華人が民族比率で多数派を占めることになり、マレー人に優遇的地位を付与した現行のマラヤ憲法を維持できなくなるため、当初ラーマンはシンガポールとの統合に反対だった。しかし、次第にラーマンはシンガポールの共産化を現実の脅威と認識するようになり、シンガポールのほかにボルネオ 3 地域を加えてマレー人が多数派を占める形での新連邦国家の樹立を提唱したのだった[32]。

2　シンガポール基地の使用権問題

　マクミラン政権にとってもマレーシア構想は植民地の統合を通じてシンガポール、ボルネオでの治安維持の経済的・人的負担を新連邦政府に代替させられる利点があった。しかし、英政府にとってこの構想が孕む問題の一つに、マレーシアに統合されることになるシンガポール基地の使用権の問題があった。すなわち、マラヤ政府が現行の AMDA をマレーシア全域に適用すると、これまでのように英軍や CSR がシンガポール基地を SEATO の活動に使用できなくなる恐れがあった[33]。基地使用に制限がかかって SEATO への貢献ができなくなれば、東南アジアでのイギリスの存在感や同盟国アメリカに対する影響力も低下し、基地を維持すること自体の意味が大幅に低下するのである[34]。マラヤ政府は新連邦の防衛や雇用等の基地経済を考慮して英軍の駐留継続を望む一方で、ラーマンは 1961 年 6 月 26 日付のマクミラン宛親書で、マレーシアの誕生後シンガポール基地は「SEATO の思い通りにはならず、コモンウェルスの防衛」のみに使用可能であると述べて英指導者を不安にさせた[35]。

　しかし、基地の自由使用は譲れないにしても、英政府も構想を破綻させる

わけにはいかなかった。マレーシア構想が破綻すると、シンガポールでは間違いなくリー政権が崩壊して左派に政権を奪われることになる。その場合、英政府はシンガポールの憲法を停止し、敵対する市民を長期間にわたって直接統治しなければならなくなるのだった[36]。

11月中旬、ロンドンで英マ両国の交渉が行われ、幸いイギリスは「予想以上の非常に満足できる」成果を得ることができた[37]。ラーマンは防衛交渉の「主問題がSEATO」にあるとしたうえで、東南アジアで共産主義に対抗するSEATOとAMDAの目的は不可分であると認めて妥協の姿勢を示した。その結果、両政府は22日調印の共同声明付属文書Bで現行のAMDAをマレーシア全域に適用することを基礎に、マレーシアとコモンウェルスの防衛に加え、東南アジアの平和維持を目的とする英軍のシンガポール基地の使用をマレーシア政府が許可することで合意した。マラヤ国内の反発を恐れて共同声明ではマレーシアとSEATOの関係について直接の言及を避けたものの、両国は「東南アジアの平和維持」にSEATOへのCSRの展開が含まれることで了解に至ったのである[38]。

V　マレーシア紛争とベトナム戦争の開始

1　スカルノの「新植民地主義」批判

1963年9月16日、マレーシア連邦の樹立が宣言された。当初の計画からブルネイが離脱したものの、東南アジアの植民地を糾合する連邦国家の創設によってイギリスの脱植民地化政策は平和裏に実現した。マラヤ共産党による武装蜂起の鎮圧に苦心したとはいえ、イギリスはフランスのように旧植民地との大規模な戦争に陥ることなく東南アジアで植民地を手放したのである。

ところが、これで終わりにはならなかった。前述のバンドン会議を主催し、反植民地主義、非同盟運動の急先鋒として国際的な知名度を誇ったインドネシア大統領のスカルノ（Sukarno）が、マレーシアの創設をイギリスによる「新植民地主義」の謀略と批判して、その粉砕を掲げる「対決政策」を1963年初めに開始したのである。これ以後、ボルネオ島の密林とマレー半島を舞台

とするインドネシアとイギリスの戦闘、いわゆるマレーシア紛争が66年8月まで続くことになる[39]。植民地を手放した途端、イギリスは期せずして戦後最大規模の海外派兵を行ってインドネシアとの戦闘に従事していくことになったのである。

2　米軍の南ベトナム介入

　イギリスがインドネシアとの対決に引き込まれる一方で、ケネディ政権はラオス内戦の終結後インドシナ半島での新たな闘争にのめりこんでいった。1960年代初頭から南ベトナムでは共産主義勢力の解放民族戦線による反政府武装蜂起が拡大していた。ケネディ政権は軍事顧問団の増員を通じて南ベトナム政府を下支えしたが、政府の弾圧に抵抗する仏教徒の大規模な反乱が63年に起きると大統領のジェム（Ngo Dinh Diem）に見切りをつけ、11月初旬、軍部によるクーデターを黙認した[40]。ジェム政権崩壊後南ベトナムは混迷の度を増していくが、11月22日にはケネディがダラスで凶弾に倒れ、南ベトナムの事態収拾は副大統領から昇格したジョンソン（Lyndon B. Johnson）に受け継がれることになった。

　1964年に入るとジョンソン政権は、南ベトナムへの支援拡大を呼びかける活動「モア・フラッグズ（More Flags）」を展開するが、同盟国の反応は概して冷やかだった[41]。同盟国との連携を強化できぬまま、ジョンソン政権は8月初旬、戦争の泥沼へ大きく足を踏み入れる事件に遭遇する。ベトナム・トンキン湾で情報収集に従事していた米艦船が北ベトナム軍魚雷艇の攻撃を二度受けたとする、トンキン湾事件の発生である。ジョンソンは即刻北ベトナムへの報復爆撃を実施するとともに、7日、上下両院で圧倒的多数の支持を得てトンキン湾決議をとりつけ、「あらゆる必要な手段」を講じてベトナム情勢に対処する権限を手に入れた。この後、ジョンソンはベトナム介入の正当性を問われるたびに、その根拠として国連憲章第51条の集団的自衛権とこのトンキン湾決議に言及していくが、トンキン湾決議はマニラ条約の加盟国と議定書国の自由を防衛することを目的に採択されたのであった[42]。

　1964年10月、総選挙に勝利した労働党が13年ぶりにイギリスで政権に返り咲いた。首相に就任したウィルソン（Harold Wilson）は12月に早速訪

米し、ジョンソンとの初の首脳会談に臨んだ。政権交代を機に南ベトナムへの支援拡大を求める米大統領に対しウィルソンは、依然として続くマレーシア紛争への対応とインドシナの紛争の解決に尽力してきたジュネーヴ会議共同議長国としてのイギリスの立場を理由に軍事支援の提供を拒否した[43]。

英米の足並みが揃わぬまま、1965年に入ると事態は急転していく。2月、解放民族戦線が南ベトナム中部のプレイク空軍基地を攻撃し、米兵9名が死亡、108名が負傷した。翌月ジョンソンは海兵隊の派兵と北ベトナムへの恒常的爆撃を開始し、ベトナムへの本格的な介入に踏み切ったのである。

3 1965年SEATO閣僚理事会

こうしてアメリカが単独介入を開始した直後の5月初旬、SEATO閣僚理事会がロンドンで開催され、開催国としてウィルソン政権は危機の最中に同盟の団結を図る舵取りを求められた。しかし、会議後作成された英外務省の報告書によれば、ロンドン会議は同盟国の連携を強化する機会にはならず、むしろ「ほぼすべての重要な問題」で「大幅な見解の相違」を露呈することになった[44]。

イギリスにとって、特に以下の二つの問題が重要だった。第一に、集団防衛をめぐるアメリカとの見解の相違が改めて浮き彫りになった。会議の準備段階から米代表団は、共産陣営との接触を深めるフランス、パキスタンを除いた6カ国による南ベトナムでの「集団（collective）行動」ないしは「協調（concerted）行動」の採択を迫ったが、紛争拡大を恐れた英代表団が徹底して反対したため、最終共同宣言に具体的な集団防衛措置は盛り込まれなかった[45]。

第二に、ロンドン会議はコモンウェルスのオーストラリア、ニュージーランドとも袂を分かつ分岐点となった。ハズラック（Paul Hasluck）豪外相は、米タイ両政府とともに南ベトナムへの支援に積極的な態度を見せ、関与を渋るスチュワート（Michael Stewart）英外相に対峙した。さらに、ジョンソン政権からの協力要請を受け、オーストラリア政府はロンドン会議開催直前の4月29日に、ニュージーランド政府は閉幕後の5月24日に南ベトナムへの派兵を発表して英政府との違いを鮮明にした。この参戦決定により、ベトナ

ム戦争はコモンウェルスの長い連帯の歴史において両国が初めてイギリスと行動を共にしない戦争となったのである[46]。

　米軍のインドシナ介入が拡大するにつれ、SEATO の結束は年々低下し、1960 年代後半になるとベトナム派兵国のアメリカ、オーストラリア、ニュージーランド、タイ、フィリピンの５カ国と、軍事協力を拒んだイギリス、フランス、パキスタン３国の亀裂は一段と深まっていった。ジョンソン政権は次第に、ベトナム不介入の姿勢を崩さないイギリスこそが集団防衛の「主要な障害」であると批判するようになる。特に集団防衛を重視するラスク国務長官の不満は強かった。イギリスが SEATO をないがしろにするように、アメリカが NATO への関与をおろそかにしても構わないのか。ラスクはこう英指導者に度々詰問し、不満をぶつけた。国務長官の目には、集団防衛の信頼性そのものが南ベトナムで「危機に瀕して」いると映っていたのである[47]。

VI　英軍のスエズ以東撤退計画

１　シンガポールの分離独立とマレーシア紛争の終結

　上述のようにウィルソン政権はベトナム不介入の方針を堅持したが、さらに、SEATO の集団防衛を根底から揺るがす政策を政権発足当初から検討していた。いわゆる「スエズ以東」からの軍事撤退の検討である。ウィルソン政権は発足以前から続く財政難と国際収支の悪化を考慮して対外軍事関与の全面的な見直しに着手し、最終的にスエズ以東地域からの撤退を 1968 年１月に発表するのである。

　スエズ以東地域からの撤退は国内外の諸要因を考慮した結果であったが、国際的要因としては以下の二つの東南アジア情勢の変化が重要であった。一つは、1965 年 8 月 9 日に起きたマレーシア連邦からのシンガポールの分離独立である。シンガポールの独立は、スカルノがイギリス新植民地主義の産物と非難してきたマレーシア連邦の限界を露呈しただけでなく、今後シンガポールで左派主導の反英運動が増長すれば、これ以上同地に英軍を駐留させるのは不可能であるとの悲観を英政府に抱かせるものであった。社会主義戦

線の台頭によってシンガポールの「キューバ」化が現実となれば、英軍はシンガポールから追放される形での屈辱的な撤退を強いられるのである。他方、とどまる選択をした場合、マレーシアとシンガポールの旧植民地同士の内紛に巻き込まれ、東南アジアでの軍事駐留の縮小という長期目標に反することになるのだった。8月、関係閣僚・省庁で協議を重ねた結果、ウィルソン政権は、シンガポールに基地を長期間維持することはもはや不可能との判断に達し、インドネシアとの戦闘をすみやかに終結して東南アジアから撤退する方針に転換した[48]。

そして、このシンガポール基地の喪失はSEATOへのイギリスの関与の基盤が失われることを意味した。そもそも、英政府の意向とは別に、独立したシンガポール政府はSEATOに同調せず、加盟する意思もなかった。実際、ラジャラトナム（Sinnathamby Rajaratnam）シンガポール外相は8月12日、SEATO作戦に同国基地を使用できるのはシンガポールの国益と一致する場合のみであると英政府に通達したのであった[49]。

シンガポールの独立に加え、英軍の東南アジア撤退に拍車をかけるもう一つの出来事となったのが、1965年10月1日未明にインドネシアで起きたクーデター未遂事件、いわゆる9・30事件である。同事件を契機にスカルノから新指導者スハルト（Suharto）への権力移行が進むなか、インドネシア政府内でマレーシア紛争を終結させる機運が生まれ、66年8月にインドネシアとマレーシアの間で和平協定が調印される運びとなった[50]。

2　東南アジア撤退決定のSEATOへの影響

マレーシア紛争の終結によって英政府の軍事支出の削減と東南アジア撤退の最大の制約要因が取り除かれることになった。しかし短期的には、マレーシア紛争の終結は、これをSEATOへのイギリスの関与拡大の好機と捉えたジョンソン政権との間に摩擦を生む契機となった。1966年夏、英米関係は米軍のハノイ・ハイフォン近郊爆撃、英政府による米豪への武器売却停止発言が原因となって著しく悪化したが[51]、タイへの支援をめぐっても両国は見解を違えた。65年から同国東北部で活発化するタイ共産党の反乱鎮圧を支援すべく、ジョンソン政権は軍事支援を英政府に要請した。しかし、6月

10 日にラスクと会談したウィルソンは、国内の左派と平和主義者や欧州主義者による東南アジアへの関与反対を理由に協力を断っただけでなく、「われわれのいかなる政策においても SEATO が中心的位置を占めることはない」と言明した[52]。

1967 年に入ると、英政府内の撤退論議は一気に加速する。同年 3 月、国防相ヒーリー（Denis Healey）のイニシアティブの下、ウィルソン政権は 70 年代中頃までにマレーシア、シンガポールから撤退する意思を固めた[53]。しかし、この期限付き撤退計画に、アメリカ、オーストラリア、ニュージーランド政府はワシントン SEATO 閣僚理事会（67 年 4 月開催）などの場で反対の意を繰り返し表明した。ジョンソン政権にとって特に問題だったのは、国内で反戦運動が燃え上がるなか、多くの犠牲を払いながら米兵がベトナムで死闘を繰り広げているまさにその時に、「最も信頼できる同盟国」を自任するイギリスが東南アジアからの期限つきの撤退を発表するというタイミングの悪さであった。イギリスの一方的な撤退はベトナム戦争の大義への疑念を米国民に抱かせ、アジアのみならずヨーロッパからの撤退を唱える議会内の孤立主義者を勢いづかせる恐れがあった。戦後西側陣営による世界秩序の構築・維持はアメリカ「単独」ではなく、「主にイギリスと共同」でなされてきたにもかかわらず、そのイギリスが「第二次大戦以降最も重大な局面で我々を見捨てようとしている」との印象が米国内で広まることをジョンソン政権は危惧した[54]。

英軍の撤退はオーストラリア、ニュージーランドにとっても深刻な問題だった。イギリスの撤退は両国にとって北方アジアの共産主義に対する防衛の喪失を意味するのみならず、英軍に兵站を依存する両国の CSR の SEATO 関与を困難にし、米軍の東南アジアからの撤退を助長する要因にもなりかねなかった[55]。さらに両国は、1970 年代に入って白人がアジアに居座ることの弊害を説くブラウン（George Brown）英外相に異を唱え、「敵対的な中国人より友好的な白人」の方が歓迎されるはずだとするラスクの意見に同調した[56]。

しかし、こうした 3 国やマレーシア、シンガポールの反対を振り切って、ウィルソン政権は 1967 年 7 月発表の国防白書『防衛政策に関する追加声明』

第 5 章　帝国の終焉と同盟の解体 | 137

で、71 年までのマレーシア・シンガポール駐留兵力の半減、70 年代中頃までのスエズ以東からの全面撤退を発表した。この2カ月前、ウィルソンは英政府として2回目となる欧州経済共同体への加盟申請を発表し、欧州志向の姿勢を鮮明にしていた。さらに、同年 11 月のポンド切り下げ決定によって財政支出の追加削減に迫られると、ウィルソンは 68 年 1 月 16 日、スエズ以東からの撤退期限を 71 年末に前倒し、SEATO への関与を縮小していくことを発表するのである[57]。

この直前の 11 日、訪米したブラウンに対してジョンソンとラスクは、自由世界の利益が脅かされている二大地域、東南アジアとペルシャ湾岸からの撤退を、イギリスの世界政治からの退場、「人間社会にとっての悲劇的な損失」と表現して諫めた。ブラウンは、緊急時には英本土や欧州大陸から兵力を展開して SEATO と CENTO に対する責務を遂行していく旨を伝達したが、軍事的裏づけに乏しい構想を両米指導者は歯牙にもかけなかった[58]。ウェリントンで 4 月に開催された SEATO 閣僚理事会でもイギリスの一方的な撤退に対する批判が聞かれたが[59]、関係各国の最大の関心は、会議直前にジョンソンが発表した大統領選不出馬、北ベトナム政府との和平交渉開始の声明に注がれた。こうした英米の政策転換によって 1968 年前半までに SEATO の政治的結束と軍事的基盤は大きく損なわれ、その集団防衛は事実上の終焉を迎えた。そして、71 年 4 月、時のヒース（Edward Heath）英保守党政権はオーストラリア、ニュージーランド、マレーシア、シンガポールと 5 カ国防衛取極を締結し、英軍の常駐を前提とする AMDA に終止符を打ったのである[60]。

1970 年代に入ると SEATO は段階的な解体の道を歩む。69 年 1 月に誕生したニクソン（Richard Nixon）米政権は、同年に南ベトナムからの撤退を開始し、海外駐留米軍の展開再編を企図したグアム・ドクトリンを発表した。72 年、73 年にパキスタンとフランスが相次いで脱退し、米軍のインドシナ撤退と北ベトナムによる南ベトナムの武力統一によってその存在理由を完全に失った SEATO は、77 年 6 月、世界の耳目を集めることなく最終的な解散に至った。

おわりに

　最後に、本章の要点を2点にまとめて締めくくりとしたい。

　第一に、本章で論じた SEATO の設立からスエズ以東撤退の決定に至る過程は、イギリスの対外政策における SEATO と植民地防衛の相互補完関係が次第に崩れ、帝国からの撤退を決断したイギリスにとっての SEATO の意義が消失していく過程であった。イギリスの歴代政府は、SEATO の意義を東南アジアの植民地防衛との関連でとらえていたのであり、SEATO 自体に特別な重要性を見出していたわけではなかった。それゆえ、東南アジアで脱植民地化が進展するにつれ、SEATO に対する英指導者の関心が低下していくのは自然の成り行きであった。換言すれば、イギリスの東南アジア政策において帝国防衛と乖離した反共政策は存在せず、帝国を後にしてなお SEATO にとどまる理由はなかったのである。しかし他方、イギリスの帝国資産であるマラヤ、シンガポールの基地にその存続を部分的に依存してきた SEATO にとっては、英軍のスエズ以東撤退はその存立基盤を揺るがす大問題だった。マレーシアの創設からマレーシア紛争、スエズ以東の撤退決定に至るイギリスの帝国再編が、ラオス内戦からベトナム戦争へと続く共産主義との闘争と交錯するなか、SEATO はイギリスの東南アジア撤退とアメリカのベトナム介入の狭間で分断され、集団防衛機構としての機能と存在意義を喪失していったのである。

　第二に、バンドン会議以降、反植民地、非同盟・中立主義が戦後の新たな国際関係規範として強まっていくなか、歴代英政府の指導者たちは、白人の欧米諸国が中心となる SEATO が自国の影響力維持に資するのではなく、むしろその一員であることの負の影響を意識するようになっていった。同盟国としての貢献を求められながらも、結局、英政府はラオスでも南ベトナムでも軍事協力を拒否し、アメリカ、タイのみならず、オーストラリア、ニュージーランドとも袂を分かつことになった。歴代政府が SEATO の介入に一貫して消極的だったのは、共産陣営との全面戦争の恐怖や参戦に付随する財政負担、国際収支の悪化を恐れたためであったが、本章で見たように、イーデンやマクミラン、ウィルソン政権の閣僚たちがコモンウェルスの分裂やア

ジア・アフリカ諸国からの新植民地主義批判を憂慮した結果でもあったのである。

1) 代表的な研究として以下のものが挙げられる。木畑洋一．1996．『帝国のたそがれ――冷戦下のイギリスとアジア』東京大学出版会；John Subritzky. 2000. *Confronting Sukarno: British, American, Australian and New Zealand Diplomacy in the Malaysian-Indonesian Confrontation, 1961-5*. Basingstoke: Macmillan; Karl Hack. 2001. *Defence and Decolonisation in Southeast Asia: Britain, Malaya and Singapore 1941-68*. Richmond: Curzon; Mathew Jones. 2002. *Conflict and Confrontation in Southeast Asia, 1961-1965: Britain, the United States, Indonesia and the Creation of Malaysia*. Cambridge: Cambridge University Press; Saki Dockrill. 2002. *Britain's Retreat from East of Suez: The Choice between Europe and the World?*. Basingstoke: Palgrave Macmillan; David Easter. 2004. *Britain and the Confrontation with Indonesia 1960-1966*. London: Tauris Academic; P. L. Pham. 2010. *Ending 'East of Suez': The British Decision to Withdraw from Malaysia and Singapore, 1964-1968*. Oxford: Oxford University Press.
2) Panagiotis Dimitrakis. 2012. *Failed Alliances of the Cold War: Britain's Strategy and Ambitions in Asia and the Middle East*. London: I. B. Tauris; Peter Lowe. 2009. *Contending with Nationalism and Communism: British Policy towards Southeast Asia, 1945-65*. Basingstoke: Palgrave Macmillan, chapter 3.
3) 第一次インドシナ戦争からSEATO設立に至る過程については、以下を参照せよ。James Cable. 1986. *The Geneva Conference of 1954 on Indochina*. Basingstoke: Macmillan; James Waite. 2012. *The End of the First Indochina War: A Global History*. New York: Routledge；松岡完．1988．『ダレス外交とインドシナ』同文舘；赤木完爾．1991．『ヴェトナム戦争の起源――アイゼンハワー政権と第一次インドシナ戦争』慶應通信；細谷雄一．2005．『外交による平和――アンソニー・イーデンと二十世紀の国際政治』有斐閣。
4) マラヤ情勢については、木畑『帝国のたそがれ』第2部、および、鈴木陽一．2011．「マラヤ非常事態――連邦独立への過程とその後」木畑洋一ほか編『東アジア近現代通史7　アジア諸戦争の時代1945-1960年』岩波書店を参照せよ。
5) Chin Kin Wah. 2009. *The Defence of Malaysia and Singapore: The Transformation of a Security System 1957-1971*. Cambridge: Cambridge University Press, pp. 18, 30-31; W. David McIntyre. 1955. *Background to the Anzus Pact: Policy-Making, Strategy and Diplomacy, 1945-55*. Basingstoke: Macmillan, pp. 389-391; John Subritzky. 1999. "Macmillan and East of Suez: The Case of Malaysia," Richard Aldous and Sabine Lee eds.. *Harold Macmillan: Aspects of a Political Life*. Basingstoke: Macmillan, p. 179; Peter Edwards. 2014. *Australia and the Vietnam War*. Sydney: NewSouth, pp. 52-54.
6) George. M. Kahin. 1972. *The Asian-African Conference: Bandung, Indonesia, April 1955*. Port Washington: Kennikat Press, p. 39. バンドン会議については、宮城大蔵．

2001.『バンドン会議と日本のアジア復帰——アメリカとアジアの狭間で』草思社；See Seng Tan and Amitav Acharya. eds.. 2008. *Bandung Revisited: The Legacy of the 1955 Asian-African Conference for International Order*. Singapore: NUS Press も参照せよ。

7) R. K. Karanjia. 1956. *SEATO: Security or Menace?*. Bombay: Blitz Publications, pp. 37-38, 48; Lowe, *Contending with Nationalism and Communism*, p. 84.

8) Damien Fenton. 2012. *To Cage the Red Dragon: SEATO and the Defence of Southeast Asia 1955-1965*. Singapore: NUS Press, p. 157.

9) Joseph M. Fernando. 2012. "The Cold War, Malayan Decononization and the Making of the Federation of Malaysia" in Albert Lau ed.. *Southeast Asia and the Cold War*. London: Routledge, p. 71; 木畑洋一．2011.「アジアにおけるイギリス帝国の終焉」『岩波講座　東アジア近現代通史 8　ベトナム戦争の時代 1960-1975 年』岩波書店、200-201 頁；Leszek Buszynski. 1983. *SEATO: The Failure of an Alliance Strategy*. Singapore: Singapore University Press, p. 70 (footnote); Hack, *op. cit.*, pp. 226-227.

10) Chin. *The Defence of Malaysia and Singapore*, p. 32; Hack, *ibid.*, p. 227, 233, 248, 249.

11) ラオス内戦については、Bernard B. Fall. 1969. *Anatomy of a Crisis: The Laotian Crisis of 1960-1961*. New York: Doubleday & Company を参照せよ。

12) 寺地功次．2002.「ラオス危機と米英の SEATO 軍事介入計画」『国際政治』第 130 号、35-38 頁；水本義彦．2009.『同盟の相剋——戦後インドシナ紛争をめぐる英米関係』千倉書房、55-63 頁；Nigel Ashton. 2002. *Macmillan and the Cold War: The Irony of Interdependence*. Basingstoke: Palgrave Macmillan, pp. 3, 35-36.

13) 水本『同盟の相剋』、60 頁。

14) Peter Catterall ed.. 2011. *The Macmillan Diaries: Prime Minister and After, 1957-1966*. Basingstoke: Macmillan, p. 386.

15) 小川浩之．2008.『イギリス帝国からヨーロッパ統合へ——戦後イギリス対外政策の転換と EEC 加盟申請』名古屋大学出版会、242-252 頁；小川浩之．2012.『英連邦——王冠への忠誠と自由な連合』中央公論新社、183-186 頁。

16) The National Archives (TNA): PREM11/3313, "Record of a Discussion at U.S. Naval Base at Key West, Florida, at 12.10 p.m. on Sunday, March 26, 1961".

17) Catterall ed.. *The Macmillan Diaries*, p. 351.

18) Peter Busch. 2003. *All the Way with JFK?: Britain, the US, and the Vietnam War*. Oxford: Oxford University Press, pp. 15-16.

19) Chin. *The Defence of Malaysia and Singapore*, p. 46.

20) TNA: PREM11/3280, Duncan Sandys to Prime Minister, 'Laos', 23 March 1961.

21) Catterall ed.. *The Macmillan Diaries*, p. 372.

22) 岩崎育夫．1996.『リー・クアンユー——西洋とアジアのはざまで』岩波書店、57-59 頁。

23) Subritzky. "Macmillan and East of Suez," p. 180.

24) A. J. Stockwell ed.. 2004. *British Documents on the End of Empire* (*BDEE*), Series B, Volume 8: Malaysia. London: TSO, p. 98, 102.

25) Harold Macmillan. 1972. *Pointing the Way 1959-1961*. London: Macmillan, p. 336.
26) Catterall ed.. *The Macmillan Diaries*, p. 379.
27) TNA: PREM11/3282, Menzies to Macmillan, 1 May 1961.
28) Nicholas Tarling. 2011. *Britain and the Neutralisation of Laos*. Singapore: Singapore University Press を参照せよ。
29) Busch. *All the Way with JFK?*, pp. 22-23.
30) Buszynski. *SEATO*, pp. 88-89; George Modelski ed. 1964. *SEATO: Six Studies*. Vancouver: Publication Centre, The University of British Columbia, p. xviii.
31) Busch. *All the Way with JFK?*, p. 26, 34.
32) Stockwell ed.. *BDEE*, pp. 154-155, 246; トゥンク・アブドゥル・ラーマン・プトラ(小野沢純監訳・鍋島公子訳. 1987.)『ラーマン回顧録』井村文化事業社、117-127頁。
33) Chin. *The Defence of Malaysia and Singapore*, p. 38, 52, 53.
34) Stockwell ed.. *BDEE*, pp. 141-144.
35) Stockwell ed.. *ibid.*, p. 134.
36) Stockwell ed.. *ibid.*, pp. 210-211.
37) Catterall ed.. *The Macmillan Diaries*, p. 428.
38) Stockwell ed.. *BDEE*, pp. 247-248, 258-259; Chin. *The Defence of Malaysia and Singapore*, pp. 55-56.
39) マレーシア紛争については、注1のSubritzky, Jones, Easterの研究に加え、宮城大蔵. 2004. 『戦後アジア秩序の模索と日本―「海のアジア」の戦後史1957～1966』創文社を参照せよ。
40) ケネディ政権のベトナム政策については、松岡完. 1999. 『1961ケネディの戦争―冷戦・ベトナム・東南アジア』朝日新聞社；松岡完. 2012. 『ケネディと冷戦―ベトナム戦争とアメリカ外交』彩流社を参照せよ。
41) Fredrik Logevall. 1999. *Choosing War: The Lost Chance for Peace and the Escalation of War in Vietnam*. Berkley: University of California Press, pp. 149-151.
42) 菅英輝. 2008. 『アメリカの世界戦略―戦争はどう利用されるか』中公新書、36頁。
43) Sylvia Ellis. 2004. *Britain, America, and the Vietnam War*. Westport: Praeger, p. 29. ウィルソン政権のベトナム政策については、森聡. 2009. 『ヴェトナム戦争と同盟外交―英仏の外交とアメリカの選択1964－1968年』東京大学出版会も参照せよ。
44) TNA: FO371/180463, "Tenth Meeting of the Council of SEATO held in London from 3-5 May, 1965," 7 May 1965.
45) Bruce to State, 28 April 1965, Office of the Executive Secretariat, Conference Files, 1949-1972 [1966-1972], Lot File 66D347, Box 375, RG 59, US National Archives and Records Administration (NARA), College Park, MD; *Foreign Relations of the United States (FRUS)*, 1964-1968, XXVII, Mainland Southeast Asia; Regional Affairs. Washington: United States Government Printing Office, 2000, pp. 162-164.
46) オーストラリア、ニュージーランドのベトナム参戦過程については、Peter Edwards.

1992. *Crises and Commitments: The Politics and Diplomacy of Australia's Involvement in Southeast Asian Conflicts 1948-1965*. Sydney: Allen & Unwin; Roberto Rabel. 2005. *New Zealand and the Vietnam War: Politics and Diplomacy*. Auckland: Auckland University Press を参照せよ。

47) この点については、水本義彦. 2013.「ベトナム戦争と集団防衛—東南アジア条約機構における米英対立、1965-1968」『アメリカ研究』第 47 号、80-82 頁を参照せよ。

48) 永野隆行. 2001.「イギリスの東南アジアへの戦略的関与と英軍のスエズ以東撤退問題」『英語研究』第 53 号、62-64 頁；永野隆行. 2003.「東南アジア国際関係の変容とオーストラリア—オーストラリアにとっての英米軍事プレゼンス」『国際政治』第 134 号、88 頁。Pham. *Ending 'East of Suez,'* p. 44, 45, 49.

49) Chin. *The Defence of Malaysia and Singapore*, p. 113.

50) 詳細については、Sue Thompson. 2014. "'The Greatest Success of British Diplomacy in East Asia in Recent Years'? British Diplomacy and the Ending of Confrontation, 1965-1966," *Diplomacy & Statecraft*, 25: 2.

51) Ellis. *Britain, America, and the Vietnam War*, pp. 160-179.

52) TNA: PREM13/2083, "Record of Conversation between the Prime Minister and Mr. Rusk, United States Secretary of State at 10 a.m. on 10. 6. 66 at 10, Downing Street".

53) Pham. *Ending 'East of Suez,'* pp. 139-140.

54) "Memorandum for Mr. Walt W. Rostow," 26 May 1967, "Memorandum for the President," 31 May 1967, Central Foreign Policy Files, 1967-1969, Box 2562, RG 59, NARA; David Bruce to Dean Rusk, 6 May 1967, Central Foreign Policy Files, 1967-1969, Box 2572, RG 59, NARA; 水本「ベトナム戦争と集団防衛」、89-91 頁。

55) 永野「東南アジア国際関係の変容とオーストラリア」、93-95 頁。

56) Pham. *Ending 'East of Suez,'* p. 154, 156.

57) Buszynski. *SEATO*, p. 126 (footnote).

58) TNA: FCO15/406, U.K. mission to New York to FO, 11 January 1968; *FRUS*, 1964-1968, XII, Western Europe. Washington: United States Government Printing Office, 2001, pp. 604-608.

59) TNA: FCO15/405, "13th SEATO Council Meeting," 11 April 1968.

60) ただし、実際に英軍の極東・インド洋地域からの撤退が完了するのは 1976 年になってからのことである。この経緯については、篠﨑正郎. 2011.「『引き留められた帝国』としての英国—コモンウェルスからの撤退政策、1974-1975 年」『国際政治』第 164 号を参照せよ。

第 6 章

イギリスの核不拡散政策とインド、1964-1968 年

小林　弘幸

はじめに

　「歴史はときに劇的な形でその全貌を現す。1964 年 10 月はまさにそのような月であった」[1]。高坂正堯がそう記したように、1964 年 10 月は国際政治に大きな影響を及ぼす出来事が相次いだ、激動の 1 カ月であった。本章が扱うテーマの起点も、この激動の 1 カ月にある。

　1964 年 10 月 16 日、イギリスで第一次ハロルド・ウィルソン（Harold Wilson）労働党政権が誕生した。イギリスで労働党が政権に就いたのは 13 年ぶりのことであった。そしてそれとまさに同じ日、中華人民共和国（以下、「中国」）北西部、新疆ウイグル自治区のロプノールでは、中国が初の核実験を行った。このウィルソン政権の誕生と中国の核実験は、1960 年代の国際政治を特徴づける大きな二つの流れの引き金となった。その二つの大きな流れとは、イギリスの「世界」からの撤退と、「核不拡散体制」というグローバルな秩序の構築である。

　深刻な通貨危機に見舞われるなど経済的に疲弊した第一次ウィルソン政権期のイギリスは、過剰な軍事的拡張を見直し、「世界」からの撤退を進めた[2]。1968 年 1 月、「スエズ以東」に駐留する軍の撤退を決定したのは、その象徴であり、クライマックスであった[3]。この「世界」からの撤退によってウィルソン政権のイギリスは、自らの「世界的役割」を見直す必要に迫られた。なかでも、かつては植民地であり、1960 年代当時は「コモンウェルス」に

属していた国々が数多く存在するアジアへの関与をどのように変革するかというのは、重要な問題であった。

一方、ウィルソン政権の誕生と同日に行われた中国の初の核実験は、「核不拡散体制」というグローバルな秩序の構築へとつながった。アメリカ、ソ連、イギリス、フランスに次ぐ第五の核保有国が誕生したことによってさらなる核の拡散に対する懸念が国際的に高まり、これが1968年の核不拡散条約（Treaty on the Non-Proliferation of Nuclear Weapons: NPT）の締結に向けて国際社会が動き出すきっかけとなったのである。

本章では、ウィルソン政権下での「イギリスの『世界』からの撤退」と「『核不拡散体制』の構築」という二つの大きな流れを同時に見渡すことができる一つの出来事に着目する。それが、インド核武装問題に対するイギリスの対応である。

ウィルソン率いる労働党は国際的な核軍縮・不拡散を外交・安全保障上の重要な政策課題としてマニフェストに盛り込み選挙戦を戦った[4]。しかし、核軍縮・不拡散を重視するウィルソン政権の姿勢に大きな課題を突き付けたのが、政権が発足したのとまさに同じ日に行われた中国の初の核実験であった。中国の核実験は核拡散の連鎖を引き起こす恐れがあったため、いかにそれに対処すべきか、検討しなければならなくなったのである。ウィルソン政権のイギリスが特に関心を寄せ、懸念したのが、インドが核武装する可能性であった。1949年の中国建国以来概ね良好であった中印関係は1959年のチベット紛争を契機に悪化し、1962年には国境紛争に至った。この国境紛争での敗北以後、インドは国防力の強化に努めていたが、そのようなインドにとり中国の核実験は大きな衝撃であり、核武装を求める声がインド国内で高まったのである[5]。これはインドと強い結びつきを持つイギリスに国際的な核軍縮・不拡散を重要な政策課題に掲げて誕生したウィルソン政権にとり、無視できない事態であった。

本章の目的は、第一次ウィルソン政権期のイギリス政府内で行われた、インドの核武装を阻止するための検討の詳細を明らかにすることである。インド核武装問題に対するウィルソン政権の対応については、すでに二つの論文が存在している[6]。それらは主に、インドに「核の傘」を提供することを目

的とした、イギリス政府の「コモンウェルス核戦力」構想等に焦点を当てている。それに対し本章は、それらのインドに「核の傘」を提供する構想のみならず、インドの核不拡散条約への参加問題も射程に入れ、両者の相互関連性に注目する。これにより、ウィルソン政権がインドの核武装問題をどのような視点からとらえていたのかを、これまで以上に総体的に明らかにできるであろう。そして、「スエズ以東」から撤退するという決定と「核不拡散体制」の構築がなされる「前夜」とも呼べる時期、ウィルソン政権がイギリスの「世界的役割」をどのように再定義しようとしていたのか、その一端を垣間見ることができよう。

I 背景——1964年10月までの核不拡散をめぐる国際環境

　1945年8月、アメリカによって2発の原子爆弾が投下された。それ以来国際社会は、この新たな兵器を管理するためのさまざまな手段を模索した。1946年、当時唯一の核保有国であったアメリカが提案した原子力の国際管理案である「バルーク案」や、1953年、アイゼンハワー（Dwight D. Eisenhower）米大統領の呼びかけを契機として行われた国際原子力機関（International Atomic Energy Association: IAEA）の設立などは、その代表例である。1950年代後半から60年代初頭には、核兵器の拡散を危惧する声が高まり、1957年の「ラパツキー案」、1958年の「アイルランド提案」、1961年の「スウェーデン提案」など、後の核不拡散条約の起源となるような提案がなされている[7]。

　1961年1月にアメリカで発足したケネディ（John F. Kennedy）政権も核兵器の不拡散を重視し、相互に連関する二つの政策によって核兵器の拡散を防止しようとした。それが、「多角的（核）戦力共有（Multilateral Force: MLF）」構想と、ソ連との「核不拡散協定交渉」である。MLF構想は、西側諸国内での核戦力共有構想であり、非核保有国を核保有国の核兵器の運用に参与させることで「核の傘」の信頼性を高め、非核保有国（主に想定されたのは西ドイツである）が核武装に向かうことを阻止しようという試みであった。構想の具体的な内容はその時々によって変化したが、1963年頃のその

主な内容は、①各々 8 基のポラリス・ミサイルを搭載した水上艦 25 隻をアメリカ、および同盟国が共同で所有する、②北大西洋条約機構（North Atlantic Treaty Organization: NATO）軍最高司令官の指揮下、複数国からなる混成成員によって共同で運営される、③核兵器発射に関しては当面アメリカが拒否権を保持するが、将来的にはその変更もあり得る、というものであった[8]。

一方ケネディ政権は、核兵器の拡散を阻止するための国際的な協定の締結に関する交渉もソ連と極秘に進めていた。しかしそこで大きな問題となったのが、MLF 構想であった。ソ連は西ドイツに核兵器へのアクセスの機会を与えるとして MLF を非難し、MLF のような核共有を禁止しない核不拡散協定案を基にした交渉には応じない姿勢を示した。しかしケネディ政権は MLF と核不拡散協定を両立させる姿勢をとったため、ケネディ政権期における米ソ間の核不拡散協定交渉は行き詰まり、妥協の糸口を見出せない状況に陥ったのである[9]。

中国が核実験を行い、そして核軍縮・不拡散を重視するハロルド・ウィルソン政権がイギリスで誕生したのは、このような国際環境の下であった。

II　インド核武装への懸念

1964 年 10 月 16 日、イギリスでウィルソン政権が誕生した。そして、それとまさに同じ日、中国が初の核実験を行った。中国の核実験に対するウィルソン政権の最初期の反応は冷静なものであった。それは、その時点で中国が保有していた爆撃機は旧式で数も限定されており、短距離ミサイルは 1968 年まで、長距離ミサイルは 1975 年までは配備されないであろうという分析に基づくものであった[10]。中国の核実験についてイギリス政府が懸念したのは、それによってイギリスに対する直接的な安全保障上の脅威が生じることではなく、それが引き起こす核拡散の連鎖であった。特にイギリスが注視したのが、インドの動向である。イギリス外務省は、核兵器に対するインドの姿勢を、「重大なもの（critical）」と見ていた。外務省は、「もしインドが核兵器の製造、あるいは保持を決定すれば、他の国々はそれに追従するで

あろう」と考えていたのである[11]。

　中国の核実験直後、インドは中国の核実験を非難し、核兵器は持たないという自らのそれまでの政策に変更がないことを強調していたが[12]、1964年12月、インドの核武装に対するイギリス政府の懸念は大きく高まることとなった。ロンドンを訪問したインド首相シャストリ（Lal Bahadur Shastri）がウィルソンとの会談において、中国の核実験によりインド国内で核武装を求める圧力が高まりつつあると述べたうえで、「このような圧力に抗するよう最善を尽くす」としながらも、「第三国による核の脅迫から非核兵器国を守るための核の傘の提供について2大核保有国で合意する」よう、来るべき米英首脳会談でジョンソン（Lyndon B. Johnson）大統領に提案できないかとウィルソンに尋ねたのである[13]。

　このシャストリの要請において重要なことは、シャストリが米ソ2大核保有国「双方」からの核の傘の提供を望んだことである。非同盟の立場をとるインドにとって米ソ「いずれか」からの核の傘の提供は受け入れられるものではなく、核の傘は米ソの双方から同時に提供される必要があった[14]。これは、同時期に同じく核の傘の提供を求めていた西ドイツや日本があくまで「アメリカから」の提供を望んでいたのとは異なる点であった[15]。

　ウィルソンはこのシャストリの提案については検討すると答え、さらに、核兵器が安価な兵器であるというのは幻想であるとしたうえで、イギリスの核開発にどれほどの経済的コストがかかったかの情報をインドに提供すると約束した[16]。核開発にかかる経済的コストを強調することで、核武装に向かうことを思いとどまらせようとしたのである。

　ウィルソンが提供を約束した核開発にかかるコストについての情報は、防衛省によってまとめられた。情報をまとめた覚書は、核開発の経済的コストに関するものと、インドの核開発の技術的可能性に関するものの二つが用意された。しかし後者は結果的にインドの核開発は可能であることを示唆するものとなったため、シャストリへの送付は見送られ、経済的コストを強調した覚書のみが、核開発の政治的なコストについて進言するウィルソンの手紙を付してシャストリに送付された[17]。

Ⅲ　インドへの「安全保障」提供の検討

　米ソからの「核の傘」の提供を望むシャストリの要望は、1964年12月7日から8日にかけてワシントンで行われた米英首脳会談と、それに付随して行われた閣僚級会談の場において、イギリス側からアメリカに伝えられた。そして、12月4日の会談でシャストリが言及したのは米ソの「2大核保有国」による核の傘の提供であり、イギリスに要請したのはいわばそれを実現するための「仲介」であったが、この米英首脳会談の場では、イギリスの核戦力をインドへの核の傘の提供のために用いる可能性についても議論された[18]。

　12月16日には首相のウィルソンが下院議会における答弁のなかで、「もしアジアに新たな核保有国が現れれば、拡散問題は引き返し不可能な地点（point of no return）を越えてしまうだろう。それが私が当初より、核の脅威、核の脅迫に対抗するための安全保障（safeguards）を非核保有国に集団的に提供することの緊要性を強調している理由である。これは、われわれが今とるべき、最も重要なイニシアティブの一つである」と述べ、核拡散を防ぐための非核保有国への安全保障の提供に強い関心を示した[19]。ウィルソンにとってインドの核武装は、ただインド1国のみの話で済む問題ではなかった。ウィルソンにとってそれは、国際的な核拡散問題における「引き返し不可能な地点」だったのである。

　この英米首脳会談における議論と首相の答弁をきっかけに外務省は、核武装が懸念される非核保有国、とりわけインドへの安全保障の提供を目的としてイギリスの核戦力を用いる可能性についての検討に着手した[20]。検討を始めるにあたり外務省は二つの方針を定めた。一つ目は、イギリスが非核保有国に提供するものに対して「保証（guarantee）」という言葉を用いないことである。「保証」という言葉が持つ「公式」なニュアンスを避けるため、首相が答弁のなかで用いた「安全保障（safeguards）」という、より漠然とした語を用いることが確認された[21]。外務省は、インドに何らかの安全保障を提供する可能性を排除はしなかったが、それが条約による同盟のようにイギリスのコミットメントを公式に確約するものになることを嫌ったのである。二つ目は、非核保有国への安全保障提供の問題と核不拡散協定の締結に向けた

交渉を、公式な形で連関させないことである。外務省は、多くの難しい問題をはらむ非核保有国への安全保障の提供と連関されることで、核不拡散協定の交渉に遅れが生じることを懸念したのである[22]。

　検討は外務省政策企画室（Planning Staff）を中心に進められ、1965年1月末にはこれについて最初の包括的な報告書が作成された。この報告書の冒頭では、インドの核武装は核拡散の「引き返し不可能な地点」であり、「したがってインドが核保有国にならないことは、イギリスにとって主たる重要事項である」と、ウィルソンが答弁で用いた言葉を使いつつ、問題の重要性が強調されている。しかし、全体的なトーンは、外務省がインドへの安全保障の提供に乗り気ではないことを窺わせるものであり、「われわれは、インドの核開発が他に残された唯一の道だと間違いなく確信しない限り、そのような再保証（reassurance）の提供を考慮すべきではない」と明記されていた[23]。

　外務省でインドへの安全保障の提供について検討が進められている最中、それとは別個に防衛省では、ヒーリー（Dennis Healy）防衛相の指示によって、建造中のポラリス・ミサイル搭載型潜水艦の「スエズ以東」での使用に関して検討が行われた。当時イギリスは、1962年にアメリカと結んだナッソー協定に基づき、5隻のポラリス・ミサイル搭載型潜水艦の建造を予定していたが、財政的観点から、建造する潜水艦を4隻、あるいは3隻にとどめる案も出ていた[24]。しかし、インドへの安全保障の提供という問題が浮上し、ポラリス潜水艦を「スエズ以東」へ派遣する可能性を考慮しなければならなくなった。そこで、建造数の違いが「スエズ以東」へのポラリス潜水艦の配備にいかなる影響を及ぼすか、検討したのである。この防衛省の検討では、5隻の潜水艦が建造された場合のみ、その内の1隻を「スエズ以東」に配備することが可能であると結論づけられた[25]。これ以降ウィルソン政権内でのインドへの安全保障の提供は、イギリスのポラリス潜水艦を何らかの枠組みで「スエズ以東」に派遣し、それを「核の傘」として用いることを軸に検討されていく。

Ⅳ 「コモンウェルス核戦力」構想

 イギリス政府内でインドへの安全保障の提供について検討が進められるなか、英米間でもそれについて動きがあった。1965年3月22日、訪米した外相のスチュワート（Michael Stewart）が、ラスク（Dean Rusk）米国務長官らと会談を持った。会談の席でスチュワートは、インドの核兵器開発に関する将来的な可能性としては、(1) 中国を含めた核保有国間での不拡散協定、(2) インドの核兵器開発、(3) 核攻撃からインドを守るための核保有国による保障、の三つが考えられるとし、(2) は避けられなければならないとした。これに対してラスクが、「コモンウェルスのANF（Commonwealth A.N.F.）」の可能性についてイギリス側に尋ねたのである[26]。

 当時イギリスは、アメリカのMLF構想への対案として、「大西洋核戦力（Atlantic Nuclear Force: ANF）」構想を独自に打ち出していた。ANF構想は、MLF構想と同じく西側諸国内での核兵器の共有を目的とはしているが、アメリカの核戦力のみで構成される「MLF」とは異なり、イギリスの核戦力も参加するものであった[27]。ラスクが尋ねたのは、この「ANF」の、「コモンウェルス版」の可能性についてのイギリスの見解であった。

 ラスクがこの時どのような形態（構成国など）のものを指して「コモンウェルスのANF」と発言したのかは不明である。イギリス外務事務次官のカッシア（Harold Cassia）は、インドへの安全保障の提供については政府内で検討が行われているが、検討はまだ官僚レベルで閣僚レベルに至っておらず、イギリス政府としての立場が明確になった後にアメリカと意見交換できるだろうと返答した[28]。

 この会談の議事録に目を通したウィルソンは外務省に、イギリスは「太平洋地域のためのコモンウェルス核戦力（Commonwealth Nuclear Force for the Pacific）」に向かうべきなのかと質問した[29]。これには外相のスチュワートが返答を寄せたが、スチュワートの返答は、「太平洋核戦力（Pacific Nuclear Force）」を強く否定するものであった[30]。スチュワートは「太平洋核戦力」を否定すべき理由をいくつか列挙したが、そのなかでも最も中核的なものとして、「太平洋核戦力」は、対アジア政策においてイギリスがアメリカに追

随しているという印象を与えかねないということを挙げた[31］。当時イギリスは、ベトナム戦争をはじめとするアメリカのアジア政策から距離を置こうとしていたため、「太平洋核戦力」によってイギリスのアジア政策がアメリカのそれと同一視されることを懸念したのである[32］。

　一方外務省での検討は、英連邦関係省と防衛省の参加も得て進められ、1965年3月末、3省合同で作成された報告書が、首相以下関係閣僚が出席する内閣防衛・対外政策委員会（Defence and Overseas Policy Committee: OPD）に提出された。この報告書の内容は基本的に1月に作成された政策企画室の報告書を踏襲するものであり[33］、委員会では、これについてはアメリカと協議すべきことが確認された[34］。この報告書は4月、アメリカ政府に渡され、アメリカ国務省がこれに対するコメントを寄せた。国務省のコメントは、報告書に示されているイギリスの見解に大筋で合意するものの、報告書内で言及されている、何らかの安全保障を与えることなしに核保有を思いとどまるようインドを説得できる可能性については、「大いに懐疑的である（serious doubt）」とするものであった[35］。

　そのようななか、5月にアメリカ政府は、「核兵器を用いた侵略行為の被害者である非核保有国へ速やかな援助を提供あるいは支援すること」を決議受諾国に求める条項を含んだ国連決議草案をインドに示した[36］。4月に3省合同で作成した報告書を渡す際、イギリス政府はインドへの安全保障提供の問題についてアメリカと共同歩調をとることを望んでいることを伝えていたにもかかわらず、これについてアメリカからイギリスへの事前協議はなかった[37］。

　イギリス政府のなかで「コモンウェルス核戦力」のようなインドへの安全保障の提供にとりわけ関心を示し続けたのは、首相のウィルソンであった。1965年11月、ウィルソンは、訪英したマクナマラ（Robert McNamara）米国防長官、ボール（George W. Ball）米大統領補佐官との会談において、イギリスのポラリス潜水艦を「スエズ以東」で使用する可能性について言及した[38］。ウィルソンは12月に再びマクナマラ等と会談した際にも、ポラリス潜水艦の核戦力は欧州においてはそれほど重要な意味を持つものではなく、軍事的というより政治的な重要性しか持たないが、「中国が核保有国になろ

うとしている今、ポラリス潜水艦はインド・太平洋地域においてはより軍事的に有用なものとなり得るだろう」との見解を示した[39]。

　首相の関心の高さを反映し、1966年と67年中には政府内でこの問題が度々取り上げられたが、内容は一向に具体化せず、構想は前進しなかった[40]。その大きな理由は、政府内でこれに反対する声が数多くあったからである。閣僚の中でポラリス潜水艦の「スエズ以東」への派遣に特に批判的だったのは、外相のスチュワートである。先に見たようにスチュワートは、イギリスのアジア政策がアメリカのそれと同一視される可能性があるとして、「コモンウェルス核戦力」に批判的であった。加えて1966年1月に行われたOPDにおいてスチュワートは、ポラリス潜水艦の「スエズ以東」への派遣が欧州の核問題に及ぼす影響について懸念を表明した[41]。また、防衛大臣のヒーリー（Denis Healey）もこの頃、主に運用、予算上の理由から、これについて批判的であった[42]。

V　インドの核不拡散条約参加問題と構想の終焉

　イギリス政府内でインドへの安全保障提供に関する検討が進展しないなか、1966年1月に18カ国軍縮委員会（Eighteen-Nation Committee on Disarmament: ENDC）会議と国連を舞台として核不拡散条約を締結するための本格的な交渉が始まった。そして1966年12月には、条約の中核となる第1条、第2条について米ソが「暫定合意」に達した[43]。先に見たように、主にMLFの問題をめぐって米ソが対立したことにより、国際的な核不拡散を目的とした取決めのための交渉は停滞していた。しかし、この問題に関連する第1条、第2条について米ソが暫定的な合意に達したことにより、国際社会は核不拡散条約の実現に向けて大きく前進したのである。この合意内容はアメリカによって同盟国にも伝えられ、イギリスは概ねこれを受け入れる方針をとった[44]。

　一方インドは、核不拡散条約への参加にためらいを見せた[45]。インドが核不拡散条約への参加を拒んだ理由については、いまだはっきりしないところが多い。それについてのインドの説明は、時々によって変化した[46]。しかし

少なくともこの時点で、インドにとって安全保障提供の問題が大きかったことは間違いない。1967年4月には駐米インド大使が、非保有国への核攻撃に対する米ソの保証こそが求められる「すべて」であり、それこそが不拡散条約の「本質」をなす、と明言している[47]。インドからすれば、安全保障の提供を受けることができなくなる可能性のある核不拡散条約の締結には応じることができなかったのである。インドへの安全保障の提供という問題は、インドの核不拡散条約参加問題が浮上したことにより、一層の切迫性を持つこととなった。

1967年4月、この問題について協議するために、インド首相秘書官のジャー（L. K. Jha）がアメリカ、ソ連、イギリス、フランス等の各国を周遊した[48]。ジャーはロンドンではウィルソン、スチュワート等と会談し、インドが核攻撃に対する「効果的かつ信頼できる」安全の保障を求めていることを強調した[49]。またこの際、首相のガンディー（Indira Gandhi）からウィルソンに同様の内容を記した書簡も送られた[50]。

一方、ウィルソンのインドの核問題への強い関心は、核不拡散条約交渉に関しても見られた。外務省から核不拡散条約交渉の進展状況を伝えられるとウィルソンは、「われわれは条約の締結を確かに望んでいるが、われわれが望んでいるのは非同盟諸国、とりわけインドが参加する、可能な限り普遍的な条約だ」とのコメントを寄せ、インドが条約に参加することの重要性を強調したのである[51]。

1968年に入ると核不拡散条約交渉が大詰めを迎え、1月18日には米ソが同一の条約草案をENDCに提出した[52]。そして3月には、非核保有国への安全保障の提供について大きな進展があった。米英ソ3カ国が、非核保有国への安全保障の提供に関する一節を盛り込んだ国連決議案をENDCに提出したのである。これは、核不拡散条約の締約国である非核保有国が核兵器を用いた侵略行為の犠牲、あるいはその脅迫の対象になった場合、米英ソ3カ国はこの非核兵器国を直ちに支援することを宣言するものであった[53]。

ここに至り、イギリス外務省はインドを説得するための方針を固めた。それは、米英ソが共同で安全保障提供のための国連決議案を提示した今、中国の脅威に対抗するための安全保障の提供については、条約に調印しない場合

よりも条約に調印した場合のほうがインドにとってメリットが多いということを強調する、というものであった[54]。

イギリスはこの方針に基づいてインドへの説得を続けたが[55]、インドの態度は一向に変化しなかった[56]。1968年4月になると、イギリス政府内では、核不拡散条約に関するインドの姿勢は「感情的で非合理的な」ものに変わったとの観測が出るようになった[57]。この頃インド国内ではすでに、核不拡散条約参加問題は単なる安全保障の問題ではなくなっていたのである[58]。これにより、インドへの安全保障の提供は、それほど喫緊の課題とはいえなくなりつつあった。

そのような状況のなかで、1968年6月5日、防衛大臣のヒーリーが、「スエズ以東へのポラリス潜水艦の配備について、いかなる準備もしないことを決定する」ことを勧める書簡をウィルソンに送った。この理由としてヒーリーが挙げたのは、経済的なコストの問題である[59]。イギリスは1966年、深刻なポンド危機に見舞われ、1967年にポンド切り下げ、そして1968年1月には「スエズ以東」からの撤退を決定していた。「スエズ以東」にポラリス潜水艦を派遣する準備を整えるために支出をする余裕は今のイギリスにはないというのがヒーリーの見解であった。

ヒーリーの書簡は他の関係閣僚にも同時に送付され、外相のスチュワート、英連邦相のトムソン（George Thomson）、財務相のジェンキンス（Roy Jenkins）と、この問題に関係する主要閣僚がヒーリーの見解に賛意を示し、ポラリス潜水艦を「スエズ以東」で使用する計画を断念するよう、ウィルソンに進言した[60]。トムソンはこの理由として、ヒーリーが挙げた経済的なコストのほかに、「インドが核による保証（nuclear guarantees）の問題について関心を失いつつあるように思えること」を挙げている[61]。

1968年7月28日、関係閣僚はヒーリーの意見に賛同する形で合意した[62]。ここに至り、インドに安全保障を提供するというイギリスの構想は立ち消えとなった。その後、1970年3月、核不拡散条約はインドが参加しないまま発効し、そして1974年5月、インドは初の「平和的核爆発」を実施することとなるのである。

おわりに

　ウィルソン政権のイギリスが向き合ったのは、安全保障上の脅威に怯え核武装を志向する国の核武装をいかに防ぐのかという、普遍的な問題であった。本章で見てきたように、イギリスがこの問題に取り組む大きな原動力となったのは、首相ウィルソンの熱意である。インドの核武装を国際的な核拡散の「引き返し不可能な地点（point of no return）」と考えていたウィルソンは、ポラリス・ミサイル搭載型潜水艦の「スエズ以東」への派遣や、インドの核不拡散条約への参加にこだわり続けた。当然ながら、一国の防衛・外交政策が首相の意向のみで動くわけではない。しかし、「ウィルソン」という要因がなければ、イギリス政府内で 4 年間にも及んで検討が続けられることはなかったであろう。

　ウィルソンの熱意にもかかわらず、インドへの「安全保障」の提供は実現しなかった。インドのケースがとりわけ難しかったのは、インドが基本的に「非同盟中立」という立場をとっていたからである。日米同盟が存在する日本や、NATO に加盟している西ドイツの場合のように既存の枠組みを用いることができず、イギリスはゼロから安全保障提供のための枠組みを模索しなければならなかった。またその枠組みは、東西どちらか一方の陣営によるものではなく、その双方によるものでなくてはならなかった。

　結局インドは核不拡散条約に参加せず、1974 年には「平和的核爆発」を実施した。しかしそれは、ウィルソンが危惧したような核拡散の「引き返し不可能な地点」とはならなかったといってよいであろう。1970 年に発効していた核不拡散条約がそのことにどれだけ貢献したかは慎重な検討が必要であろうが、インドの不参加により、核不拡散条約が成立当初から大きな「脆弱性」を抱えることになったことは確かである。

　ウィルソン政権のインド核武装問題への対応に特徴的なことは、ウィルソン政権、とりわけ首相のウィルソンは、この問題を常に「グローバルな核（不）拡散」という枠組みのなかで考えていたということである。当然ながらそこには、従来のような「コモンウェルスの紐帯」という視点、あるいは「スエズ以東」に関する地政学的な視点もまた存在していたであろう。しかしなが

ら、ウィルソン政権の姿勢は何よりもまず、インドの核武装をグローバルな核拡散の「引き返し不可能な地点」と定義し、それへの対応においてイニシアティブをとろうというものであった。

ここには、「スエズ以東」からの撤退前夜、従来とは異なる新たな世界的役割のあり方の模索を始めていたイギリスの姿の一端がある。イギリスは、その「力」をもって世界に名を轟かせる「帝国」から、新たな国際秩序を模索し、その構築に参与しようとする「グローバル・アクター」の内の一つへと、変貌を遂げようとしていた。

1) 高坂正堯. 2008.『海洋国家日本の構想』中央公論新社、147 頁。
2) 橋口豊. 2006.「ハロルド・ウィルソン政権の外交 1964-1970 年—『三つのサークル』の中の英米関係」『龍谷法学』第 38 巻、第 4 号。
3) イギリスの「スエズ以東」からの撤退については、Saki Dockrill. 2002. *Britain's Retreat from East of Suez: The Choice between Europe and the World?* Basingstoke: Palgrave Macmillan など。ただし、1968 年 1 月に「スエズ以東」からの撤退が決定され、撤退完了が予定されていた 1971 年を過ぎた後も、一部のイギリス軍はしばらくの間「スエズ以東」にとどまっていた。これについては、篠﨑正郎. 2011.「『引き留められた帝国』としての英国—コモンウェルスからの撤退政策、1974 年-1975 年」『国際政治』第 164 号。
4) F. W. S. Craig ed.. 1975. *British General Election Manifestos, 1900-1974, Revised and enlarged ed.* London: Macmillan, pp. 229-246.
5) 中印関係とインドの核開発の関連性については、George Perkovich. 2001. *India's Nuclear Bomb.* Berkley: University of California Press; Andrew Kennedy. 2011. "India's Nuclear Odyssey: Implicit Umbrellas, Diplomatic Disappointments, and the Bomb," *International Security* 36 (2); 飯塚央子. 2011.「『核』にみる中印関係」添谷芳秀編著『現代中国の六十年—変化と持続』慶應義塾大学出版会、など。
6) Susanna Schrafstetter. 2002. "Preventing the 'Smiling Buddha': British-Indian Nuclear Relations and the Commonwealth Nuclear Force, 1964-1968," *The Journal of Strategic Studies* 25 (3); Matthew Jones and John W. Young. 2010. "Polaris, East of Suez: British Plan for a Nuclear Force in the Indo-Pacific, 1964-1968," *The Journal of Strategic Studies* 33 (6).
7) 「バルーク案」については、西岡達裕. 1999.『アメリカ外交と核軍備競争の起源 1942-1946』彩流社、「ラパツキー案」、「アイルランド提案」、「スウェーデン提案」については、黒澤満. 1986.『軍縮国際法の新しい視座—核不拡散体制の研究』有信堂、が詳しい。その他、第二次世界大戦後の国際的な核軍縮・不拡散、原子力管理の取り組み

については、John Baylis. 2002. "Arms control and Disarmament," John Baylis, James J. Wirtz, Colin S. Gray and Eliot Cohen eds.. *Strategy in the Contemporary World: An Introduction to Strategic Studies*. Oxford: Oxford University Press; Stuart Croft. 1996. *Strategies of Arms Control*. Manchester: Manchester University Press; Glenn T. Seaborg with Benjamin S. Loeb. 1987. *Stemming the Tide: Arms Control in the Johnson Years*. Lexington: Lexington Books. 邦語では、梅本哲也．1996.『核兵器と国際政治 1945-1995』日本国際問題研究所；納家政嗣・梅本哲也編．2000.『大量破壊兵器不拡散の国際政治学』有信堂、など。

8) MLF 構想については多くの研究がなされているが、John D. Steinbruner. 1974. *The Cybernetic Theory of Decision: New Dimensions of Political Analysis*. Princeton: Princeton University Press; Frédéric Bozo (translated by Susan Emanuel). 2001. *Two Strategies for Europe: De Gaulle, the United States, and the Atlantic Alliance*. Lanham: Rowman & Littlefield; Andrew Priest. 2011. "The President, the 'Theologians' and the Europeans: The Johnson Administration and NATO Nuclear Sharing," *The International History Review* 33 (2); 牧野和伴．1999-2000.「MLF 構想と同盟戦略の変容（Ⅰ）（Ⅱ）」『成蹊大学法学政治学研究』第 21・22 巻；小島かおる．2000.「ジョージ・ボールと『大西洋パートナーシップ』構想―多角的核戦力（MLF）問題を中心に」『法学政治学論究』第 44 号；川嶋周一．2007.『独仏関係と戦後ヨーロッパ国際秩序―ドゴール外交とヨーロッパの構築 1958-1969』創文社；山本健太郎．2008.「MLF（多角的核戦力）構想とドゴール外交」『法と政治』第 58 巻、第 3・4 号；新垣拓．2011.「ジョンソン政権における核シェアリング政策―NATO 核問題と政策協議方式案の採用」『国際政治』第 163 号；有江浩一．2011.「アメリカの対西ドイツ拡大抑止と『核戦力共有』」『防衛学研究』第 45 号；倉科一希．2011.「米欧同盟と核兵器拡散問題―ケネディ政権の対西独政策」『国際政治』第 163 号；倉科一希．2014.「『二重の封じ込め』の動揺―1960 年代における米独関係と冷戦の変容」菅英輝編著『冷戦と同盟―冷戦終焉の視点から』松籟社、など。

9) 黒崎輝．2001.「アメリカ外交と核不拡散条約の成立（1）」『法学』第 65 巻、第 6 号、668 頁。

10) The National Archives (TNA), DO 196/536, FO to Certain of Her Majesty's Representatives, No. 562, 17 October. 1964; CAB 128/39, CC(64)2, 22 October 1964.

11) TNA, DO 196/536, FO to Certain of Her Majesty's Representatives, No. 637, 25 November 1964.

12) TNA, DO 196/536, New Delhi to CRO, NO. 2609, 17 October 1964 and New Delhi to CRO, No. 2657, 17 October 1964.

13) TNA, DO 196/536, Record of Private talk between the Prime Minister and the Prime Minister of India, Mr. Shastri, at 4.15 p.m. at No.10, Downing Street on Friday, 4 December 1964.

14) Perkovich. *India's Nuclear Bomb*, p. 88.

15) 西ドイツによる「核の傘」希求の試みについては、注8)の MLF 関連文献を参照のこと。日本については、黒崎輝. 2006.『戦後日米関係と核兵器――アメリカの核不拡散外交と日本の選択 1960-1976』有志社；太田昌克. 2011.『日米「核密約」の全貌』筑摩書房、など。
16) TNA, PREM 13/973, Wright to Hockday, 4 December 1964.
17) TNA, DO 196/536, Hockday to Wright, 21 December 1964 and Wright to Hockday, 22 December 1964; PREM 13/973, Wilson to Shastri, 12 January 1965.
18) TNA, PREM 13/104, Record of Meeting held at the White House on Monday, 7th December, 1964, at 11:45 A.M.; Record of Meeting held at the White House on Tuesday, 8th December, 1964, at 12:15 P.M..
19) Hansard, HC Deb, 16 December 1964, vol. 704, cc401-526.「safeguards」という言葉は核問題の領域においては通常、平和利用の核物質や原子力関連資機材等が核兵器製造に転用されないようにする措置のことを指し、「保障措置」と訳されるが、この首相答弁以降イギリス政府が一貫して用いる「safeguards」はこれとは異なる特別な用法であり、後述の方針も勘案して「安全保障」と訳した。
20) TNA, FO 953/2253, Barnes to Palliser, December 16 1964 and Palliser to Nicholls December 17 1964; FO 371/181386, Street to Hood, 23 December 1964.
21) TNA, FO 371/181386, Thomson to Barrett, 21 December 1964.
22) TNA, FO 371/181386, Street to Hood, 23 December 1964 and FO to Her Majesty's Representatives, Guidance No. 671, 31 December 1964.
23) TNA, FO 953/2253, SC(65)5, "Nuclear Matters East of Suez including the Problem of Safeguards for India," 27 January 1965.
24) ポラリス・ミサイル搭載型潜水艦の建造数問題については、David James Gill. 2010. "Strength in Numbers: The Labor Government and the Size of the Polaris Force," *The Journal of Strategic Studies* 33 (6); 拙稿. 2012.「第一次ハロルド・ウィルソン政権とポラリス・ミサイル搭載型潜水艦建造問題、一九六四―六五年」『法学政治学論究』第94号。
25) TNA, DEFE 13/350, "Polaris Submarines-Deployment East of Suez," 13 January 1965.
26) TNA, PREM 13/973, Record of a Conversation between the Foreign Secretary and Mr. Rusk at the State Department on the morning of Monday, 22 March 1965.
27) イギリスの ANF 構想については、Susanna Schrafstetter and Stephen Twigge. 2000. "Trick or Truth?: The British ANF Proposal, West Germany and US Non-proliferation Policy, 1964-66," *Diplomacy and Statecraft* 11 (2); John W. Young. 2003. "Killing the MLF?: The Wilson Government and Nuclear Sharing in Europe, 1964-66," *Diplomacy and Statecraft* 14 (2); Terry Macintyre. 2007. *Anglo-German Relations during the Labour Governments 1964-70: NATO Strategy, Détente, and European Integration*. Manchester: Manchester University Press; Kristan Stoddart. 2012. *Losing an Empire*

and Finding a Role: Britain, the USA, NATO and Nuclear Weapons, 1964-70. London: Macmillan; David James Gill. 2014. *Britain and the Bomb: Nuclear Diplomacy, 1964-1970*. Stanford: Stanford University Press;芝崎祐典.2003.「多角的核戦力（MLF）構想とウィルソン政権の外交政策、1964年」『ヨーロッパ研究』第3号、小川健一.2013.「核抑止力の『自立』を巡るウィルソン政権内の相克—大西洋核戦力（ANF）構想の立案・決定過程の解明」『国際政治』第174号；拙稿.2013.「第一次ハロルド・ウィルソン政権の大西洋核戦力構想」『法学政治学論究』第97号、など。

28) TNA, PREM 13/973, Record of a Conversation between the Foreign Secretary and Mr. Rusk at the State Department on the morning of Monday, 22 March 1965.
29) TNA, PREM 13/225, Wright to Henderson, 26 March 1965.
30) ウィルソンが「太平洋地域のためのコモンウェルス核戦力（Commonwealth Nuclear Force for the Pacific）」という言葉を用いて質問しているのに対し、スチュワートは「太平洋核戦力（Pacific Nuclear Force）」という言葉を用いて返答しているが、少なくともこの時点では両者に厳密な区別はないと思われる。
31) TNA, PREM 13/225, Stewart to Wilson, "Pacific Nuclear Force," 26 March 1965.
32) ベトナム戦争を中心とした、当該時期のアジアにおけるイギリスとアメリカの政策の相違については、森聡.2009.『ヴェトナム戦争と同盟外交—英仏の外交とアメリカの選択 1964年—1968年』東京大学出版会；水本義彦.2009.『同盟の相克—戦後インドシナ紛争をめぐる英米関係』千倉書房、など。
33) TNA, CAB 148/20, OPD(65)5, "The Problem of Safeguards for India against a Chinese Nuclear Threat," 24 March 1965.
34) TNA, CAB 148/18, OPD(65)19, 31 March 1965.
35) TNA, FO 371/181401, Washington to FO, No. 1127, 28 April 1965.
36) TNA, FO 371/181401, Beeley to Street, 8 May 1965 and Washington to FO, No. 1239 11 May 1965.
37) TNA, FO 371/181401, Street to Nicholls, 12 May 1965.
38) TNA, PREM 13/681, Record of a Conversation between the Prime Minister and the United States Secretary of Defence, Mr. Robert McNamara, at Luncheon at 10 Downing Street, on Friday, 26 November 1965.
39) TNA, PREM 13/686, Record of a Meeting held at the British Embassy, Washington, at 11 A.M. on Friday, 17 December 1965.
40) TNA, CAB 148/68, OPD(O)(66)2, 7 January 1966.
41) TNA, CAB 148/25, OPD(66)8, 23 January 1966.
42) Ibid.
43) 黒崎輝.2002.「アメリカ外交と核不拡散条約の成立（2・完）」『法学』第65巻、第6号、792頁。
44) TNA, FCO 37/2, FCO to Certain Missions, Guidance No. 3, 12 January 1967 and FCO to Certain Missions, Guidance No. 18, 14 February 1967.

45) TNA, FCO 37/2, India and the Bomb (Conversation with Mr. L. K. Jha), 22 February 1967.
46) この詳細については、Perkovich. *India's Nuclear Bomb*; Kennedy. "India's Nuclear Odyssey"などを参照のこと。
47) Seaborg. *Stemming the Tide*, p. 372.
48) TNA, FCO 37/2, Freeman to Garner, 4 April 1967; Kennedy. "India's Nuclear Odyssey," p. 133.
49) TNA, FCO 37/2, FO to New Delhi, No. 888, 28 April 1967.
50) TNA, FCO 37/118, Gandhi to Wilson, 1 April 1967.
51) TNA, FCO 37/3, Wilson's Letter, 9 May 1967.
52) Seaborg. *Stemming the Tide*, p. 302.
53) TNA, FCO 37/122, FCO to Certain Missions and Dependent Territories, Guidance No. 59, 7 March 1968.
54) TNA, FCO 37/130, CO to New Delhi, No. 616, 12 March 1968.
55) TNA, FCO 37/130, New Delhi to CO, No. 542, 20 March 1968.
56) TNA, FCO 37/130, Cole to Duff, 11 April 1968.
57) TNA, FCO 37/130, Best to Duff, 17 April 1968.
58) TNA, FCO 37/130, Howell to Andrew, 10 April 1968.
59) TNA, PREM 13/2493, Healey to Wilson, 5 June 1968.
60) TNA, PREM 13/2493, Stewart to Wilson, 14 June 1968 and Jenkins to Wilson, 19 June 1968 and Thomson to Wilson, 21 June 1968.
61) TNA, PREM 13/2493, Thomson to Wilson, 21 June 1968.
62) TNA, CAB 148/35, OPD(68)12, 28 June 1968.

第Ⅲ部

東西ドイツとアジア

> 冷戦の時代には、世界で四つの大きな分断が固定化していった。それは、ドイツと朝鮮半島と中国、そしてインドシナであった。1970年代にはそれらの分断線を越えた交流と交渉が進められ、それにより国際政治の世界で新しい可能性が開けていった。

第7章

「一つの中国」と東西ドイツ
―― 中国と西ドイツの国交正常化 ――

福田 円

はじめに

　本章では、中華人民共和国（以下、中国）とドイツ連邦共和国（以下、西ドイツ）との国交正常化交渉の検証を通じて、冷戦変容期のヨーロッパ冷戦とアジア冷戦がどのように連関していたのか、あるいはどのような相違点や温度差が存在していたのかについて考察する。

　戦後中国と西ドイツの関係は、それぞれが分断国家の片方として東西の異なる陣営に属したことから、その関係が単なる二国間関係にはとどまらない、複雑なものとなった。それにもかかわらず、1972年に発表された両国の国交正常化声明は、二つの分断国家の問題や東西冷戦におけるそれぞれの立場については全く言及のない、あまりにも簡素なものであった。このような国交正常化は、一体いかなる論理で可能となり、その過程ではどのような交渉がなされたのであろうか。また、二つの分断国家の他方、すなわち台湾の中華民国政府とドイツ民主共和国（以下、東ドイツ）政府は、この国交正常化をそれぞれどのように受け止めたのだろうか。そして、両国の国交正常化は冷戦変容期におけるグローバルな国際秩序、とりわけ東アジアとヨーロッパ双方に存在した分断国家の問題にいかなる影響を与えたのであろうか。

　現代中国外交史の研究において、中国と西ドイツの国交正常化について論

じた先行研究は少なく、毛沢東や周恩来など共産党指導部の『評伝』、『文集』、『年譜』などにおいても、ドイツ関連の記録はわずかしか掲載されていない。さらに、中国外交部の文書については、一時期 1965 年以前の中国と東西ドイツの関係に関する文書が限定的に公開されたものの、1970 年代の文書が公開されたことはいまだにない[1]。このような状況下では、西ドイツとの国交正常化交渉で中国政府代表を務め、後に駐西ドイツ大使（1974-1976 年）となる王殊新華社ボン支局長（当時）や、ボンでの国交正常化実務交渉に参加し、後にやはり駐ドイツ大使（1988-1997 年）となる梅兆栄駐東ドイツ書記官（当時）の回顧録がほぼ唯一の中国側史料であるといえる[2]。

近年、ドイツなど欧米諸国における史料公開に伴い、回顧録や外交文書に依拠して、冷戦期の中国と東西ドイツの関係を再検討する動きが活発になっている。西ドイツにおいて当時注目されていたのは、一方では対中接近と対ソ戦略とのバランスであり、他方では中国との国交正常化によって得られる経済的な利益であった。また、1970 年代に中国と国交を正常化した西側諸国と比べると、西ドイツと中国の国交正常化声明には、台湾問題に関する言及がまったくなく、その理由についてもさまざまな憶測がなされた[3]。これに対し、近年の研究は、東西ドイツと中国および米ソとの交渉内容から、冷戦変容期に中国および東西ドイツがそれぞれどのような戦略を持ち、互いの関係を調整しようとしたのかを論じている[4]。さらに、石井明は新規公開された日本外務省の外交文書に基づいて、中国の指導部が「日本と西ドイツを競わせる」という意図を持って、1972 年に両国との国交正常化交渉を並行して進めたと論じている[5]。

このように、中国と西ドイツの国交正常化に関する近年の研究からは、対ソ戦略を中心とした中国および東西ドイツの冷戦戦略の変容を詳細に理解することができる。しかし、国交正常化交渉の開始に至るプロセスにおいては、対ソ戦略のほかにも、交渉の争点として想定された問題はあった。なかでも、中国にとって重要度が高いと考えられた問題は、西ベルリンの位置づけ、西ドイツと台湾の関係、東西ドイツの関係など、分断国家の位置づけと将来の統一にかかわる問題が大半を占めていた。こうした一連の問題について、中国はいかなる認識と戦略を持って西ドイツへの接近、ひいては国交正常化交

渉を進めたのであろうか。本章では、これまでの研究においては焦点となってこなかった分断国家の問題に注目し、これまでの研究では看過されてきた中華民国政府の動向や日中国交正常化交渉との相互関係にも言及しながら、中国と西ドイツが国交正常化に至るプロセスを再検証したい。

I 「中国」と東西ドイツ

1 第二次世界大戦の講和問題

戦後、「中国」は「ドイツ」に対して戦勝国の立場に立ったが、両者の関係は、それぞれが東西陣営に分断した国家となったことにより、極めて複雑なものとなった。敗戦国「ドイツ」は、アメリカ、イギリス、フランスの占領地域からなる西ドイツと、ソ連占領地域からなる東ドイツに分断された。他方、「中国」においては国民党と共産党の内戦が再燃し、台湾海峡を挟んで中華人民共和国と中華民国が対峙する状況が生まれた。さらに、1950年6月の朝鮮戦争勃発により、中国における国家の分断も東西冷戦の論理と強く結びついた。このような状況下で、1949年10月27日、成立したばかりの中国政府と東ドイツ政府は外交関係を樹立し、翌年には大使を交換した[6]。中国のドイツ問題に対する立場は基本的にソ連の立場に従属し、東欧の社会主義諸国と足並みを揃えたものであった[7]。それに加え、中国は東ドイツを自らと同様、「反帝国主義の偉大な闘争の最前線」にある国家と位置づけていた[8]。

ヨーロッパでは、1951年に西側3カ国が西ドイツ政府に外交権の一部を移譲すると、ドイツと戦争状態にあった諸国は次々とその終結を宣言した。また、1954年10月、西ドイツはパリ協定により実質的な主権を回復し、北大西洋条約機構（NATO）に加盟した。これに対するソ連は、一方で1955年に東ドイツの主権を承認し、東ドイツを加えた軍事機構であるワルシャワ条約機構を成立させた[9]。他方で、スターリン（Iosif Vissarionovich Stalin）亡き後のソ連指導部は、西ドイツの主権を認めないという従来の姿勢を改め、東ドイツと西ドイツの併存を認めた上でドイツ統一を目指す「二つの国家論」を展開した。その上で、ソ連は1955年9月、西ドイツとの国交正常化を果

たした[10)]。

　このような動向をうけて、毛沢東国家主席は1955年4月、「中国とドイツの戦争状態終結に関する命令」を発布した。この「命令」は、西側諸国が「統一ドイツとの平和条約締結を阻害し、ヨーロッパの平和と安全に深刻な脅威をもたらしている」と批判し、「ドイツ民主共和国、全ドイツ人民、およびソ連と平和を愛するあらゆる国家がドイツの平和統一を勝ち取り、対独講和を推進し、欧州の集団安全保障と世界平和を保障するための闘争」を「断固として支持する」と述べた。その上で、「中華人民共和国とドイツの戦争状態はここに終結」し、「両国間には平和的な関係が打ち立てられなければならない」と宣言した[11)]。

　同宣言は一方で、ドイツ統一や統一ドイツとの講和に関して、中国が東側陣営の立場に立つことを確認した。その後、中国は1955年5月に東ドイツと「友好協力条約」を締結し、経済文化交流の促進に加え、「両国の利益に関する重大な国際問題に関しては協議を行うこと」を約束した[12)]。また、ベルリン問題についても、1958年に中国はソ連が提案したベルリンの非武装自由都市化を支持し、「ベルリンの占領制度は解消すべき」と強調した[13)]。さらに、1961年1月に訪中した東ドイツ代表団と中国指導部は、ベルリンに関する東ドイツの政策と台湾に対する中国の政策を互いに支持する旨を約束したという[14)]。

　他方で、同宣言における戦争状態の終結や平和的な関係の構築については、実質的に西ドイツに向けられたものであったといえよう。実際に、この戦争終結宣言以降、中国は西ドイツに対する国交正常化の呼びかけを積極的に行った。ソ連と西ドイツが国交を正常化した直後の9月16日、『人民日報』社説は「中国と西ドイツの間に正常な関係を構築する時期はすでに訪れた」と論じた[15)]。これに対し、西ドイツのアデナウアー（Konrad Hermann Joseph Adenauer）政権は対ソ国交正常化後、1955年末には東ドイツを承認する国とは外交関係を持たない「ハルシュタイン原則」を掲げるようになった。それでも、中国は西ドイツとの外交関係樹立を「歓迎」するという立場を採り続け、1956年1月30日の全国政治協商会議での政治報告においても、周恩来は「中国はドイツ連邦共和国との関係正常化を歓迎する」と呼びかけ

た[16]。アデナウアー政権はこれらの呼びかけには一切応えなかったものの、主に第三国を経由した中国＝西ドイツ間の民間貿易やそれにともなう人的交流は次第に拡大した[17]。また、両政府間に外交関係が存在しないなか、政治的な役割を担う中国の駐西ドイツ機関として、1958年に新華社ボン支局が設置された。

　中国による「ドイツ」との戦争状態終結宣言と、西ドイツに対する国交正常化の呼びかけは、台湾の中華民国政府を動揺させた。1951年以来、中華民国政府の内部には戦争状態終結を宣言すべきではないかという議論が存在したものの、「西ドイツ側が（筆者注：中華民国との関係について）躊躇している状況においてドイツとの戦争状態を終結させるべきではない」という蔣介石総統の指示により、戦争状態終結の宣言は行われなかった[18]。そして、1955年に毛沢東による戦争終結宣言が出されると、中華民国外交部は直ちに「共産党に戦争終結を宣言する権利はない」という声明を発表し、第二次世界大戦以来「中国とドイツの関係」は中断しているが、正常な関係が回復することを希望すると訴えた[19]。しかし、中華民国政府はなかなかその後の対応を打ち出せなかった。外交部は戦争終結宣言の草案を立法院へ送付したものの、立法院は長らく休会しており、審議が行われなかったようである[20]。結局、中華民国政府による対独戦争終結宣言案は、10月に入って立法院秘密会議を通過し、総統、行政院院長、外交部部長の連名で発表された[21]。

　西ドイツにとって、冷戦下で同じ陣営に属し、東ドイツも承認していない「中国」とは、台湾の中華民国政府であった。しかし、アデナウアー政権も、それ以降の政権も、中華民国政府との外交関係樹立には一貫して消極的であった。1951年以降、中華民国政府や西ドイツの米顧問団は、西ドイツ政府に中華民国政府との外交関係樹立を検討するよう度々促したが、西ドイツは中国大陸に残留するドイツ人の問題などを理由にこれを拒み続けた[22]。また、1958年の第二次台湾海峡危機前後、中華民国政府は西ドイツに対して積極的なアプローチを展開したものの、アデナウアー政権は冷淡な態度を示した上に、第二次台湾海峡危機における米華の対応を支持することもなかった[23]。こうした態度は、適当なタイミングが来れば中華人民共和国政府を承

認したいという意思の表れであった。その結果、中華民国政府も西ドイツとは民間の経済文化関係を積み上げつつ、ボンに「自由中国新聞社」を設置し、政治的な役割を付与するにとどまった。

2　通商協定交渉とその挫折

　1960年代に入ると、中ソ関係の悪化にともない、中国と東ドイツの関係は次第に冷却化した。1964年から1966年は、東ドイツがソ連の対ドイツ政策に対する不満から対中関係を改善しようと試み、中国はフルシチョフ（Nikita Sergeyevich Khrushchev）を倒したブレジネフ（Leonid Il'ich Brezhnev）の率いるソ連の新指導部との関係改善を試みた時期であり、中国と東ドイツの関係にも一定の改善が見られた。しかし、1960年代後半にソ連の新指導部と中国指導部の関係が悪化すると、中国と東ドイツの関係改善は停滞した。さらに、中国国内で文化大革命が発動されると、外交部は1967年に張海峰駐東ドイツ大使を召還し、その後数年間は東ドイツに大使を派遣しなかった[24]。ただし、上記のような冷淡な関係にあっても、1963年に西ドイツの部分的核実験禁止条約調印をソ連が容認した時、また1964年にフルシチョフがボンを訪問した時、さらに1965年に西ドイツ連邦議会が西ベルリンで総会を開いた時などには、中国は東ドイツとともにソ連を批判し、国際社会において東ドイツの主権が軽視されることやソ連が西ドイツと接近することに対して抗議した[25]。

　他方で、中国と西ドイツは経済的な関係を積み上げ、1964年には通商代表部の相互設置に関する政府間交渉を行うに至った。西ドイツ政府は「ハルシュタイン原則」を引き続き掲げつつも、1960年代に入るとポーランド、ハンガリー、ルーマニア、ブルガリアなど東欧諸国とも通商協定を締結し、通商代表部を相互設置するようになっていた[26]。米国への配慮などから、そのような可能性を公式には否定していたものの、西ドイツ政府は上記のような流れのなかで、1963年から中国との関係改善と通商代表部の相互設置に関する政府間交渉を模索した[27]。これに対して、中国も1964年初頭にフランスとの国交正常化を成し遂げると、西ドイツとの政府間交渉に積極的な姿勢を見せはじめた。その結果、1964年5月から11月にかけて、中国と西ド

イツはベルンにおいて、通商協定の締結を主要な目的とする交渉を行うに至った。

　この交渉に臨むに際し、中国側は、1）西ベルリンを協定の範囲に含まない、2）西ドイツの禁輸問題では融通をきかせ、アメリカの禁輸政策を打開する、3）西ドイツに台湾の政府との政府間貿易関係を締結しないと保証させるという三原則を堅持する方針を立てた。そのうち、第1回から交渉が難航したのは、西ベルリンの問題であった。西ドイツ側は、東欧諸国との通商協定においても西ベルリンは「西ドイツマルク区」として協定の範囲に含まれていることを挙げ、中国との協定に「ベルリン条項」を盛り込むよう要求したが、中国側はこれを頑なに拒んだ[28]。『中独関係の百年』によれば、この時期の中国外交には、社会主義陣営の一員という概念や原則がなお存在しており、東ドイツの利益を損ねるような「ベルリン条項」は受け入れ難かったという[29]。ベルリン問題に関する双方の主張が平行線を辿るなか、ジョンソン米大統領と会談した西ドイツのエアハルト（Ludwig Wilhelm Erhard）首相が中国との貿易に否定的な発言を行ったり、キリスト教社会同盟党のシュトラウス（Franz Josef Strauß）党首が台湾を訪問し、西ドイツ・台湾間の貿易代表相互派遣に言及したりした。その結果、中国側は西ドイツがいまだにアメリカの影響を強く受けており、交渉妥結の見通しは薄いと判断し、交渉打ち切りを決定したのであった[30]。

　確かにこの時期、西ドイツでは中国との関係改善を模索する動きと並行して、台湾との関係を格上げしようとする動きも存在したようである。中華民国外交部の記録によれば、第二次世界大戦後の西ドイツとの公式なチャネルは、駐仏大使館（1952年から1954年）、駐米大使館および駐ギリシア大使館（1955年から1956年）、駐ベルギー大使館（1957年から1964年）など第三国の大使館を通して保たれていたが、1964年の夏から秋にかけて、中華民国外交部は駐香港ドイツ総領事館と直接接触する機会があった。外交部が後に振り返るには、これが台湾と西ドイツの関係が最も発展した時期であったという。当時の駐香港ドイツ総領事は台湾を訪問し、蔣介石や沈昌煥外交部長と会談し、領事、商務、文化、報道の四つの部門からなる商務代表団を交換することなどを議論した。エアハルトはこの案件を進めることはせず、間もなく中

断してしまったという[31]。しかし、シュトラウスが台湾を訪問したのは、まさにこの時期であった。

このように、1964年に試みられた中国と西ドイツの政府間交渉は、結実しなかった。その理由は、冷戦構造の多極化が見られたとはいえ、中国も西ドイツもこの時期は依然として冷戦構造から一定の拘束をうけていたことに求められよう。一方で、中国はソ連や東ドイツとの関係が冷却化するなかでも、社会主義陣営の一員であるという自覚を捨てられなかった。他方で、西ドイツに対するアメリカの影響力は依然として強く、西ドイツの要人がアメリカに対して対中接近を否定し、同時に台湾にも接近する素振りを見せたことは、中国側が交渉を打ち切る決定的な要因となった。

II 東方政策と中国

1 「西ドイツ軍国主義」批判の継続

文化大革命初期における中国の対独政策は、東ドイツに対しても、西ドイツに対しても硬直した状況であった。前述のように、1967年以降、中国は東ドイツに大使すら派遣していなかった。中国と西ドイツの関係も、1964年の政府間交渉が打ち切られた後、関係改善に向けた政府間の交渉が行われることはなかった。このような構図が大きく変動しはじめるのは、1969年のことであった。同年3月、中ソ対立は国境地帯である珍宝島での軍事衝突という新たな局面に突入し、中国にとってソ連の脅威が一層深刻な問題となった。それにもかかわらず、同年秋に西ドイツではブラント（Willy Brandt）政権が誕生し、まずソ連との関係を改善した上で、東ドイツをも含む東欧諸国との関係を正常化する「東方政策」を掲げた。中国はこのような動向をうけ、一方では西ドイツに対ソ接近の危険性を訴えつつ、他方では西ドイツとソ連の接近を利用して東ドイツとソ連を離間することで、極東におけるソ連の脅威が高まることを防ごうとしたのであった。

1969年11月にブラント政権が成立すると、中国の指導者たちは同政権が対中接近を行う可能性に注目した。後に中国と西ドイツの国交正常化交渉に携わる王殊が新華社ボン支局に赴任したのも、ちょうどこの頃であった。王

殊の着任後第一の任務は、東方政策の見極めであった。王殊の回顧録によれば、ボンに到着して間もない1970年1月にブラントの施政方針演説を聞き、ブラントは中国を重視しているが、ソ連や東欧諸国との関係を緊張させたくないのだという結論に達した。そして、施政方針演説に続く議会における討議を観察し、東方政策と対中関係改善の関係はすでに与野党間の争点になっているとの認識を持ったという[32]。

　王殊が観察したとおり、政権発足から1971年までのブラント政権は、あくまでもソ連や東欧諸国との緊張緩和を優先事項としており、中国との接近は対ソ政策上の阻害要因になり得ると考えていた。ブラントは後年、当時はヨーロッパにおける交渉のために「チャイナ・カード」を切ろうとしているとソ連から疑われたくなかったので、中国に対する関心を見せないようにしていたと回顧している[33]。また、アメリカとの関係を考慮しても、パリでの米中交渉がすでに再開していたとはいえ、その先行きが不透明である以上、西ドイツがアメリカに先んじて中国との関係を改善できるとは考え難かった。東方政策の構想を打ち出したバール（Egon Bahr）は、1968年末に米中交渉再開をうけてアジアの社会主義諸国との関係改善について検討した段階で、こうした結論に至っていた[34]。

　このように、ブラント政権の東方政策における優先順位が明らかな状況下において、1971年までの中国は西ドイツとソ連の接近を厳しく批判し、その批判を東ドイツと共有することで、東ドイツとソ連を離間しようとした。1970年9月、中国は1966年以来中断していた東ベルリンへの大使派遣を再開した。それに先立つ8月、北京でハーツフェルド（Gustav Hertzfeldt）東ドイツ大使と会談した喬冠華外交副部長は、西ドイツとソ連の交渉に言及し、東ドイツが掲げる「二つのドイツ」と、西ドイツ「軍国主義」との闘争に対する支持を繰り返し表明した[35]。また、この会談の直後にモスクワ条約が締結されると、『人民日報』は一面に長文の論評を掲載し、同条約は「ソ連修正主義の指導集団がドイツ人民、ソ連人民、ヨーロッパ人民の利益を売り渡し、『平和』の名によってソ連修正社会帝国主義と西ドイツ軍国主義の侵略的意図を偽装し」、「『世界規模のミュンヘン（宥和）』を推し進めようとする一部である」と批判した[36]。しかし、これに対する東ドイツの立場は、中国

第 7 章　「一つの中国」と東西ドイツ ｜ 173

との関係改善とソ連との団結維持との間で揺れつづけ、1971年の夏には反ソ連を中国との関係の基礎とすることはできないとの結論に至った[37]。

結局、このモスクワ条約に対する批判は、ソ連「社会帝国主義」が西ドイツ「軍国主義」に対して妥協し、東ドイツの利益を取引したことに対する批判が最高潮に達したものとなった。その後、このような批判は、1971年9月のベルリン四カ国協定の頃まで継続し、1972年の『人民日報』元旦社説以降はほとんど見られなくなった[38]。また、この元旦社説も、「過去1年間、ソ連修正主義は米帝国主義と結託して核条約を締結したり、ドイツ民主共和国の主権を売り渡す西ベルリン問題に関する協定に署名したり」したことにより、「その社会帝国主義の正体を世界人民の前に暴露し、世界人民から批判され、次第に孤立している」と論じるにとどまり、西ドイツの「軍国主義」に対する直接的な批判を展開したわけではなかった[39]。

2　姿勢の変化

東方政策に対する中国の姿勢に明らかな変化が見られるようになったのは、1971年の夏から秋にかけてのことであった。1971年7月にアメリカのキッシンジャー（Henry Alfred Kissinger）大統領補佐官が北京を秘密裏に訪問した前後から、中国政府は東方政策に対する批判のトーンを抑えはじめた。そして、キッシンジャーとの会談において周恩来は、1969年に西ベルリンにおける議会選挙の問題が浮上した際に、ソ連は珍宝島事件を起こし、西ベルリンにおける選挙の黙認を隠そうとしたという見解を披露し、ソ連のベルリンと中ソ国境地帯における政策の連動性を示唆した[40]。さらに、同年10月にキッシンジャーと再び会談した周恩来は、ソ連がベルリン問題に関する交渉において簡単に譲歩したことを批判しつつも、西ドイツの東方政策自体は批判しなかった[41]。

西ドイツ国内においても、1971年の秋には中国との国交正常化をめぐる議論が活発化し、ブラント政権は中国との国交正常化について改めて検討を開始した。その要因についてまとめれば、第一に、中国が国連に加盟したことに加え、西ドイツ以外のほとんどのNATO加盟国が中国とすでに大使を交換するか、その交渉に入っていたことが挙げられる。とりわけ、ニクソン

(Richard Milhous Nixon)訪中に象徴されるアメリカの政策転換は、日本などと同様、西ドイツに対しても大きな影響を与えた。第二に、中国は西ドイツ企業など経済界に対する呼びかけを強めており、西ドイツ国内において中国市場への進出に出遅れるとの声が強くなったことが挙げられる。そして第三に、ブラント政権にとっては、対中接近において野党に先を越され、対外政策全般に対するイニシアチブが揺らぐことを懸念したことも指摘できよう[42]。しかし、中ソの対立が依然として深刻な状況下において、ソ連の反応は最大の懸念材料であった。

1971年12月にニクソンと会談したブラントは、西ドイツと中国の間にはすでに相当程度の貿易関係があるにもかかわらず、公式な関係がないため、以後6カ月の間にパリかウィーンで中国と接触したいという意思を伝えた。しかし、問題はソ連の反応であり、対中接近については事前にソ連からの了承を得る必要があり、西ドイツはソ連の意向に反してまで対中接近はできないと述べた。ブラントはまた、西ドイツに台湾問題はないが、「二つのドイツ」の国連加盟が「二つの中国」の問題と重なることも、両国の関係正常化を困難にするかもしれないと懸念していた。ニクソンはこれに対し、対中接近についてはアメリカよりも西ドイツの方が困難な問題を抱えており、ソ連は西ドイツに対してより多くの報復措置を採るだろうと答えつつも、中国の駐パリ大使である黄鎮は接触相手として適任だと告げるなど、西ドイツの対中接近に反対する態度は示さなかった[43]。

対中国交正常化をめぐる西ドイツ国内やブラント政権の姿勢の変化は、王殊の回顧録によっても裏づけられる。中国が国連に復帰すると、1971年のクリスマスから1972年の年明け前後まで、王は多くの西ドイツ要人から食事に招かれた。外務省高官であるブルーナー(Guido Brunner)から、ジュネーブなどで両国の代表が接触することに関する打診をうけたこともあった。そして1月末、王殊はルーマニアの駐東ドイツ大使が主催するパーティにて、西ドイツ野党キリスト教民主連盟の副党首であり、連邦議会で外交委員会委員長も務めたシュレーダー(Gerhard Schröder)と出会った。王殊は2月21日にシュレーダーのオフィスを訪問し、訪中する意思があるか尋ねたところ、前向きな回答があったため、その旨を本国に報告した[44]。

王殊とシュレーダーの接触は、中国側が意図的に設定した可能性もある。1972年2月にニクソン訪中が実現した前後から、毛沢東や周恩来は日本や西ドイツとの国交正常化に関心を見せていた。そして、西ドイツへの接近に関しては、「対中政策をめぐる西ドイツ与野党間の意見の相違」に注目した上で、「野党側にアプローチし、与党に適度な圧力をかける」方針を採用した[45]。確かに、西ドイツでは1972年1月の時点において、シェール（Walter Scheel）外相が中国との外交関係樹立は「時間の問題」であるとの認識を示していたものの、ブラント政権の方針はモスクワ条約とワルシャワ条約の批准までは対中接近を見送るという慎重なものであり、西ドイツ外務省は前年末から開始した対中接近への瀬踏みをスローダウンさせざるを得ない状況であった[46]。これに対して、シュレーダーは東方政策に批判的であるのみならず、中国との関係改善を唱える積極論者としても知られていた。その上、同年後半の西ドイツ議会選挙前にシュレーダーの訪中が実現すれば、それは野党キリスト教民主連盟にとっても、大きな宣伝材料となるはずであった[47]。

　王殊から、シュレーダーとの会談内容に関する報告をうけた外交部は、1972年7月に外交学会がシュレーダーを北京に招待することを決定した。これは外交学会による招待という名目ではあったものの、実際には周恩来が外交部をはじめとする関係部門のリーダーを招集し、招待日程や会談の方針などについて慎重に検討と準備を重ねた[48]。なお、陳弢の研究によれば、東ドイツの駐中国大使館は1972年の初頭から中国と西ドイツの国交正常化の機は熟したという認識を持っており、両国の関係発展をなんとか阻止しようとしていた。しかし、中国は東ドイツに対し、シュレーダー訪中について事前通告をすることすらなかった。この点に関する東ドイツの照会に対し、中国側は中国には外交関係を樹立する相手を選ぶ権利があり、ソ連や東ドイツは中国の主権に干渉していると回答したという[49]。

III　中国と西ドイツの国交正常化交渉

1　シュレーダー訪中

　1972年7月14日から28日にかけて、シュレーダーは中国を訪問した。

この訪中をブラントやシェールは承知しており、シュレーダーに国交正常化交渉の開始に関する一定の権限を与えていた[50]。また、交渉の経緯から、西ドイツ外務省がシュレーダーに国交正常化に関する諒解事項を託していたことも分かる。北京でシュレーダーを迎えたのは、ドイツに数年間暮らした経験もある喬冠華外交学会会長（外交副部長と兼任）であり、両者は国交正常化をも視野に入れた交渉を連日行った。王殊の回顧録によれば、喬冠華からの報告をうけ、周恩来は西ドイツ側が外交関係の樹立に同意する可能性は高いものの、まだいくつか立場の違いがあると判断し、第3回の会談で具体的な問題について意見を交換し、交渉を進めるよう指示した。すると、シュレーダーは、年末の総選挙までに国交正常化とシェール外相の訪中を果たせば、与党は有利になるであろうと述べた。そこで、周恩来はこの点を考慮し、中国政府との諒解事項を記した文書をシュレーダーが持ち帰り、政府に渡すという方式を喬冠華に提案させた。すると、シュレーダーはドイツ外務省から託された諒解事項に関する草案を取り出した[51]。

　この草案に基づいた交渉の結果、7月20日に諒解事項を示す文書が完成した。西ドイツ外務省の記録によれば、シュレーダーが持ち帰った文書は、以下のような文面であった。

　　西ドイツ議会のゲアハルト・シュレーダー博士は、（日付空欄）から（日付空欄）まで中華人民共和国を訪問し、ドイツ連邦共和国政府が両国間の国交正常化に興味を示していることを中国政府に伝えた。中国政府は関心を持ってこの希望を受け止め、その主旨を共有した。両国政府は第三国において関係正常化のための交渉を直ちに開始することとなるであろう。（シュレーダーと喬冠華のサイン）[52]

　この文書が完成した7月20日の夜、周恩来はシュレーダーと計2回、5時間にわたる会談を行った[53]。帰国したシュレーダーの報告によれば、周恩来をはじめ中国指導部のソ連に対する脅威認識は極めて強く、そのためにアメリカとも関係をより改善したいという意思が明確であった。また、かつてドイツに暮らしていたこともあり、周恩来がドイツの情勢を深く理解していたことは印象深かった[54]。

西ドイツとの国交正常化交渉が現実味を帯びてきた段階で、周恩来はボンから王殊を呼び戻した。王殊の回顧録によれば、当初、王殊に帰国の予定はなかったが、周恩来の指示により急遽帰国することとなった。王が北京に到着した頃、北京における一連の会談はすでに終了しており、シュレーダーは東北地方の視察へ出かけた後であった。しかし、周恩来は王をシュレーダーの招聘活動のうちいくつかに参加させ、それらの活動を『人民日報』などが報じる際には、王の名前が重要な位置に載るよう配慮した。これは、その後の交渉を担当する王の重要性が西ドイツ側に伝わるよう意図した計らいであった。そして、周恩来は西ドイツとの国交正常化交渉について、王に詳細な指示を与えた[55]。

　周恩来の提案により、毛沢東も周恩来、姫鵬姫、喬冠華などの同席のもと王殊に接見し、国際情勢認識やドイツの歴史について語った。毛沢東は、「西欧は第一次世界大戦の時代からドイツに東を向かせ、西を向かせないようにしてきた。現在、アメリカ、イギリス、フランス、西ドイツなどは皆、ソ連に東を、中国の方を向かせ、西欧で戦争がなければよいと考えている」との認識を示した。その一方で、「私の見方は、ソ連は東を攻撃すると見せかけて西を攻撃する（声東撃西）のであり、口では中国を懲らしめるといいながら、実際は欧州と地中海を向いているのだ」とも述べた。また、毛沢東は「二つのドイツは統一すべきである。二つに分けてどうしようというのだ。ヤルタ（引用者注：会談）が決めたに過ぎないことだ」と述べ、東西ドイツが将来的には統一されるべきだという認識も改めて示した[56]。

2　ボンでの実務交渉

　帰国したシュレーダーは直ちにシェールと面会し、訪中の概要を報告すると同時に、中国側と交わした諒解事項を手交した。その後、シェールからの情報に基づいて、ブラントは中国との国交正常化交渉に応じることを決定したようである。中国との交渉に入る前にブラントがまず行ったのは、ソ連指導部にこの決定を伝えることであった。8月1日、ブラントはブレジネフに書簡を送り、中国が西ドイツとの国交正常化に興味を示していることを伝えた。その上で、ブラントは「すべての他国」のように、西ドイツ政府はこれ

に対して「積極的な回答をするつもり」であるが、それはこれまでの西ドイツの基本的な対外姿勢を変えるものではないと伝えた[57]。

　北京からボンへ戻ると、王殊はまずシュレーダーと会談し、シュレーダーが訪中内容をすでにシェールに報告したことを確認した。そして、8月10日、王はシェールと会談し、国交正常化交渉の開始に合意し、シェールを北京へ招待したい旨を伝えた。シュレーダーの報告内容と王からの提案内容が合致していることを確認したシェールは、両国の間には国交正常化の障壁となるような問題は存在せず、すぐに国交正常化交渉に入れること、北京への招待に喜んで応じることを伝えた。そこで王殊は、国交正常化声明に関する二つの案を提示し、シェールに検討を依頼した[58]。二つの案のうち、第一の案とは「両国政府は、平和共存五原則を両国関係の原則とすることを確認し、1972年（空欄）月（空欄）日から相互に承認し、外交関係を樹立し、短期間内に大使を交換する」というものであり、第二の案は第一の案から「平和共存五原則を……確認し」の部分を除いたものであった[59]。

　その後、中国外交部は王殊を、西ドイツ外務省はフォン・シュターデン（Berndt von Staden）政治局長を交渉の全権代表に任命し、西ドイツ外務省にて国交正常化の実務交渉を行った。両国の代表は国交正常化交渉が短期間でまとまると見通していたが、結果的には9月25日の国交正常化共同声明仮調印に至るまで、計8回、40日間にわたる交渉を要した。

　8月18日の第1回会談では、西ドイツ側から国交正常化声明の草案が示された。それは、王殊がシェールに予め示した二つの案のうち、より簡素な第二案から、さらに「相互に承認し」という一節を除いたものであった。西ドイツは中華人民共和国の主権を否定したことはないし、中国も西ドイツの主権を否定したことはないはずだというのが、その理由であった。また、シェール訪中の日程について、中国側が9月の訪中を打診したのに対し、西ドイツ側は9月末まではシェールのスケジュールが空いていないことと、日本の首相が9月末に訪中すると予想されることを理由に、10月後半の訪中を希望した。この報告をうけた中国外交部は、西ドイツ側が示した国交正常化声明草案とシェール訪中日程に同意するよう直ちに指示した。この背景には、「田中を先に、シェールを後に訪中させる」という毛沢東の最終決定もあっ

た[60]。

　8月21日の第2回会談以降の争点は、ベルリン問題であった。西ドイツ側は、西ベルリンと西ベルリンに暮らすドイツ公民の利益を代表するのは西ドイツ政府であり、それを中国政府も認めるという点を非公表の議定書にて残すよう求めた[61]。これに対する中国本国の立場は、「今後、われわれが具体的な問題を処理する際には、西ベルリンがすでに形成されているという状況を考慮する」ものの、両国の関係正常化と西ベルリンの特殊な状況は無関係であり、議定書などを作成するわけにはいかないというものであった[62]。8月24日の第3回会談において、シュターデンは中国の立場に「とても満足している」と述べつつも、この立場を議定書にまとめるか、声明に仮調印する際に口頭にて確認することを改めて要求した[63]。続く8月28日の第4回会談においても両者の立場は平行線を辿った。そのため、中国側は日本の田中首相の訪中予定が9月の下旬に定まったことも考慮して、第5回会談の日程を延期しつつ従来の立場を再度主張し、西ドイツとの国交正常化を急いでいないことを示した[64]。

　9月4日の第5回会談において王殊が語気を強めて従来の立場を繰り返すと、シュターデンは「遺憾」の意を示しつつも、議定書を交わすという要求を取り下げた。その代わりに、声明への仮調印の際に、シュターデンは王が示した口頭での了解事項を改めて読み上げ、それを会談録に記録し、中国側は異議を唱えないよう求めた[65]。そして、シュターデンが読み上げる了解事項を、西ドイツ側は5項目にまとめ、会談終了後に中国側代表団に対して示した。この5項目のうち、第5の項目が西ベルリンに関する以下のような確認であった。

　　ドイツ連邦共和国政府を代表して、私（引用者注：シュターデン）は交渉において、ベルリン（西）とベルリン（西）に暮らすドイツ住民の利益はドイツ連邦共和国とその駐外代表機構によって代表されることを述べた。中華人民共和国政府を代表して、私（引用者注：王殊）はこの点について、中華人民共和国はベルリン（西）が実際に存在しているという現状に基づいて具体的な問題を処理することで、ドイツ連邦共和国と中華人民共和国の間に利害の衝突は存在しないと述べた[66]。

この西ベルリンに関する第5の項目は、中国側にとっては受け入れられるものではなかった。案文の最後の一節は、中国側がこれまで「両国間に利害が衝突する問題がない」といってきたことを、「西ベルリン問題に関する利害の衝突がない」という風に歪曲したものだと、中国側は捉えたのである。また、西ベルリンの呼称については、案文の「ベルリン（西）」という表現ではなく、「西ベルリン」あるいは「ベルリン（西区）」という呼称を用いるよう中国側は要求した[67]。その後の第6回以降の会談（9月13日、21日、25日）は、主にこの第5の項目の表現をめぐる議論となったが、最終的には西ドイツ側が最後の一節を削除することに同意し、中国側が「ベルリン（西）」という表現を用いることに同意することで折り合った[68]。

　9月29日、王殊とシュターデンは中国と西ドイツの国交正常化声明に仮調印し、シュターデンは5項目の合意事項を読み上げた[69]。そして、中国政府と西ドイツ政府はそれぞれ、両国の国交正常化交渉が妥結したことと、シェール外相の訪中日程を公表した[70]。それはまさに、日本の田中角栄首相が中国を訪問している最中であった。なお、日本の外務省はこれに先立つ9月20日、田中訪中について西ドイツ外務省に事前通報し、西ドイツ外務省も田中訪中の成功を祈念する旨に加え、シェールの訪中予定を日本に対して一足先に伝えていた[71]。中国と西ドイツの実務交渉の内容に加え、このような日本と西ドイツ政府間の情報交換から、中国側は「日本と西ドイツを競わせる」という戦略を持っていたものの、それはあまり機能していなかったことが分かる。とりわけ、西ドイツ政府には、対中国交正常化のタイミングや交渉のスピードに関して、日本と競おうとする意思は希薄であったように思われる。

3　シェール訪中と国交正常化

　10月3日にボンを発ったシェールは、国連総会が開催されるニューヨークを訪れ、成田を経由して、北京を訪れた。ニューヨークにおいて、シェールはアメリカのロジャーズ国務長官と会談し、北京訪問と対中関係の正常化について説明した。ロジャーズは、アメリカと西ドイツの緊密で良好な関係を強調し、「一方の行動は他方の行動に影響せざるを得ない」と述べた。こ

れに対し、シェールは中国と西ドイツの間に大きな問題はなく、両国の交渉においても台湾問題は争点とならず、台湾とは従来通り経済および文化的な関係を維持することが重要だと考えていると強調した[72]。さらに、10月10日、シェールは東京に2時間滞在し、羽田空港付近のホテルで大平正芳外相と会談した[73]。ここでも、大平が台湾問題について「日本は台湾を同情をもってみており、日中正常化のショックはあろうがやがて鎮静しよう」と述べたのに対し、シェールは「西ドイツの場合は北京、台湾のどちらとも政府間のつながりはなかったので、台湾の取り扱いは問題にならなかった」と述べた[74]。

　このように、シェールはロジャーズや大平に対して、西ドイツと中国の間に台湾問題は存在しないことを改めて強調した。しかし実のところは、シェール外相の訪中直前、ボンにおいて「自由中国新聞社」の活動が問題となり、両国間には台湾問題が浮上していた。中国と西ドイツの接近を中華民国政府は阻止することができず、「自由中国新聞社」をはじめとする既存の駐ドイツ機関の統合や強化を模索していた[75]。そのようななかで、「自由中国新聞社」は、10月10日の双十節を祝うレセプションに、西ドイツ各界の著名人や各国の外交使節を招待した。王殊が本国へこれを報告したところ、周恩来はこれを問題視し、西ドイツ外務省へ厳粛な抗議を行うよう指示した。そのため、王はシュターデンと会談し、「二つの中国」に反対する中国の立場と、シェール訪中の直前にこのような事態が発生することの深刻さを訴え、西ドイツ外務省が「有効な措置」を講じるよう要請した。これをうけ、西ドイツ側は「自由中国新聞社」がレセプションを中止するような「措置」を講じたという[76]。実際に、「自由中国新聞社」のスポークスマンは、「思いがけない状況」により毎年行ってきたレセプションを中止せざるをえなくなったと発表し、西ドイツ外務省はこの決定を「歓迎」すると発表した[77]。

　10月10日の午後、シェールの一行は北京に到着した。翌11日、シェールと姫鵬飛は、王殊とシュターデンが仮調印していた国交正常化声明への調印式を行った。その声明は「中華人民共和国政府とドイツ連邦共和国政府は1972年10月11日、外交関係を樹立し、短期間内に大使を相互に派遣することを決定した」という、同時期に交わされた中国と西側諸国の国交正常化

声明のなかでも際立って簡素なものであった[78]。その後、シェールは同日中に姫鵬飛および李先念と計3回の会談を行い、主に国際情勢について議論を交わした。西ドイツ外務省の記録によれば、中国側が最も関心を寄せていたのは西ドイツとソ連の緊張緩和であり、中国側は中欧における相互兵力削減交渉（MBFR）や全欧安全保障協力会議（CSCE）を取り上げ、西ドイツがソ連の攻撃的かつ拡張主義的な意図と能力に気づいていないと指摘した[79]。また、台湾問題は両国の間では主要な問題ではないことも、一連の会談において再び確認された[80]。

10月12日、シェールは白相国対外貿易部長との会談に続き、周恩来と会談を行った。この会談における西ドイツ側にとっての最大の収穫は、周恩来から、中国政府は東西ドイツの国連同時加盟を支持するという保証を得たことであった。そして、会談の大半は西ドイツの東方政策、とりわけソ連との関係に割かれた。周恩来はシェール訪中とほぼ同時期になされたバールのソ連訪問を暗に批判した。そのうえで、1969年に珍宝島事件が起きるとソ連の西ベルリンにおける大統領選挙に対する妨害は治まったと、周恩来は1971年7月にキッシンジャーに対して伝えたのと同様の分析を披露し、ソ連との間に克服し難い相互不信があること、攻撃的なソ連に対して中国は防御の構えであることなどを語った[81]。

この会談において、周恩来は東西ドイツの分断と統一の問題にも高い関心を示した。周恩来は東西ドイツの関係が「一民族二国家」なのか、「二民族二国家」なのかという問題に触れ、いずれにせよ「中国は国家の分断に賛成しない」と述べ、分断されたドイツの統一は長期的なプロセスを経て成し遂げられるというシェールの見解に賛意を示し、「超大国が国家の分断を作り出す傾向」を批判した[82]。さらに、台湾問題について、周恩来は「西ドイツは終始台湾との外交関係を持たなかった。これは故アデナウアー首相に先見の明があったからであり、尊敬に値する」と述べた。これは、シェール訪中前に起きたボンの「自由中国新聞社」の双十節記念レセプションをめぐる一連の経緯を念頭に置いた発言であったという[83]。

シェール一行は10月14日に北京を発ち、香港経由で帰国した。帰国して間もなく、シェール訪中に同行したベルアジア局長は日本の法眼晋作外務事

務次官と会談し、西側先進国との急速な接近を図っている中国指導部の意図について意見交換を行った。ベルは、中国側の動機としては北方（ソ連）に対する脅威認識が最も強く、経済的な動機は副次的なものであろうという見解を述べ、シェール訪中時の会談における中国側の言説を紹介した。これに対して法眼は、中国と西ドイツの会談におけるソ連に関する言説は、日本との会談よりも具体的なようであるが、日本に対してもソ連を信頼してはならないというような主張がなされた旨を伝えた。ベルは、ソ連に対する脅威認識を西ドイツと中国は共有しなかったことを強調しつつも、それが両国間関係に影響を及ぼした訳ではないと評価していた[84]。

おわりに

　中国と西ドイツの国交正常化は、中国と他の西側先進国との国交正常化に比べると特異なものであった。中国と西側先進国とのなかでは際立って簡素な国交正常化声明は、当時の国際環境のなかで、中国と西ドイツ双方が互いとの国交正常化を求めつつも、そこには多くの障害があったことを示しているように思われる。

　この時期、毛沢東の脳裏には、ソ連が「西を向いているか、東を向いているか」という問いが常にあった。1969年以降、中国はソ連との対立を深刻化させ、一時期は戦争の可能性すら警戒していた。西ドイツと国交を正常化した時期、毛沢東はソ連が「東を攻撃すると見せかけて、西を攻撃する」と認識するに至っていたものの、それでもヨーロッパにおいてソ連と西側諸国の緊張緩和が進み、その関心がアジアのみに向かうことは避けたかった。そのため、ソ連と西ドイツの緊張緩和に楔を打ち込むように、表向きはブラント政権の東方政策を批判しつつも、実際は西ドイツに接近する可能性を狙っていた。他方で、ブラント政権にとって、中国との接近はソ連を刺激することから、東方政策の阻害要因になりかねなかった。そのため、ブラント政権は対中接近に慎重な姿勢を示していたが、東西ドイツの国連同時加盟を目指す段階になると、国連常任理事国となった中国からの支持を必要とするようになった。

中国と西ドイツの国交正常化交渉は、ブラント政権からの具体的な条件を携えて訪中したシュレーダーと喬冠華や周恩来との会談から始まったが、その記録のほとんどは公開されておらず、初期の交渉を再現することは難しい。ただ、国交正常化交渉全体を振り返ると、このシュレーダー訪中までに、ソ連との関係や台湾問題には極力触れずに国交正常化を行うことに関して、合意がなされた可能性が高いといえる。ソ連との関係について、東方政策の中心的な交渉相手はあくまでもソ連であると考える西ドイツと、ソ連との緊張緩和という選択肢を当時の外交戦略から排除していた中国の間では、共同歩調を採ることは非常に困難であった。台湾問題については、中華民国との外交関係を持たない西ドイツとの交渉であっても、この問題を議論すれば西ドイツはアメリカや日本など西側諸国と中国の間で板挟みになることに、中国側が配慮したのではないだろうか。当時の中国にとって、こうした問題は棚上げにしても余りあるほど、西ドイツとの国交正常化を行い、ソ連を牽制することの戦略的価値は高かったといえる。

　ソ連との関係や台湾問題と異なり、中国と西ドイツの交渉において最後まで懸案となったのはベルリン問題であった。中国は、一方では1964年の通商協定交渉における立場から転じたが、他方ではその転換をあくまでも非公式な了解にとどめることに固執した。この立場の転換は、東西ドイツ政府それぞれのドイツ分断と統一に関する立場がすでに変わっていたことにともなうものであったと考えられる。ブラント政権はそれまでの政権とは異なり、東ドイツの存在を法的には認めないが、事実上は認めたうえで、統一への対話を模索しようとしていた。この方針は、当時の中国の台湾に対する方針にも似ており、むしろ異なる国家としての併存を強調する東ドイツの立場よりも、中国に近いものであった。ただし、東ドイツに対する配慮や社会主義陣営における信頼性を保つという意味において、中国指導部はその文書化や公表を回避したのではないかと推測できる。

　中国と西ドイツの国交正常化によって、東アジア冷戦とヨーロッパ冷戦はより密接な繋がりを持つようになった。しかし、毛沢東が西ドイツとの関係をもってソ連を牽制するという明確な意図を持っていたのに対し、ブラントはあくまでもこれを二国間関係の文脈で説明し、対ソ政策に対する影響を最

小限にとどめようとしたのであった。

【追記】本論文の草稿に対し、石井明先生、山本健先生から貴重なコメントを賜った。記して感謝の意を示したい。また、本研究は JSPS 科研費 24730149 の助成を受けたものである。

1) 一時期公開された 1965 年以前の外交部文書を利用して、1964 年代前半の中国と東西ドイツの関係を分析した先行研究として、山影統. 2011.「中国の対西欧諸国政策」添谷芳秀編『現代中国外交の六十年』慶應義塾大学出版会、224-225 頁；陳弢. 2012.「中蘇破裂背景下的中国和民主徳国関係(1964-1966 年)」『当代中国史研究』第 3 期, 57-63 頁.
2) 王殊. 2002.『中徳建交親歴記』世界知識出版社；梅兆栄. 2002.「中徳建交談判回顧」『徳国研究』(3).
3) De Dubnic V. Reisky. 1971. "Germany and China: the intermediate zone theory and the Moscow Treaty," *Asia Quarterly*, 4, pp. 343-357, and Philip Brick. 1985. "The Politics of Bonn-Beijing Normalization, 1972-84," *Asian Survey*, Vol. 25, No. 7, pp. 773-791.
4) Chapter 4 of M. E.. Sarotte. 2001. *Dealing with the Devil: East Germany Détente, and Ostpolitik, 1969-1973*, Chapel Hill: The University of North Carolina Press, pp. 89-111; Bernd Schaefer. "Ostpolitik, 'Fernostpolitik,' and Sino-Soviet Rivalry: China And the Two Germanys," in Carole Fink, and Bernd Schaefer. ed.. 2009. *Ostpolitik, 1969-1974: European and global responses*, Cambridge: Cambridge University Press, pp. 129-147; Martin Albers. 2013. "Business with Beijing, détente with Moscow: West Germany's China policy in a global context, 1969-1982," *Cold War History*, DOI: 10.1080/14682745.2013.817989; 陳弢. 2013.「中国同連邦徳国関係正常化過程中的民主徳国因素」『当代中国史研究』第 6 期, 70-78 頁.
5) 石井明. 2012.「日本と西独を競わせる―周恩来の戦略的国交正常化外交」『世界』10 月号、125-129 頁。
6) 裵堅章主編. 1994.『中華人民共和国外交史　第一巻』世界知識出版社, 65-66 頁.
7) ヘルマン・ヴェントカー（岡田浩平訳）. 2013.『東ドイツ外交史 1949-1989』三元社、212 頁。
8) 裵堅章主編. 1994.『中華人民共和国外交史　第一巻』世界知識出版社, 65-66 頁.
9) 妹尾哲志. 2011.『戦後西ドイツ外交の分水嶺―東方政策と分断克服の戦略　1963-1975 年』晃洋書房、21-22 頁。
10) ヘルマン・ヴェントカー『東ドイツ外交史』129-130 頁。
11) 「関於結束中華人民共和国同徳国之間的戦争状態的命令（1955 年 4 月 7 日）」中華人民共和国外交部・中共中央文献研究室編. 1995.『毛沢東外交文選』北京：中央文献出版社・世界知識出版社、201-202 頁。
12) 裵堅章主編『中華人民共和国外交史　第一巻』68 頁.

13) 王泰平主編. 1998.『中華人民共和国外交史　第二巻』北京：世界知識出版社, 290-291 頁.
14) ヘルマン・ヴェントカー『東ドイツ外交史』216 頁.
15) 「緩和国際局勢的新成就」『人民日報』1955 年 9 月 16 日，および王泰平主編. 1999.『新中国外交 50 年』北京：北京出版社, 1097 頁.
16) 「政治報告（之二）」『人民日報』1956 年 1 月 31 日.
17) 中国経済情報研究会. 1973.『欧米諸国と中国との経済関係』日本貿易振興会、52-55 頁.
18) 中央研究院近代史研究所档案館蔵「外交部部長葉公超致総統府張秘書長」日付不明『対徳終止戦争状態』中華民国外交部档案. 档号 325.5/0002.
19) 「外交部発言人声明　共匪無権宣告與徳終止戦争」『中央日報』1955 年 4 月 11 日.
20) 中央研究院近代史研究所档案館蔵「外交部致駐法段代弁」日付不明『対徳終止戦争状態』中華民国外交部档案. 档号 325.5/0002.
21) 中央研究院近代史研究所档案館蔵「沈昌煥次長致外交部長」1955 年 10 月 11 日,「中華民国政府対徳意志国終止戦争状態布告稿」1955 年 10 月 15 日『対徳終止戦争状態』中華民国外交部档案. 档号 325.5/0002.
22) 潘琪昌主編. 2006.『百年中徳関係』世界知識出版社, 159-160 頁.
23) Brick, "The Politics of Bonn-Beijing Normalization," p. 775.
24) 陳弢. 2012.「中蘇破裂背景下的中国和民主徳国関係（1964-1966 年）」『当代中国史研究』第 3 期, 57-63 頁.
25) 藤村瞬一. 1975.「中国と西ヨーロッパ諸国」入江啓四郎・安藤正士編『現代中国の国際関係』日本国際問題研究所、597-599 頁。
26) 山影統「中国の対西欧諸国政策」224-225 頁。
27) 王泰平主編『中華人民共和国外交史　第二巻』411 頁.
28) 山影統「中国の対西欧諸国政策」226-230 頁。
29) 潘琪昌主編『百年中徳関係』182-183 頁.
30) 山影統「中国の対西欧諸国政策」226-230 頁。
31) 中央研究院近代史研究所档案館蔵「当前本部対徳工作之急務」1972 年 6 月『佈建建議』中華民国外交部档案. 档号 310.11/000.
32) 王殊『中徳建交親歴記』27-28 頁.
33) Brick, "The Politics of Bonn-Beijing Normalization," p. 778.
34) "Memorandum from Department Head Egon Bahr, 'Establishment of Relations with the Communist States in Asia'," December 18, 1968. English translation by Bernd Schaefer is also available at History and Public Policy Program Digital Archive (http://digitalarchive.wilsoncenter.org/document/119988).
35) Schaefer, "Ostpolitik, 'Fernostpolitik,' and Sino-Soviet Rivalry," pp. 132-133.
36) 「評蘇聯西徳条約」『人民日報』1970 年 9 月 13 日.
37) 陳弢「中国同連邦徳国関係正常化過程中的民主徳国因素」73-74 頁.

38) Schaefer, "Ostpolitik, 'Fernostpolitik,' and Sino-Soviet Rivalry," p. 134.
39) 「団結起来、争取更大的勝利」『人民日報』1972年1月1日.
40) Memorandum of Conversation, Jul. 9 and 10, 1971, *Foreign Relations of the United States (FRUS), 1969-1976, Vol. XVII*, p. 389 and 434.
41) Memorandum From the President's Assistant for National Security Affairs (Kissinger) to President Nixon, Nov. 1971, *FRUS, 1969-1976, Vol. XVII*, p. 552.
42) Albers, "Business with Beijing, détente with Moscow," pp. 4-5.
43) Memorandum for the President's File by President's Deputy Assistant for National Security Affairs (Haig), Dec. 29, 1971, *FRUS, 1969-1976, Volume XL*, pp. 952-961.
44) 王殊. 2002. 「中徳建交的台前幕後」『縦横』第12期, 10頁.
45) 王殊. 2000. 「中徳建交親歴記」『世紀』(4), 30頁.
46) Schaefer, "Ostpolitik, 'Fernostpolitik,' and Sino-Soviet Rivalry," p. 137.
47) Brick, "The Politics of Bonn-Beijing Normalization," p. 778.
48) 王殊『中徳建交親歴記』70頁.
49) 陳弢「中国同連邦徳国関係正常化過程中的民主徳国因素」75頁.
50) Schaefer, "Ostpolitik, 'Fernostpolitik,' and Sino-Soviet Rivalry," p. 138.
51) 王殊「中徳建交親歴記」30頁.
52) Aufzeichnung des Staatssekretärts Freiherr von Braun, 2. August 1972, *Akten zur Auswärtigen Politik der Bundesrepublik Deutschland (AAPD), 1972*, pp. 983-985. English translation by Bernd Schaefer is also available at History and Public Policy Program Digital Archive (http://digitalarchive.wilsoncenter.org/document/119982).
53) 王殊「中徳建交親歴記」30頁.
54) Aufzeichnung des Staatssekretärts Freiherr von Braun, 2. August 1972, *AAPD 1972*, pp. 983-985. English translation by Bernd Schaefer is also available at History and Public Policy Program Digital Archive, (http://digitalarchive.wilsoncenter.org/document/119982).
55) 王殊「中徳建交親歴記」31頁, 王殊『中徳建交親歴記』84頁.
56) 中共中央文献研究室編. 2013. 『毛沢東年譜 (1949-1976)』北京：中央文献出版社, 440-442頁；王殊『中徳建交親歴記』86-89頁.
57) Bundeskanzler Brandt an den Generalsekretär des ZK de KPdSU, Breschnew, 1. August 1972, *AAPD 1972*, pp. 978-979, and Schaefer, "Ostpolitik, 'Fernostpolitik,' and Sino-Soviet Rivalry," pp. 138-139.
58) 王殊『中徳建交親歴記』95頁.
59) 梅兆栄「中徳建交談判回顧」8頁.
60) 梅兆栄「中徳建交談判回顧」9-10頁. 同論文によれば、シェールの訪中日程については、第2回会談で西ドイツ側から前倒しの申入れがあり、10月10日前後の訪中とすることで合意に至った.
61) 梅兆栄「中徳建交談判回顧」10, Gespräch des Ministerialdirektors von Staden mit

dem chinesischen Journalisten Wang Shu, 21. August 1972, *AAPD 1972*, pp. 1098-1102.
62) 梅兆栄「中徳建交談判回顧」10頁。
63) 梅兆栄「中徳建交談判回顧」10頁；Gespräch des Ministerialdirektors von Staden mit dem chinesischen Journalisten Wang Shu, 24. August 1972, *AAPD 1972*, pp. 1119-1126.
64) 梅兆栄「中徳建交談判回顧」10-11頁。
65) 梅兆栄「中徳建交談判回顧」11頁；Gespräch des Ministerialdirektors von Staden mit dem chinesischen Journalisten Wang Shu, 4. September 1972, *AAPD 1972*, pp. 1175-1182.
66) *AAPD 1972*, p. 1178, Fußnote 3.
67) 梅兆栄「中徳建交談判回顧」11頁。
68) Gespräch des Ministerialdirektors von Staden mit dem chinesischen Journalisten Wang Shu, 21 und 28. September 1972, *AAPD 1972*, pp. 1328-1334 und 1354-1360.
69) Gespräch des Ministerialdirektors von Staden mit dem chinesischen Journalisten Wang Shu, 29. September 1972, *AAPD 1972*, pp. 1418-1421.
70) 「中華人民共和国政府代表和徳意志連邦共和国政府代表会談順利結束」『人民日報』1972年9月30日。
71) 外務省外交史料館蔵「ドイツ発本省着第628号極秘　総理訪中（事前通報）」1972年9月27日。外務省移管ファイル、管理番号2011-0711。
72) Ministerialdirektor van Well, z.Z. New York, an das Auswärtige Amt, 4. Oktober 1972, *AAPD 1972*, pp. 1444-1447.
73) 中央研究院近代史研究所档案館蔵「央密参（61）第3139号　参奚爾過日会晤大平正芳」1972年10月10日『西徳外長奚爾北平之行』中華民国外交部档案。档号305.2/0023。
74) 「日独協議、来年早期に」『朝日新聞』1972年10月11日。
75) 中央研究院近代史研究所档案館蔵「在西柏林成立『自由中国中心』之建議」日付不明、「光華秘字第150号」1972年5月31日『佈建建議』中華民国外交部档案。档号310.11/0002。
76) 王殊『中徳建交親歴記』95-96頁。
77) 中央研究院近代史研究所档案館蔵「央密参（61）第3132号　波昂自由中国新聞社酒会被迫取消」1972年10月10日『西徳外長奚爾北平之行』中華民国外交部档案。档号305.2/0023。
78) 「中華人民共和国政府和徳意志連邦共和国政府関於両国建立外交関係的連合公報」『人民日報』1972年10月12日。
79) Ministerialdirektor van Well, z.Z. Peking, an das Auswärtige Amt, 12. Oktober 1972, *AAPD 1972*, pp. 1527-1529. English translation by Bernd Schaefer is also available at History and Public Policy Program Digital Archive (http://digitalarchive.wilsoncenter.org/document/119644).
80) Ministerialdirektor van Well, z.Z. Peking, an das Auswärtige Amt,, 12. Oktober

1972, *AAPD 1972*, pp. 1525-1527.
81) Ministerialdirektor van Well, z.Z. Peking, an das Auswärtige Amt, 13. Oktober 1972, *AAPD 1972*, pp. 1532-1534. English translation by Bernd Schaefer is also available at History and Public Policy Program Digital Archive (http://digitalarchive.wilsoncenter.org/document/119983).
82) *Ibid*.
83) 王殊『中徳建交親歴記』6-7 頁.
84) Aufzeichnung des Ministerialdirektor van Well, 19. Oktober 1972, *AAPD 1972*, pp. 1553-1556.

第 8 章

東西ドイツ関係と日本
——1966-1981 年——

鈴木　均

はじめに [1]

　西独（ドイツ連邦共和国）戦後史について論じた研究は、蓄積が豊富である[2]。これに比して、西独外交史を論じた日本語の著書は少なく[3]、その中で日本との関係が分析されるのは稀である[4]。日本と西独は対立する争点が少なく、日欧貿易摩擦の最中も両国が比較的良好な関係を保ったからであろう。日本と東独（ドイツ民主共和国）との関係を論じた著書はさらに少なく[5]、西独との関係も含めた三角関係として論じたものは皆無に等しい。西独が日系企業の輸出市場として魅力的だったこととは対照的に、東独は日本にとって経済的・社会的な魅力がほとんどなかった。西独が「第二次大戦の敗戦国」というハンディを背負いつつも、NATO（北大西洋条約機構）の一員として米国との同盟の一翼を担ってきたのに対し、東独は日本の安全保障上の直接的な脅威ではなく、また近隣国との「過去の克服」においても、西独ほど参考にならなかった[6]。これらの事実に加え、1990年10月3日に東西ドイツ（再統一後の国名は、以下ドイツ）の再統一は、対等な統合ではなく、西独に東独を編入したため、東独国家の消滅を意味した[7]。歴史の舞台から消え去った「大して重要ではなかった国家」と日本との希薄なつながりの歴史を西独との対比で辿ったからといって、一体何がわかるのだろうか。

国際関係の中で国家が特定の役割を果たす際、それを規定する要因は何か。国家の経済的・軍事的な規模が重要であることは間違いない。しかし、小さな国家が小さな役割しか果たせないわけではない。物理的な大きさに不釣り合いな大きな影響を及ぼす場合も考えられ、それは他の国々との関係性の中で生まれる。あるいは、ハード・パワー、ソフト・パワー、そしてこれらを上手く組み合わせて使いこなすスマート・パワーに注目したナイの議論のように[8]、パワーの使い方で決まることも考えられる。冷戦中、日本の外交が東西陣営の対峙に対して影響を及ぼした事例は、ほとんど思いつかないだろう。日本は冷戦史の趨勢、特に東西ドイツ統一のような、冷戦を終焉に向かわせる大きな出来事において、それほど大きな役割を果たさなかった、と理解されてきた。本当なのだろうか。

　この章では、日本が米国の世界戦略や冷戦ロジックに背くリスクを冒し、東側陣営の一員である東独との関係樹立に一歩を踏み出し、東独（および東西対立状態そのもの）を内側から変容させようとした西独外交と足並みを揃え、これを積極支援した歴史的意義と独自性を検証する。66年12月に西独外相兼副首相に就任し、1969年10月に首相に就任したヴィリー・ブラント（Willy Brandt）は、東独をはじめとする東側諸国と国交を正常化した上で西独資本の浸透を拡大し、これによって東独を内部から変容させ、冷戦の膠着状態を非軍事的手段で徐々に変えようと試みた。ブラントの東方外交である[9]。本章が検証するように、どこまで意図的だったのかは別として、日本も西独に同調し、東方外交の片棒を担いだのである。日本は日欧貿易摩擦の中で西欧諸国と対立したが、西独との外交チャンネルを使い、東独との国交正常化の歩調をあわせることに成功した。具体的には、日系企業による東独への本格進出を両独国交正常化の後まで自粛することで、東独の経済力・技術力を脆弱なまま放置し、西独による正常化交渉を後押ししたのである。これにより、西独は東独に対して交渉上の優位を確保したまま国交正常化を果たし、以降、ブラントが意図したとおりの経済的な浸透を果たすことができた。彼の外交方針は後の政権にも継承され、日本もこれに追随した。

I　日・西独経済関係と、日欧貿易摩擦

　日本にとって「追いつき追い越せ」の時代は終わったが、ドイツは日本にとっていまだに学ぶべき点の多い国である。車や機械、高速鉄道のようなモノ作りに加え、EUの対日輸出のなかでドイツの化学・製薬部門は突出しており、その輸出競争力は注目に値する[10]。EU最大の貿易相手国が中国（中華人民共和国）であり[11]、欧州勢のなかで中国市場に最も浸透しているのがドイツ企業であることからも[12]、ドイツの重要性がわかる。ヨーロッパのなかに目を転じても、単一通貨ユーロの実現は、ドイツ抜きでは語れない[13]。

　日本と共通の価値（自由経済、民主主義、人権尊重、法の支配等）を共有する、信頼できる重要なパートナー国であるドイツだが、戦後史の中で日・西独関係が常に順風満帆だったわけではないし、国際社会への復帰過程も異なっていた。日本は1956年に国連に加盟したが、その1年前にGATT（関税および貿易に関する一般協定）に加盟していた。西独に遅れること4年、日本は自由経済の一員として国際社会に復帰した。しかし日本は西独に比べ、戦後復興の経済構造がいびつだった。西独が欧州統合に参加し、近隣の西欧諸国との多角的な貿易によって高度成長を実現したのに対し、日本は米国への輸出に偏重した成長を遂げた。たまりかねた米国は、西欧諸国も日本の輸出に門戸を開き、「米国の負担」を減らすよう求めた。60年代に入り、鉄鋼、繊維、船舶等、日本からの輸入が増えるに従い、日本は次第に通商上の脅威と認識されるようになり[14]、貿易摩擦の時代に突入していった。

　こうした中、日本の対西欧輸出を弁護する国があった。西独である。日本は戦前、1927年7月に日独通商航海条約を結んでおり[15]、お互いの船舶等を差別的に扱わないことを約していた。両国は1960年7月1日、通商航海条約の内容を再確認し、セーフガードのない日・西独通商協定を締結した[16]。日本の輸出をEEC諸国による保護的措置で抑制した場合、日本が「自由世界の孤児」[17]になることを西独は懸念した。日本が終戦からわずか15年で再び戦争への道を歩みかねない経済的孤立に戻ることは、第一次大戦の終戦から15年あまりで崩壊したワイマール民主主義の失敗を味わったドイツ人にとって、決して繰り返してはならない事態だった。西独は日本がGATT

に加盟する際も、これを支持した数少ない国の一つだった[18]。英仏をはじめ14カ国がGATTの35条を援用し[19]、日本に対してGATTのルールを適用しない差別を強いたことと対照的だった。西欧諸国が日本のOECD（経済協力開発機構）加盟申請に対して冷やかに反応するなか[20]、西独は温かく歓迎する意向を示した。西独は日本と似た輸出構造を持ち、かつ日本を擁護するようにとの米国からの圧力もあり、日本を擁護し続けた[21]。西独は日本にとって、ECのなかで最も重要な貿易相手国となった[22]。

　西独は60年代に入り、日本からの輸入が増え続けるに従い、日本と他のEEC加盟国の橋渡しをするようになった。きっかけは1962年11月、池田勇人総理の欧州歴訪である。同年9月に大平正芳外相が「地ならし」のために欧州諸国を歴訪していたことも手伝い[23]、池田はフランスのドゴール大統領（Charles de Gaulle）に「トランジスタラジオのセールスマン」呼ばわりされたものの、西欧諸国の首脳、特にコンラート・アデナウアー（Konrad Adenauer）西独首相と友好的な会談を持つことができた。アデナウアーは、日本のOECD加盟に対する理解と協力を約した。日・西独の関係強化は、翌年大きな一歩を踏み出すことになった。

　1963年11月、ハインリッヒ・リュプケ（Heinrich Lübke）西独大統領とゲルハルト・シュレーダー（Gerhard Schröder）外相が日本を訪れた。欧州諸国の国家元首が日本を訪れたのは戦前・戦中を含めて初めてであり[24]、日欧の距離が縮まりはじめていることを内外に印象づけた。その先頭を走ったのが、西独外交だったといえる。11月7日に大平外相と会談したシュレーダーは、エアハルト（Ludwig Erhard）新政権の欧州統合政策、核軍縮交渉への対応、アジア情勢等について話し合った。両外相は現状認識や見解を共有するべきイシューが多いことから、日・西独間で毎年、閣僚級定期協議を開くことで一致した[25]。日本はすでに日米貿易経済合同委員会と日加閣僚委員会に加え、日英・日仏閣僚級定期協議をすでに開催しており、西独を含めた西側主要5カ国と話し合いの枠組みを持つことになった。英仏の動きを察知した西独は[26]、同様の枠組みを日本と立ち上げる意向を固めた。自由陣営の結束を固めるものと、外務省は期待した[27]。対中接近を求める国内左派を抑える意図もあった[28]。

西独は特にベルリン問題に対するソ連の態度が硬化することを懸念するあまり、対中貿易の拡大について他の欧州諸国よりも消極的だった。しかしリュプケ大統領とともにイラン、インドネシア、香港を歴訪してから東京に降り立ったシュレーダーは、オランダやフランスに対する西独の出遅れを意識するようになり、訪日を機に対中貿易を（国交がないまま）拡大する意向を固めた[29]。シュレーダーは大平に、日本が中国に長期借款を与える意思も、通商代表部を設置する予定もないことを確認し[30]、西独も慎重に日本と歩調を合わせ、対中関係の拡大に取り組むことを確認した。両外相は11月9日に共同コミュニケを発表し[31]、両国による外相定期協議の開催、文化会館の開設等、関係を一層緊密化することを確認した。日・西独間の交流強化はその後、日欧貿易摩擦の激化を止めることはできなかったが、対中接近も含め、他のイシューにおいて役割を果たした。中東での資源開発ではつまずくものの、後述するアジア・太平洋諸国との関係構築と、何よりも東独との国交正常化においてである。その東独とは、どのような国家だったのか。

II　東独という国家と、ヴィリー・ブラント

　「二つのドイツ国家」が併存している状態は、西独、東独、どちらにとっても認めがたいものだった。西独は侮蔑の意味を込め、東独を「国家」と呼ばずに「Zone（占領区）」と呼び[32]、東独は西独をあてこすって「ファシズムと軍国主義の犠牲者」を厚く弔った[33]。しかしどちらが国家・社会として「優れている」のか、市民の反応は正直だった。米ソ対立や国内政策の失敗も重なり、東独から西独へ流出する人口が増え続けたため[34]、1961年8月13日、東独は一方的にベルリンの壁を構築し、流出を強制遮断した。こうして東独は、西側への逃亡者を見つけ次第、射殺する体制へ移行した。

　東独（市民）にも同情する点がいくつかある。東独は他の中・東欧諸国よりもモスクワに対する経済的・軍事的な隷属を強いられた。コメコンの中でもワルシャワ条約の条文上も、それは明白だった[35]。そのため、国家財政も国民の家計も常に苦しかった。米国の著名な政治学者カッツェンスタインは西独を「半主権国家」と呼び[36]、国家主権を完全に回復できない国家の苦悩

を説明した。これに比して東独は、そのさらに半分の主権しか持つことを許されない、「半・半主権国家」だったといえよう。東独がたとえ「犬(ソ連)のしっぽ」呼ばわりされ、「がん」と診断され、「うそで塗り固めた体制」と罵られても[37]、選択肢が少なかったのである。

東独政府の人的構成も、西独政府の分厚い実務家層に比べ、当初は素人の集まりに等しい貧弱なものだった。それは東独が「反ファシズム」を国家原理としたため、戦前・戦中に国家官僚だった人材が追放されたからだ。東独外務省は設立当初、ナチ体制に潜入したスパイや海外に逃亡したジャーナリスト等で構成された[38]。西側に対するプロパガンダと情報収集が当初の主任務だったため、適材適所だったともいえるが、主権国家が開設する「普通の」外務省ではなかった。東独が西独よりも早く外務省の設置許可を得たという、西側に向けた象徴的な意味も重要だった[39]。東独外務省は、モスクワからの指示をSED（ドイツ社会主義統一党）要員の監視の下で受け取り、粛々と実行した。不都合な人物は、排除された[40]。

そんな東独に対し、西独側から歩み寄ったヴィリー・ブラントも、戦前・戦中に似た境遇下にいた。ブラントは1913年12月18日にリューベックで生まれたが、当時の名前はエーベルト・フラームであり、複雑な家庭環境の下で育った[41]。1930年、27歳の時に地元のSPD（社会民主党）に入党するが、ナチスの支配が進むと、34年にノルウェーに亡命した。そこで彼はジャーナリスト、ヴィリー・ブラントを名乗り、生計を立てた。戦争が終わるまで各地を転々とした後、48年に帰国して国籍を回復した際、彼は亡命中に使ったペンネームを実名として登録し、われわれが知るヴィリー・ブラントが「誕生」した。

SPDの党員として西ベルリンで活動するブラントは、同市で報道関係の仕事をするエゴン・バール（Egon Bahr）と知り合った。ブラントは1957年10月に西ベルリン市長に就任し、バールが市政府のスポークスマンとなった[42]。ブラントの側近として活躍するバールは、63年7月15日の演説のなかで「接近による変化」を唱えた。バールは西側が自ら開放することで東側を開放させ、分断を克服することを提唱し、これをソ連の同意を得つつ、かつ全欧的な緊張緩和の枠組みのなかで進めることを主張した[43]。このような

「現状の承認による克服」を提唱したバールは、ハルシュタイン・ドクトリンを掲げるCDU（キリスト教民主同盟）のみならず、党内からも「分断の固定化を招く」と反発を受けた[44]。しかしブラントとバールは東西接近の歩みを止めず、1963年12月に東独と通行証協定を締結し、東西市民の制限付き通行を実現した。61年8月の壁の構築以降途絶えていた人の往き来が、これを機に復活した。ブラントとバールは、これが東方外交の始まりだったと回顧している[45]。ブラントは広く西独市民に知られるようになり、SPDは大躍進することができた。59年に党綱領を大幅に見直し、労働者政党から国民政党への脱皮を遂げようとするSPDのなかで、ブラントは次期首相候補と目されるようになった。CDUはブラントの生い立ちや戦中の境遇についてネガティブキャンペーンを張ったが、逆効果だった。

Ⅲ　すれ違う日本と西独——イランをめぐる食い違い

　東西両陣営の対立の中で、「敗戦国に過ぎない」日本と西独が生き残り、一定の役割を果たすには、足並みを揃え、戦略やビジョンを共有し、密に協力しなければならないはずだった。しかし両国の足並みは、必ずしも一致しなかった。一例が、エネルギー資源の開発だった。西独をはじめとする西欧諸国が60年代後半にソ連と天然ガスの開発・購入契約を結び、冷戦の最中にありながら敵陣営に掘削・搬送技術を与え、見返りにエネルギー供給を20年間受けたことは、すでに知られている[46]。掘削とパイプライン構築のための技術を持たなかったソ連は、西欧企業にこれらを持ち込んでもらい、エネルギー資源を輸出することで費用を返済した。このような開発案件において、途上国の多くは「どちらの陣営に属するか」をネタに米ソの援助競争を煽った。イランもその一つであり、結果として日・西独関係に影を落とした。

　1979年の革命以前のイランは、モハンマド・レザー・シャー・パフラヴィー（Mohammad Rezā Shāh Pahlavi）が治めていた。戦前、イラン最大の貿易相手国はドイツであり、戦後は西独だった。ゆえにシャーは、西独主導でイランにおける石油開発が進むことを求めた。シャーは特にイラン国内で石油の

精錬が行われるよう、西独からの投資増加を望んだ。掘ったばかりの安い原油ばかり輸出させられたのでは、イランに産業が育たないし、儲からない。しかしシャーの要望に対し、西独側の反応は鈍かった。西独はデミネクス（Deutsche Erdölversorgungs-gesellschaft mbH）の現地支社より原油を細々と輸入するだけで、精錬過程の構築はおろか、掘削量の増加もパイプラインの増設も、いくつか案を掲げるだけで財政難を理由に具体的に動かず、イランから批判された[47]。西独への石油供給はすでにアメリカ、イギリス、オランダ、フランス系外資に75％近く握られているうえ[48]、イランにおける戦前ドイツの（負の）イメージが強いことも影響した[49]。西独の腰の重さを見て、ソ連や東独をはじめ中・東欧諸国もイランに接近しはじめた[50]。イランへの投資には消極的だが、西独は東側の動きに対抗する必要がでてきた。しかし西独単独では動きたくない。そこで目をつけたのが、日本だった。デミネクスと共同でイランの石油開発をできないか。日本もエネルギー資源の確保に苦労しており、西独は日本が乗ってくると読んだ。

　西独の誘いに対し、日本は微妙な回答を行った。米国も加えた共同プロジェクトならば乗る、と返答したのである[51]。シャーが西独以外の国と接触して優位な契約を得ようとし、これをネタに揺さぶりをかけてくることにしびれを切らした西独は、イランに対し、西独以外の国と交渉しないよう求めた[52]。これにイラン側が怒り、一層の反発を招くことになった。火消しのために準備されたシャーの西独訪問（1967年5月27日〜6月4日）も、学生運動と西独世論の反発により[53]、かえって関係を悪化させた。その後、日本と西独の間の協議枠組みとして日独委員会が新設されたが[54]、イランが日本との間に「破格の条件で」開発契約を得たことで両国間に「不必要な競争」が発生し[55]、日・西独共同プロジェクトは宙に浮いてしまった。

Ⅳ　ミドル・パワー間の共同歩調の模索
——領土問題、ベトナム戦争と、対中・対東独関係[56]

　イランの石油開発をめぐって足並みが揃わない日・西独だったが、この失敗は両国に教訓を残し、その後活かされた。相互の協力と協調を要する案件

を、両国はいくつか抱えていた。一つ目はソ連との関係、特に資源開発と領土返還交渉をどのように同時並行で進めるか、である。二つ目はベトナム戦争の趨勢と、その後に予想される米軍の削減についてであり、三つ目は東側諸国に対する接近、中共との関係構築であり、西独にとって重要だったのが東独であった。これらの案件に核査察問題も絡み、60年代から70年代初頭にかけ、日・西独は連絡を密にする必要があった。

1　ブラント外相の訪日

1966年12月、二大政党であるCDUとSPDの間で大連立政権が成立した。CDUのクルト・キージンガー（Kurt Kiesinger）が首相に選ばれ、SPDのヴィリー・ブラントが外相に就任した。キージンガーは故郷のバーデン・ビュルテンベルク州で首相を務め、ブラント同様、地方政界で名声を得たことで国政の頂点に躍り出た。CDUはエアハルト政権の下でハルシュタイン・ドクトリンを堅持しつつ中・東欧諸国との接近を試みていたが、キージンガーもこの方針を継承した。同時に西側諸国との関係強化も必要だったが、前項で見たとおり、63年以降に緊密化した日・西独関係は、67年5月のブラント外相の訪日を境に深化した。

シュレーダー外相の訪日の際に共同コミュニケ（63年11月9日）を発表した日本と西独は、以降、両国外相の定期協議を東京とボンで交互に行っていた。67年5月のブラント外相の訪日を機に、両外務省間のやりとりは一層緊密化することになった。東側諸国との接近を唱えるブラントが初めて外相として公式に日本を訪れたからだ[57]。ブラントは中・東欧諸国との関係構築については積極的に自説を展開する一方で、アジア太平洋情勢については、日本側から有益なインプットを得ることを期待した[58]。

5月9日から16日まで日本を訪れたブラントは、10日に佐藤栄作総理と会談し、11日・12日に三木武夫外相と日・西独外相定期協議を開催した。東側諸国との関係構築に加え、核不拡散条約に対する日・西独の態度も大きなテーマだった。両国は同条約により、査察の強化等によって原子力の平和利用が阻害されないこと、および核保有国の軍縮義務を条約に盛り込む点については一致していた。しかし両国の核査察の扱いについては、一致してい

なかった。この点について本章では詳述しないが、日本はIAEA（国際原子力機関）によって直接査察を受けるが、西独はユーラトム（欧州原子力共同体）による間接的な（緩い）査察を受けることについて[59]、両国の意見が分かれていた。意見の一致を見ている核の平和利用と核軍縮についても、ことさらに日・西独で共同提案を打ち出すわけにはいかなかった。米ソ両国を刺激し、関係を害する危険があったからだ[60]。

　中国およびアジア諸国との関係について、ブラント外相は「中国については「二つの中国」という考え方があり得ても、歴史的な背景や実態の違うドイツについては「二つのドイツ」という考え方はあり得ない」と述べた[61]。西独は東独との交易を「外国貿易」とは定義せず「全ドイツ内貿易（圏内貿易）」と見なし、東独産品を無関税で輸入していた[62]。キージンガー政権はハルシュタイン・ドクトリンを堅持し、これに沿って東側諸国との関係構築に取り組んでいく姿勢を強調した[63]。ブラントは西独企業による対中貿易の拡大を歓迎しつつ、西独が他の欧州諸国より先走って貿易を拡大したり、中国と国交を樹立したりする意思は今のところない、と述べた[64]。三木外相にベトナムを含めたアジア諸国への経済援助の実施を求められたブラントは、アフリカ諸国の重要性を指摘して三木と距離を置き、アジア諸国に対する援助は日本と十分協議したうえで慎重に行いたい、と述べた。

　両国は特に経済問題について緊密に協議する必要について一致した。これを機に在京大使館はボンの本省に対し、日本外務省との政策企画室スタッフ定期交流を翌1968年8月に提案し[65]、同意を得た[66]。西独側の準備はバールを中心に進んだ。政策企画室間の交流が準備されるなか、外相定期協議が68年9月にボンで開かれた。9月16日、ボンを訪れた三木外相に対し、キージンガー首相は訪日する意向を伝えた。これを受け、翌69年5月の外相定期協議に合わせ、キージンガーの訪日が実現することになった。ブラント外相と定期協議を開いた三木外相は、プラハの春を受け、これに対する深刻な懸念を共有したが、東西緊張緩和政策を継続することで一致した[67]。ブラントにとって、チェコスロバキアに対する武力介入に踏み切ったことはソ連の弱さの表れであり、衛星国に経済的なメリットを与えることができない証拠だった。だからこそ経済的な浸透が西独にとって最大の武器なのであり、東

方外交を一層推進する必要があると確信した。

2　キージンガー首相の訪日

　キージンガー首相の訪日を準備するなかで、両国外務省間の政策企画室スタッフ定期交流が実現した。一回目の会合は日本側の希望により、平日に非公式・非公開で開かれ[68]、日米の様式に倣った会合となった。1969年1月28・29日にはバールが訪日し、次いで東京で2月3日から6日まで第1回会合が開かれた。両国間でソ連との関係も含めた領土問題、ベトナム戦争に対する視点と、対中・対東独関係の構築について、突っ込んだ議論がなされた。

　ブラント外相の下、西独外務省は日本と自国を、核兵器を持たない「ミドル・パワー」と認識し[69]、共同歩調を模索していた。黒子に徹する外交（low visibility policy）も[70]、同じ発想から出ていた。後述するように、西独は領土返還を引き出すカードが不足していることを十分に自覚し、現実的な妥協を図った。西独外務省の認識では、非核国であり、かつ産業化が進んだ両国は、特に経済の対外依存度が高いことから、世界情勢について利害を共有しやすく、これを積極的に共有するべきである[71]。米ソ超大国の共通利害は冷戦の現状維持であり、西独はこれをミドル・パワーの犠牲のうえに成立させてはならないと考えた。超大国の利害に対し、ブラントは東方外交によって現状変更を目指しており、日本のようなミドル・パワーとの協力を欲した。日本は68年に西独のGDPを抜いて世界第二位の経済大国になった。西独にとって日本は手強いライバルとなったが、同時にアジア太平洋における日本の重みが増し、西独にとっての利用価値が増したことも意味した。西独外務省が見る日本の選択肢は二つであり、一つ目は米中ソの間に挟まれつつもアジアの中で経済力を発揮すること、そして二つ目は、産業が発達した西側先進国の一員として、西欧諸国と関係を強化することだった[72]。西独は特に後者に力点を置き、日本との関係強化を図ったのである。

　西独が日本との連携を密にするメリットは、対中接近を模索する過程にも見ることができる。西独外務省は、日中接近を「日本版の東方外交」と見ていた[73]。日系企業が巨大な中国「市場」にアクセスするならば、西独（企業）

もこれを注視し、機会があればすぐに続きたい。そのための情報共有を日本に求めつつ、見返りとして、日・EC貿易摩擦のなかで日本の輸出の自由を擁護（EC諸国の保護的措置を牽制）する[74]。しかし、日本と共同で対中進出するのは避けたい。アジアにおける西独のイメージ低下につながりかねないからだ[75]。イランにおける西独のイメージが悪かったのと同様に、中国における日本のイメージが懸念材料だった。三木外相は中国に対して窓を閉め、孤立化させてはならない、と述べ[76]、応じた西独側は、ベトナム戦争後に中国に何らかの役割を地域内の秩序形成において与えることを提案した。米ソ超大国の共通利害が中国の台頭を阻止することであり[77]、ブラントはこの構図に敏感に反応した。

こうした日本との対等かつ「ほどほどに距離を保った」良好な関係に水を差したのは、西独から見れば、日本だった。西独は対中接近の前に、シュレーダー外相が1963年に訪日した際に実行したように、日本に事前打診した。にもかかわらず、日本（企業）は東独に接近する前に、西独に事前打診しなかった。日本は1955年以降、東独からカリ塩と銑鉄を輸入しており[78]、特に東京オリンピックが開催された64年以降、東独から度々貿易拡大をもちかけられていた[79]。64年に中国、67年にソ連からの銑鉄輸入が落ち込む一方[80]、66年以降に東独からの輸入が急増し[81]、東独との貿易を拡大する日本（企業）の動向に西独は苛立っていた。他方、佐藤栄作総理の下、大平外相をはじめ、日本側は西独の東方外交を支持しつつも、日本固有の事情に基づく懸念を拭えなかった。西独による東側への接近が、日本の対中接近や朝鮮半島情勢に悪影響を及ぼしかねないからだ[82]。両国はお互いの外交政策について緊密に情報を共有し、歩調を合わせる必要がある。日本側の懸念を率直に伝える大平を西独外務省は信頼した。大平はあまり喋らないが、口にした約束を守る男であり、内閣の背骨である、と高く評価した[83]。

こうして日・西独間のやりとりが緊密化するなか、69年5月にキージンガー首相の訪日が実現した。アデナウアーによる60年3月の訪日以来、9年ぶりとなる西独首相の訪日だった。5月19日に開かれた佐藤総理との会談は、和やかなものになった。領土問題に対する執念を語る佐藤総理に対し[84]、キージンガーにとっての主題は核不拡散条約と核査察問題だった。しかしこ

の問題をめぐって両国の溝は埋まらず、ソ連を刺激することを嫌う西独側の希望で、21日に発表した共同コミュニケは核（査察）問題に言及しなかった[85]。訪日は、儀礼的なものとなった[86]。

　対ソ関係について、日本と西独の置かれた境遇に共通点が多いのは事実だった。ソ連はヨーロッパ・パワーであると同時に、アジア・パワーであると西独外務省は考えていたため[87]、当初は対ソ外交において日本と歩調を合わせようとした。両国共にソ連におけるエネルギー資源の開発と輸入拡大に注力した。しかし、これと同時並行で進める意向だった領土問題の解決について、両国は全く異なる選択をすることになった。西独は後に東独と国交を正常化する際、ポーランド側に有利な東独の東側の国境線、オーデル・ナイセ線を承認する方針に転換し[88]、返還要求を諦めた。他方日本は、沖縄返還（実現は1972年5月）に続き、北方四島も日本に返還されることに固執した。

　西独のミドル・パワーとしての自覚は、ベトナム戦争に対する分析にも見て取れる。日本への沖縄返還についても、「ベトナム戦争に対する沖縄の軍事的な貢献に対する見返り」であると、冷静に見ていた[89]。西独の見立てによれば、北方四島にはこのようなギブ・アンド・テイクが存在しないので、返還されないし、オーデル・ナイセ以東の領土も同様だった。「沖縄の次は北方四島、という空気」を[90]、西独外務省は信じなかった。沖縄について熱弁をふるう佐藤総理の話を、キージンガーは少し距離を置いて聞いていた。

　沖縄をはじめとする領土問題とは別に、米軍がベトナムで苦戦していることは、キージンガーにとって、それ以上にブラント外相にとって、他人事ではなかった。領土返還問題にとどまらない影響を予測していたからである。米国が予算削減や米軍再編と称して太平洋の米軍兵力を削減するならば[91]、大西洋でも同じ決定を下す可能性がある。西独による、東独や中・東欧諸国との関係再編、特に経済的な接近・浸透は、西独連邦軍や駐留米軍をはじめとする、西側の兵力維持と団結が大前提である。後者が揺らぐならば、前者を遂行する交渉力を減じ、東側から足元を見られてしまう。ブラントの東方外交は、東に向くからこそ、同時に西側諸国との関係をケアする「西方外交」としても十分に機能する必要があった[92]。米軍兵力の維持は、東方外交の大前提だった。日本と連絡を密にすることで、西独は将来的な領土返還の可否

よりも、米軍兵力の変化を察知しようとした。

　一見、何も具体的成果のなかったキージンガー首相の訪日であるが、そのハイライトはキージンガー首相への勲一等旭日大綬章の授与だった。東側諸国との接近において歩調を合わせ、日本の西欧諸国との関係改善に尽力した西独キージンガー政権への、日本側からの御礼ともとれる。キージンガーは佐藤総理を西独に公式招待したが[93]、彼はまもなく首相の座をブラントに譲ることになった。ボンにおける両首相の会談は実現しなかったが、一連の日欧接近は1971年秋、昭和天皇・皇后両陛下による欧州7カ国歴訪で一つのピークを迎えた。福田赳夫外相が首席随員を務める異例の態勢で実現した訪欧は[94]、9月27日・28日にデンマーク、29日から10月1日までがベルギー、2日から4日までがフランス、5日から7日までがイギリス[95]、8日・9日にオランダ、10日にスイス、そして最後に、11日から13日まで西独を訪問する、分刻みの予定を2週間半にわたって詰め込んだ強行軍だった[96]。10月11日にケルン・ボン空港に降り立った両陛下は、7カ国の中で最も盛大な歓迎を受けた[97]。通商関係のみならず、西独は他の西欧諸国よりも一歩抜きん出て日本を歓迎した。昭和天皇は同日、グスタフ・ハイネマン（Gustav Heinemann）西独大統領に大勲位菊花大綬章を授与した。福田外相をして「（両陛下は）余人をもってかえがたい親善ムードをつくられ（中略）戦後遠くなったヨーロッパと日本の関係を近いものにするふん囲気をかもしだされた」といわしめた[98]。

V　東独との国交正常化──伸び悩む貿易と、活発な文化交流

1　西独の政権交代と、両独国交正常化

　1969年、カンボジア、イラク、スーダン、シリア、南イエメン、エジプトが東独を国家として承認した。西独の歴代政権が掲げたハルシュタイン・ドクトリンは、有名無実化しつつあった。国民もこれを敏感に察知し、CDUへの支持率は低下した。マルク切り上げをめぐる対立もあり、SPDは69年9月にCDUとの連立を解消したうえで、FDP（自由民主党）との連立政権を樹立した。69年10月21日、ヴィリー・ブラントが首相に就任した。

これにより、東方外交が一層加速した。日・西独外務省間の定期交流は、特にキージンガー政権の末期に活発化していたが、これはキージンガーの求心力の衰え、特にハルシュタイン・ドクトリンの有名無実化と連動していた。
　外相時代に東方外交の足場を築いたおかげで、ブラントの首相就任を境に、東側諸国との関係改善は一気に進んだ。エゴン・バールは外務次官に就任し、引き続きブラントの外交を支えた。1970年3月、エアフルトで両独首脳会議が開かれた[99]。ベルリン封鎖の緩和が約されたが、東独が「二つのドイツ」にこだわり、国家として承認するよう迫る一方、西独は「民族の一体性（将来におけるドイツ再統一）」のため、承認に反対した。東独との話し合いが続くなか、西独は8月にソ連と独ソ武力不行使協定を結び、東独と国交を正常化するお墨付きを得た。同年12月には西独・ポーランド条約が締結され、西独はオーデル・ナイセ線を承認した。
　西独が堅持してきた外交方針を次々と覆したブラントに対し、CDUは71年4月に不信任案を提出するが、否決された。同年、ブラントはノーベル平和賞を受賞している[100]。国民の信を問うた72年11月の総選挙で与党SPDとFDPは勝利し、これを受け、72年12月21日に両独基本条約が署名された。西独と東独はお互いを国家として承認せずに、国交を正常化したのである。晴れて両独が国連加盟を果たしたのは、翌年9月18日だった。日本は80番目の加盟国（1956年）だったが、西独が133番目、東独が134番目となった。西独と東独は同年9月19日、国連総会で初めて演説を行った。西独が「将来的なドイツ再統一を悲願として捨てない」と語る一方、東独は「二つのドイツは争う余地もなく別個の国家」と演説した[101]。両者の演説は、対照的だった。

2　日・東独国交正常化

　東独への接近において、一歩下がって西独に追随してきた日本も、両独国交樹立を見てすぐに動いた。両独基本条約が発効したのは1973年6月21日だったが、それに先立つ1月17日と2月5日に、日本は国連において東独代表と接触し、国交樹立の感触をさぐった[102]。請求権問題等の厄介な案件がないため、早期の国交樹立が見込まれた。両国は3月7日にモスクワの日

本大使館、26 日に東独大使館で交渉し、4 月 23 日に正常化の実質合意に達した[103]。73 年 5 月 15 日、新関大使とビットナー東独大使がモスクワの日本大使館で国交樹立協定を署名し、日本は東独と国交を結ぶ 82 番目の国家となった[104]。1974 年 9 月 4 日にアメリカが東独と国交を樹立する、1 年以上前のことだった。日本における東独の当初の活動は、大使館の開設、国連加盟に対する支持の獲得、平和共存の模索、東独のイメージ向上、そして貿易拡大だった[105]。日本政府は東独との国交樹立に際し、「ドイツ民族の統一を支持する日本政府の方針に変更を加えるものではなく、現在のベルリンの地位に影響を及ぼすことを意図するものではない」と発表し、西独に配慮した[106]。73 年 8 月、日本と東独が国交を正常化した 3 カ月後、20 年近く君臨したワルター・ウルブリヒト（Walter Ulbricht）国家評議会議長が亡くなり、東独が新しい時代に入ったことを印象づけた。

　1973 年 10 月 19 日、東ベルリンのオットー・グロテボール通り沿いのビルの一角に、日本大使館が開設された[107]。時を同じくし、東独大使館が 10 月 15 日、東京に開設された。赤坂 7 丁目の旧東独大使館跡地は現在、ドイツ文化会館として使用されている[108]。初代駐日大使にホルスト・ブリー（Horst Brie）が着任し、翌 74 年 4 月 3 日に来日した。ブリーは大戦前の 1934 年にナチスの迫害を逃れてチェコスロバキアに亡命し、次いでポーランド、イギリスを転々とし、43 年にドイツ共産党に入党した[109]。戦後、58 年に東独外務省に加わり、中国大使館に勤務し、駐北朝鮮大使を経験した[110]。ブリー自身が認めるとおり、彼は日本における職務経験がなかった[111]。東独外務省内の政策策定文書は「米国・カナダ・日本」を一括りにし[112]、「アジア」という地理的な括りにはトルコ、インド、パキスタン、カンボジア、マレーシア、シンガポールと日本が混在していた[113]。このような人事および内部構成で、東独外務省がどのような対日戦略を策定しえたのか、限られた史料からは判然としない。そもそも対日戦略など存在したのだろうか。東独の対日政策がモスクワからの指示に基づいて行う諜報活動やプロパガンダ以上のものに脱皮する可能性は、国交正常化直後は低かったといえよう。

　日・東独の国交が正常化したことを見届け、73 年 10 月 4 日に日・西独首脳会談が開かれた。会談の主題は、もはや対東独接近の足並みを揃えること

ではなく、キッシンジャーが発表した新大西洋構想への対応と[114]、先述のイランにおける資源共同開発だった。田中角栄総理のスピーチ原稿には、東独接近において歩調を合わせた西独との関係を「旧友との新しいパートナーシップ」と称える言葉が入った一方、ブラントの原稿にはイランでのすれ違いを念頭に置いたのか、「秋深き　隣は何を　する人ぞ」という芭蕉の句が引用された[115]。東方外交を優位に進めたブラントだったが、74 年 5 月 6 日に突如辞任した。秘書ギョームに東独スパイ疑惑が持ち上がったからだ。後任の首相には、SPD のヘルムート・シュミット（Helmut Schmidt）が 5 月 16 日に就任した。ブラントが打ち出した東方外交は引き継がれ、日本も西独と歩調を合わせる従来の方針を維持した。

　国交を正常化した日本は、西独の周到な根回しがあったため、東独との経済関係の開拓を欲する一部の企業も含め、東独経済について「関与しつつ助けない」方針に徹した。東独に対して圧倒的な技術優位を誇示しつつ、他の中・東欧諸国に対する東独の輸出優位を付与しない経済的関与である。73 年 6 月 28 日、東独政府は日本の 8 商社（三菱商事、三井物産、丸紅、伊藤忠商事、日商岩井、住友商事、日綿実業、安宅産業）に対し、東独における駐在員事務所の開設許可を出した[116]。フランスは東独に進出した日系繊維産業の工場から EC 市場へ迂回輸出が押し寄せることを警戒したが[117]、杞憂に終わった。日・東独経済合同委員会（71 年 2 月 19 日設立）での交流も手伝い、東独で実を結んだ交流プロジェクトは、東ベルリンにおけるビル建設、ライプツィヒでのホテル建設と、大学間交流協定の締結だった。

　鹿島建設は東ベルリンの目抜き通りであるウンター・デン・リンデンと交差するフリードリヒ通り沿いに、国際貿易センタービルを建設した。同ビルは 78 年に竣工した[118]。東独特有の飾り気のない荘厳な建物が並ぶ街並みのなかで、国際貿易センタービルは白い近代的なデザインであると同時に、圧倒的に背が高く、非常に目立った。しかし東独に最新の建築技術が伝播することはなく、日本の圧倒的な技術力が誇示されるだけで終わった。

　鹿島建設は東ベルリンに続き、ライプツィヒにおいてホテル・メルクワを建設した。総工費 160 億円、地下 1 階、地上 29 階建てのホテルは、1981 年 2 月に完成した[119]。商業都市ライプツィヒで開かれる国際見本市には、69

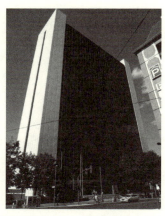

フリードリヒ通り駅から徒歩2分の、国際貿易センタービル(著者撮影)

年から日系企業が参加していた[120]。ライプツィヒで最も高い建物となったホテル・メルクワ内には見本市の事務局が置かれた。ライプツィヒにおけるホテル建設の主眼は、日本から東独へのクラシック音楽鑑賞ツアーを誘致することだった[121]。東独側が日本を含む西側に対し、東独の(生活・)文化水準の高さを誇示しつつ、外貨獲得を目論んだ可能性がある。東独市民の物質的な生活苦を西側に問われた際に、東独政府が文化活動(のみ)を挙げて「生活」水準の高さを主張するケースが散見された。文化活動を国家の外交に使うのは、いま注目を集めるソフト・パワーに近いように見える。しかし当時の東独外交は、ソフト・パワーの行使と呼ぶに値しない。行使を受ける日本を惹きつける「誘因」がほとんど生じていないからである。外貨獲得も文化レベルの誇示も東独の自己都合に過ぎず、それを受け取る日本側のニーズを柔軟にくみ取ったり、日本にないものを提供したりするようなギブ・アンド・テイクやパワーの行使が希薄だった。

　日本と東独の間で活発化した分野の一つが、大学間の交流だった。フンボルト大学とドレスデン工業大学は、東京大学、東海大学、帝京大学、立命館大学、立教大学と協定を結び、研究者・学生の交換プログラムを開始した[122]。なかでも東海大学は、創立者の松前重義が交流に積極的だったこともあり、1971年に東独初となる日本学研究者の日本への派遣を受け入れて

いた[123]。その背景には、「民間の力でソ連・東欧諸国に張り巡らされた鉄のカーテンに風穴を開けたい」という松前の理念があった[124]。松前は1966年に、共産圏との民間交流を推進する日本対外文化協会の初代会長に就任していた[125]。

VI 東独首脳の訪日「ラッシュ」

　日本と国交を正常化した東独にとっての主な課題は、日本からのプラントや鋼材、電気機器の入手、最先端の科学技術へのアクセスと、対日輸出等による外貨獲得だった。これらの目的を達するため、1975年1月26日、ギュンター・ミッターク（Günter Mittag）第一副首相が訪日した。2月1日、両国は宮澤喜一外相とミッターク立ち合いの下、日・東独貿易協定を東京の外務省内で署名した。最恵国待遇も含む貿易協定の成立により、東独は日本との貿易、特に対日輸出が拡大することを期待したが[126]、日本側の見方は冷めていた。東独貿易の0.6％を占めるに過ぎない対日貿易が、大きく伸びる余地は少なかった[127]。東独は日本に工作機械、光学機器、精密機器の輸出を目論んだが[128]、大幅入超が続いた。原因は、東独の輸出品目が限られていること、輸出体制が日本側の需要を満たせる構造ではないこと、日本向けの仕様変更に応じないこと、そして商品開発から生産に移るまでに時間がかかること等であり[129]、東独の支払い能力も大きな問題だった[130]。

　ミッターク副首相の訪日に続き、東独外相による初の公式来日が1977年に実現した[131]。国交正常化以来、4年も経っていた。75年1月に就任したオスカー・フィッシャー（Oskar Fischer）外相は、自らの訪日に先立ち、先に取り結んだ貿易協定よりも包括的で野心的な、日・東独経済協定の締結を熱望した[132]。背景には、貿易協定の締結後、両国間の貿易がほとんど伸びなかった事実があった。しかし西独の根回しが作用し、日本側がこれに冷淡に応じたため、東独が外相の訪日前に辛うじて締結できたのは、科学技術協力協定（11月16日署名）だった。

　1977年12月12日、フィッシャー東独外相が来日した。経済協定の締結を熱望するフィッシャーは、協定に対する日本側の反応が鈍いと見るや、閣

僚レベル定期協議の実現を模索した[133]。これは西独が日本と63年以降積み重ねてきた交流枠組みと似ており、東独はここでも西独に対抗しようとした。しかし福田赳夫内閣の下で経済企画庁長官を務める宮澤喜一と接触した西独大使は、このような協議を始めると、東独政府による統治の強化を助けることになる、との見方で一致した[134]。定期協議の件は、冷淡に扱われることとなった。フィッシャーは日本側との温度差を感じとり、苛立った。東独首脳の訪日日程の途中に必ず組まれた京都訪問について、党要人のモードロウ（Hans Modrow）は「深い感銘を受け、貴重な体験をできた」と褒めちぎって回顧しているが[135]、フィッシャーは側近に対して「時間の無駄」とぼやいた[136]。フィッシャーは東京での交渉継続に強くこだわり、経済協定の締結か、定期協議の実現を熱望した。しかし彼は16日に園田直外相と共同コミュニケを発表しただけで、唯一の成果が文化交流の促進だった[137]。苛立ちと失望を鎮めるように、熱望した昭和天皇との接見について[138]、東独は「実現した」と伝えているが[139]、当時の日本の新聞にそのような記事は見当たらない。

　東独首脳の「相次ぐ」訪日のハイライトは、1981年5月のエーリッヒ・ホーネカー（Erich Honecker）国家評議会議長の初来日だった。ブリー大使が79年2月に園田外相に要請して以来[140]、2年近く経って訪日が実現した。「西独よりも正統な」ドイツ国家を自認する国の指導者としてふさわしい扱いを日本で受け、これを内外に示すため、ホーネカーは昭和天皇との接見を熱望した。ホーネカーの来日には、先に訪日を果たしていたミッタークとフィッシャーも同行した。ミッタークは升で日本酒を飲むしきたりをホーネカーに伝授するほど、準備に余念がなかった[141]。5月27日、皇居宮殿にて開かれた午餐会において[142]、「ファシスト国家と共に先の大戦を主導した」（と特に左派から批判される）昭和天皇と嬉々として祝杯をあげるホーネカーの姿は[143]、弁明の余地なく、大きな矛盾を露呈していた。

　「反ファシスト国家」を掲げる面子のためか、あるいは埋め合わせのためなのか、ホーネカーは29日に被爆地長崎を慰問し、平和公園内に寄贈した「諸国民友好の像」の除幕式に出席した[144]。同年1月にはドレスデンにおいて、東独初となる「広島・長崎原爆写真展」が開催され[145]、ホーネカーは「反ファ

シスト国家」東独を宣伝するのに必死だった。無論、訪日目的についての公式見解は「平和共存ならびに国際関係の健全化のために良好な関係を発展させようとする東独のたゆまぬ努力」の一環である、というものだった[146]。東独は議長の訪日により、「日本がアメリカとの安全保障条約にもかかわらず、独自の外交活動を行い、諸国民との協和の原則を遵守していることが、世界中に示された」と力説し、日本側のメリットも大きかったことを強調した[147]。経済面での成果は、5月28日に園田外相とフィッシャー外相が日・東独通商航海条約を外務省内で署名したことだった。西側諸国と結ぶ初の通商航海条約だった[148]。しかしその内容は、1977年12月に彼が熱望した経済協定とは程遠く、単に両国間貿易の最恵国待遇と、人的交流や船舶の扱いについて第三国より不利益な扱いをしない、というものに過ぎなかった[149]。後に、翌82年10月まで初代駐日大使を務めたブリーが昭和天皇より勲一等旭日大綬章を授与され[150]、西独と競う東独の面目は辛うじて保たれた。

おわりに

東独の対日外交を概観すると、ちぐはぐというか、「もう少し何かできなかったのか」という印象を禁じえない。ホーネカー議長の初来日が1981年に実現した一方で、日本の外相が東独を訪問したことは、一度もなかった[151]。東独は貿易拡大や技術供与等、熱心に要望を出すわりに、物質面でも、ソフト・パワー的な文化面においても、日本側に与えるメリットを十分に用意できなかった。日本が西独と10年以上積み重ねた閣僚級定期協議も実現せず、東独首脳の訪日も決して頻繁ではなかった。物乞い外交、と呼ぶことができるかもしれないが、東独の小さな一歩を後知恵で嘲笑うことができるだろうか。他の中・東欧諸国よりも国家主権を厳しく制限され、国家予算も人的資源も限られた「小国」東独による、モスクワから（ある程度）自立した国益追求の芽生えとして見た場合、小さくない意義があったのではないだろうか。対する日本は、技術力はともかく、経済成長も安全保障も、米国一国に依存して戦後の国際社会に復帰した。経済面ではEC、軍事面ではNATOに属し、多角的な地域枠組みのなかで復活した西独とは対照的であ

る。戦後日本をとりまく環境は、西独よりも東独に似ていたのだろうか。戦後復興の構造的な違いはあったものの、日本は西独のヴィリー・ブラントが打ち出した新しい外交方針に自国の国益を合致させ、東独への接近において足並みを揃えた。東西冷戦の強固な対立構造が揺らぎはじめた時点で、日本は米国の機嫌を損ねることなく的確に時流に乗り、西独と歩調を合わせることで自由陣営の結束強化と、西欧諸国との関係改善を果たしたのである。日・西独関係は常に良好だったと思われがちだが、両国の協力関係は当初ぎこちなく、失敗（イラン）やすれ違い（対中接近）を経験しつつ、徐々に足並みを揃えた。その最大の成果が、東独との国交正常化だったのである。あるいは、東独が「より正統なドイツ国家」として割り込み、西独と競合したことで、日・西独関係が一層深化したともいえる。日本と西独が歩調を合わせたことで、東独は日本から経済・技術的優位を得ることなく、経済的に脆弱なまま1990年10月3日の再統一を迎えることとなった。

1) 本章の文責は筆者にあるが、細谷雄一、岩間陽子、山本健の諸氏より有益なコメントをいただき、御礼申し上げる。研究は当初、日欧貿易摩擦の中で東西貿易が果たした役割に注目して始まったため、史料調査費用の一部は科学研究費助成事業若手研究B（課題番号25780113）によった。
2) 野田昌吾．2014．「ドイツ」網谷龍介・伊藤武・成廣孝編『ヨーロッパのデモクラシー（改訂第2版）』ナカニシヤ出版。森井裕一．2008．『現代ドイツの外交と政治』信山社。望田幸男・三宅正樹編．1999．『概説ドイツ史（新版第5刷）』有斐閣。平島健司．1994．『ドイツ現代政治』東京大学出版会。
3) 例外として妹尾哲志．2011．『戦後西ドイツ外交の分水嶺―東方政策と分断克服の戦略、1963-1975年』晃洋書房。
4) 日・西独の経済関係について、ギュンター・ハイドゥク、クリスティアン・シャッベル（八林秀一訳）．2006．「ドイツから見た独日経済関係の展望」渡辺尚・今久保幸生・ヘルベルト・ハックス、ヲルフガング・クレナー編『孤立と統合―日独戦後史の分岐点』京都大学学術出版会。
5) 工藤章・田嶋信雄編．2014．『戦後日独関係史』東京大学出版会；ハンス・モードロウ編（池田光義・木戸衛一訳）．1983．『遠くて近い二つの国―東ドイツと日本』サイマル出版会。彼はSEDの中心人物の一人だったことから、同書は党の公式見解に近い内容と考えられる。
6) 板橋拓己．2013．「ドイツとイスラエルの「接近と和解」―ルクセンブルク補償協定への道、1949-1953」松尾秀哉・臼井陽一郎編『紛争と和解の政治学』ナカニシヤ出版、

216-233 頁．ただし板橋は「ドイツを見習うべき」等の主張をしていない．
7) 高橋進．1999．『歴史としてのドイツ統一——指導者たちはどう動いたか』岩波書店．
8) ジョゼフ・ナイ（山岡洋一・藤島京子訳）．2011．『スマート・パワー——21世紀を支配する新しい力』日本経済新聞出版社．
9) 東方外交の詳細はⅡ節を参照．
10) ハイドゥク、シャッベル「ドイツから見た独日経済関係の展望」211頁．
11) 2014年度において輸出は米国が最大の貿易パートナーであり、中国は輸入における最大パートナーだった．<http://www.euinjapan.jp/media/news/news2015/20150327/110514/?utm_source=mail&utm_medium=text&utm_campaign=bulletin> 2015年3月31日アクセス．
12) 日本は2001年までドイツにとってアジア最大の貿易相手国だったが、2002年に輸出入ともに中国に抜かれた．ハイドゥク、シャッベル「ドイツから見た独日経済関係の展望」210-211頁．
13) 現在（2015年7月）進行中のユーロ危機のなかで、ドイツの独り歩きが懸念されているほどである．エマニュエル・トッド（堀茂樹訳）．2015．『「ドイツ帝国」が世界を破滅させる—日本人への警告』文藝春秋．ウルリッヒ・ベック（島村賢一訳）．2013．『ユーロ消滅？—ドイツ化するヨーロッパへの警告』岩波書店．
14) 鈴木均．2011．「日欧貿易摩擦の交渉史」遠藤乾・板橋拓己編『複数のヨーロッパ—欧州統合史のフロンティア』北海道大学出版会、242-244頁．
15) PAAA (Politisches Archiv des Auswärtigen Amts, Berlin), B80/833, 10. Mar. 1956.
16) BA (Bundesarchiv, Koblenz), B136/7824, 2. Apr. 1970; PAAA, B37/100207, 21. Aug. 1973. なお同協定は69年に失効したが、日・EC（EU）通商協定が結ばれるまで69年段階の協定が実質上適用される．JETRO．1975．『ジェトロ貿易市場シリーズNo.142　西独』41頁．
17) 同様の懸念について鈴木宏尚．2008．「池田外交の構図—対「自由陣営」外交に見る内政と外交の連関」『国際政治』第151号（3月）、97頁．
18) 池田美智子．1996．『ガットからWTOへ—貿易摩擦の現代史』筑摩書房、81頁．
19) 渡邊頼住．2012．『GATT・WTO体制と日本（増補2版）』北樹出版、56-62頁．
20) 鈴木宏尚．2013．『池田政権と高度成長期の日本外交』慶應義塾大学出版会、128-142頁．
21) 鈴木均「日欧貿易摩擦の交渉史」245-246頁．
22) PAAA, B37/100207, 21. Aug. 1973.
23) 鈴木宏尚『池田政権と高度成長期の日本外交』136-142頁．
24) 『朝日新聞』63年11月6日朝刊．昭和天皇には西独より大十字特別勲章が贈られ、リュプケ大統領には大勲位菊花大綬章が贈られた．同63年11月6日夕刊．
25) 同63年11月8日夕刊．
26) BA, B136/3632, 27. Mai 1963.
27) 『朝日新聞』63年10月29日夕刊．

28) BA, B136/3632, 4. Juni 1963.
29) 『朝日新聞』63 年 11 月 15 日朝刊。
30) 同 63 年 11 月 8 日夕刊。
31) 同 63 年 11 月 10 日朝刊。
32) アルフレート・グロセール（山本尤・三島憲一・相良憲一・鈴木直訳）．1981．『ドイツ総決算―1945 年以降のドイツ現代史』社会思想社．383 頁。
33) 高橋秀寿．2001．「ナショナリティ」矢野久・アンゼルム・ファウスト編『ドイツ社会史』有斐閣、230-231 頁。
34) ヘルマン・ヴェントカー（岡田浩平訳）．2013．『東ドイツ外交史 1949-1989』三元社、187-189 頁。斎藤哲．1999．「東ドイツの歩み」望田幸男・三宅正樹編『概説ドイツ史（新版第 5 刷）』有斐閣、264 頁。
35) ヴェントカー『外交史』99-102、110-114 頁。
36) Peter Katzenstein. 1987. *Policy and Politics in West Germany: The Growth of a Semisovereign State*, Philadelphia: Temple University Press.
37) 佐藤公紀．2014．「書評　エトガー・ヴォルフルム（飯田収治・木村明夫・村上亮訳）『ベルリンの壁　ドイツ分断の歴史』（洛北出版、2012 年）」『現代史研究』第 60 号、53-59 頁。
38) ヴェントカー『外交史』43-73 頁。
39) 同上 55-56 頁。
40) CDU 出身で初代外務大臣に就いたゲオルク・デルティンガーは、「SED 以外の党の出身者も重用する」という民主主義的な偽装のために据えられた。大臣が自らの判断で動こうとした瞬間に肩書を失った。ヴェントカー『外交史』58-61 頁。
41) Gregor Schöllgen. 2013. *Willy Brandt. Die Biographie*, Berlin: Berlin Verlag. S.10; Hans-Joachim Noack. 2013. *Willy Brandt. Ein Leben, ein Jahrhundert*, Berlin: Rowohlt-Berlin Verlag. S.18.
42) 妹尾『戦後西ドイツ外交の分水嶺』28-29 頁。
43) ヨーロッパ・デタントをめぐる多国間外交については山本健．2010．『同盟外交の力学―ヨーロッパ・デタントの国際関係史 1968-1973 年』勁草書房。
44) 妹尾『戦後西ドイツ外交の分水嶺』31 頁。
45) 同上 30 頁。
46) 酒井明司．2010．『ガスパイプラインとロシア―ガスプロムの世界戦略』東洋書店、27-37 頁。JETRO．1971．『東西貿易の動向と問題点』5 頁。
47) BA, B136/7824, 7. Nov. 1972.
48) BA, B136/7520, 2. Feb. 1971.
49) BA, B136/1260, 8. Juli 1957.
50) BA, B136/3633, 27. Sep. 1967.
51) PAAA, B37/105080, 16. Juni 1977; PAAA, B37/100207, 21. Aug. 1973.
52) BA, B136/7824, 21. Juni 1971.

53）『朝日新聞』67 年 6 月 4 日朝刊、5 日夕刊。
54）PAAA, B37/100208, 19 Sep. 1973.
55）PAAA, B37/100207, 13. Sep. 1973; BA, B136/7824, 21. Juli 1971.
56）この「ミドル・パワー」は西独外務省が用いた表現だが、日本については添谷芳秀. 2005.『日本の「ミドルパワー」外交―戦後日本の選択と構想』筑摩書房。
57）ブラントは西ベルリン市長時代の 59 年 2 月に訪日している。
58）『朝日新聞』67 年 5 月 10 日夕刊。
59）同上 67 年 5 月 4 日朝刊。ユーラトムによる保障措置については川嶋周一. 2014.「ユーラトムの成立とヨーロッパ核秩序 1955-1958 ―統合・自立・拡散」国際政治学会 2014 年度大会部会 12「NATO 核共有の起源」報告ペーパー（10 月）、12-14 頁。
60）『朝日新聞』67 年 5 月 12 日朝刊、夕刊。
61）同上 67 年 5 月 11 日夕刊。
62）このような産品は西独から EEC 域内に無関税で流通した。JETRO. 1971.『ジェトロ貿易市場シリーズ No.102 ドイツ民主共和国』16 頁。また西独から東独への輸出は 6% 課税され、東独からの輸入には西独政府から助成金（5% あるいは 11%）が与えられた。JETRO『東西貿易の動向と問題点』5 頁。
63）『朝日新聞』67 年 5 月 13 日朝刊。
64）同上 67 年 5 月 12 日朝刊。
65）PAAA, B37/178341, 1. Aug. 1968.
66）PAAA, B37/178341, 19. Aug. 1968.
67）『朝日新聞』68 年 9 月 17 日夕刊。
68）PAAA, B37/178341, 3. Okt. 1968.
69）PAAA, B37/178341, 13. Jan. 1969.
70）PAAA, B130/9879A, 7 June 1971
71）PAAA, B37/178341, 13. Jan. 1969.
72）PAAA, B37/100207, 30. Aug. 1973.
73）PAAA, B37/100207, 21. Aug. 1973.
74）PAAA, B130/9879A, 23. Mai 1972; PAAA, B37/100207, 30. Aug. 1973.
75）PAAA, B37/100207, 30 Aug. 1973.
76）PAAA, B37/178341, 15. Jan. 1969.
77）Ebd.
78）JETRO『ドイツ民主共和国』17-18 頁。
79）同上 19-20 頁。
80）JETRO. 1969.『わが国の東西貿易 10 年の統計資料』137 頁。
81）同上 24-27 頁。
82）PAAA, NL Grewe, 17. Apr. 1973.
83）PAAA, B37/100207, 12. Sep. 1973.
84）『朝日新聞』69 年 5 月 20 日朝刊。

85) 同上 69 年 5 月 22 日朝刊。
86) 同上 69 年 5 月 14 日朝刊。
87) PAAA, B37/105080, 26. Juli 1977.
88) オーデル・ナイセ線については妹尾『戦後西ドイツ外交の分水嶺』20-21 頁。
89) BA, B136/3059, 7. Mar. 1969.
90) PAAA, B130/9879A, 4. Feb. 1972.
91) PAAA, B37/178341, 25. Mar. 1970; BA, B136/3060, Gesprächunterlagen.
92) ブラントの東方外交にとり西側諸国との緊密な交渉が不可欠だった点については妹尾『戦後西ドイツ外交の分水嶺』13-15 頁。
93) 『朝日新聞』69 年 5 月 21 日朝刊。
94) 同上 71 年 9 月 3 日夕刊。
95) 訪英により、昭和天皇は開戦によって剝奪されたガーター勲章を回復した。君塚直隆. 2004. 『女王陛下のブルーリボン―ガーター勲章とイギリス外交』NTT 出版、229-230 頁。その後まもなく 75 年 5 月にエリザベス二世の初来日が実現した。
96) 『朝日新聞』71 年 9 月 19 日朝刊、10 月 10 日朝刊。
97) 同上 71 年 10 月 12 日朝刊。オランダやベルギーをはじめ、各地で訪欧に反対するデモが起きた。
98) 同上 71 年 10 月 13 日夕刊。
99) 両独の交渉過程については妹尾『戦後西ドイツ外交の分水嶺』55-77 頁。
100) 佐藤栄作の受賞は 1974 年。
101) 『朝日新聞』73 年 9 月 21 日朝刊。
102) 同上 73 年 2 月 8 日夕刊。
103) 同上 73 年 3 月 8 日朝刊、3 月 27 日朝刊、4 月 24 日朝刊。
104) PAAA, M1-Zentralarchiv, C4663, 2. Nov. 1973;『毎日新聞』73 年 5 月 16 日朝刊。『朝日新聞』73 年 5 月 16 日朝刊。82 ではなく 81 番目と記している、モードロウ『遠くて近い二つの国』148 頁。
105) PAAA, M1-Zentralarchiv, C4663, ohne Datum.
106) 『朝日新聞』73 年 5 月 16 日朝刊。
107) 同上 73 年 10 月 12 日朝刊。
108) ドイツ文化会館の住所は赤坂 7-5-56 だが、西独の文書には 7-5-16 と記されている。PAAA, NL Grewe, 9. Okt. 1973.
109) 『朝日新聞』73 年 4 月 12 日朝刊。
110) 同上 73 年 10 月 11 日朝刊。
111) 同上 73 年 4 月 12 日朝刊。
112) PAAA, M1-Zentralarchiv, C1019/74.
113) PAAA, M1-Zentralarchiv, C1078.
114) 詳しくは山本健. 2012. 「「ヨーロッパの年」の日欧関係、1973-74 年」『日本 EU 学会年報』第 32 号、158-177 頁。

115） PAAA, B37/100207, 13. Sep. 1973.
116）『朝日新聞』73 年 6 月 30 日朝刊。
117） PAAA, B37/105080, 19. Nov. 1977.
118） <http://www.kajima.co.jp/prof/overview/160-7.html> 2015 年 8 月 4 日アクセス。モードロウ『遠くて近い二つの国』24 頁。
119） 同上 164 頁。『朝日新聞』81 年 2 月 8 日朝刊。
120） モードロウ『遠くて近い二つの国』138 頁。
121） PAAA, B37 105080, 26. Okt. 1977.
122） モードロウ『遠くて近い二つの国』165 頁。
123） 同上 120-121 頁。
124） 東海大学同窓会「民間の力で鉄の扉を開くソ連・東欧圏との国際交流」『東海大学新聞』2009 年 2 月 1 日号 <http://www.kouyu.tokai.ac.jp/dousoukai/now/newspaper/tkn_090201_003.html> 2013 年 8 月アクセス。
125） 同上。
126）『朝日新聞』75 年 2 月 2 日朝刊。
127） 同上 73 年 9 月 5 日朝刊。
128） 同上 73 年 4 月 25 日朝刊。モードロウ『遠くて近い二つの国』164 頁。
129）『朝日新聞』73 年 5 月 16 日朝刊。
130）『毎日新聞』81 年 5 月 26 日朝刊。
131） モードロウ『遠くて近い二つの国』195 頁。
132） PAAA, B37/105080, 11. Juni 1977.
133） PAAA, B37/105080, 13. Dec. 1977.
134） Ebd.
135） モードロウ『遠くて近い二つの国』223-225 頁。
136） PAAA, B37/105080, 21. Dec. 1977.
137）『朝日新聞』77 年 12 月 17 日朝刊。
138） PAAA, B37/105080, 1. Dec. 1977.
139） モードロウ『遠くて近い二つの国』195 頁。
140）『毎日新聞』79 年 2 月 10 日朝刊。
141） 同上 81 年 3 月 22 日朝刊。ミッタークは新潟出身の新日鉄社長、斎藤栄四郎よりお酒の飲み方を伝授されていた。
142）『朝日新聞』81 年 5 月 27 日夕刊。
143） モードロウ『遠くて近い二つの国』表紙。
144）『朝日新聞』81 年 6 月 1 日朝刊。モードロウ『遠くて近い二つの国』66-67 頁。
145）『朝日新聞』81 年 1 月 10 日夕刊。
146） モードロウ『遠くて近い二つの国』202-203 頁。
147） 同上。
148）『毎日新聞』81 年 5 月 26 日朝刊。

149) 同上。『朝日新聞』81年5月28日夕刊。
150) モードロウ『遠くて近い二つの国』151頁。
151) 同上 192-193頁。

第 9 章

似て非なる関係
——南北朝鮮、東方政策、EC 諸国、1969-1975 年——

山本 健

はじめに

　核兵器、イデオロギー、ブロックの形成、代理戦争など、冷戦と呼ばれる時代を特徴づける要素はいくつもある。「分断国家」もまた、その一つであろう。冷戦期に生まれた分断国家は、それぞれが自らの望む形での再統一を目標として掲げ、互いに自らの正統性を主張し合い、自国の方が国際的に承認されることを目指して競い合った。その典型が、東西ドイツである。

　そして対立する東西ドイツ間の接近をもたらしたのが、1969 年末に西ドイツの首相に就任したブラント（Willy Brandt）の東方政策である[1]。ブラント首相は、まずソ連と交渉を開始し、1970 年 8 月に独ソ武力不行使条約（モスクワ条約）の調印を実現した。さらにポーランドともワルシャワ条約に調印した後、1972 年 12 月には東ドイツと基本条約と呼ばれる関係正常化の協定に調印したのである。この両ドイツの接近は、両国間の人的交流を増大させ、貿易量の増大ももたらした。二つのドイツが互いを認め合ったことは、さらに多国間のヨーロッパ安全保障協力会議開催への道を開くことにもなった[2]。

　興味深いことに、まったく同時期に、もう一つの分断国家である南北朝鮮もまた、アジアにおいて対話の機運を示していた。韓国と北朝鮮は、まず民

間レベルで1971年に南北赤十字会談を開始した。そして翌72年7月には、両国で「自主的平和統一に関する共同声明」を発表するのである。この南北間の接近に関しては、近年、一次史料に基づく重厚な歴史研究が相次いで出版されている[3]。それに対して、ここで本章が試みるのは、東西ドイツ間の接近と南北朝鮮間の接近との比較である。比較の視点はさまざまにありうるが、本章は特にこれら二つの「接近」を取り巻く国際環境に注目し、1970年代前半における二つの分断国家の相違を浮き彫りにすることを目的とする。さらに本章は、「アジア・ヨーロッパ関係史」の一側面として、これまでほとんど取り扱われることのなかったヨーロッパ共同体（EC）諸国の対朝鮮半島政策についても分析を試みる。特に、南北朝鮮間の接近とその後の対立に対して、EC諸国がどのような対応を見せたのかについて、主に英仏の一次史料に基づいて明らかにする。冷戦史研究では、ある国や地域、または特定の二国間関係を通時的に論じるものがほとんどである。対して本章は、アジアとヨーロッパという異なる地域間を比較し関係を見ることで、特定の時期を共時的に理解しようとする試みでもある。

I　1970年代の南北接近

まずは1970年代初頭における南北朝鮮の接近と、その後の対話の停滞の過程を簡単に見ておこう。南北接近の萌芽は、すでに1969年秋に見られた。この年の9月2日、北朝鮮の金日成首相は、「米帝侵略軍が朝鮮から出て行き、南北朝鮮の間に平和協定を結び南北朝鮮の軍隊を縮小すること」を呼びかけ、平和攻勢を強めはじめていた[4]。7月にニクソン（Richard Nixon）米大統領が、いわゆるグアム・ドクトリンを発表し、世界におけるアメリカのコミットメントの縮小を示唆していたからであろう。他方で韓国も、外務部や南北関係を専門に取り仕切る国土統一院開院が、東方政策を進める西ドイツ政府と積極的に意見交換をはじめていた。翌1970年の8月15日には、朴正熙大統領がいわゆる「八・一五平和統一構想宣言」を行い、北朝鮮の武力不行使による朝鮮半島の緊張緩和を呼びかけた[5]。

だが南北朝鮮を直接対話へと突き動かしたのは、米中接近によるアジア冷

戦の構造変動であった。1971年7月、ニクソン米大統領の安全保障問題担当補佐官のキッシンジャー（Henry Kissinger）が中国を極秘訪問し、翌年のニクソンの北京訪問を発表したことで東アジアの国際環境は激変した。韓国にとってもこのニクソン・ショックは寝耳に水であった。韓国の頭ごなしに米中間で朝鮮問題が取り扱われることを懸念した朴政権は、北朝鮮との直接対話を模索した[6]。その第一歩が、赤十字社を通じた民間対話の呼びかけであった。

他方、キッシンジャー訪中による米中接近は、北朝鮮指導部にとっても「周恩来ショック」であった。しかし北朝鮮側はすぐに、この米中接近は、米軍の韓国からの撤退へとつなげられるチャンスであると受け止めるようになった[7]。それゆえ北朝鮮は、韓国の南北赤十字会談の提案を受け入れたのである。9月20日には、南北赤十字会談予備会談が板門店で実現することになった。民間レベルとはいえ、1948年以来、分断後初の南北対話のはじまりであった。

民間対話は、さらに政府間レベルへの呼び水となった。南北赤十字会談を利用して、極秘裏に韓国と北朝鮮の政府間対話チャンネルがつくられたのである。それは翌1972年7月4日の「自主的平和統一に関する共同声明」へとつながった[8]。この「七・四南北共同声明」では、自主、平和、民族大団結という「祖国統一三大原則」が謳われた。これが南北朝鮮デタントの頂点となり、ブラント西独首相もこの共同声明を高く評価し歓迎するメッセージを朴大統領に送っていた[9]。

しかしながら、「七・四南北共同声明」は同床異夢の産物でもあった。東西ドイツ政府が同年12月に基本条約を締結する一方、南北朝鮮間の対話は停滞し続けた。南北間では政治対話の常設機関として「南北調節委員会」を設置することが合意されていた。10月以降、そのための会合が数度にわたって行われたが、協議は平行線を辿った。北朝鮮側が、平和協定の締結、軍縮、南北首脳会談などを求めたのに対して、韓国側は、そのような大きな政治的成果を急がず、非政治・非軍事分野における信頼醸成の積み重ねを求め続けた[10]。両国は、「七・四南北共同声明」以降、さらなる合意点を見出せないまま、むしろ相互不信を深めていった。

II 二つのドイツ、二つのコリア？

では、1970年代前半の南北朝鮮関係と東西ドイツ関係は、それぞれどのような特徴があったのだろうか。第II節から第IV節にかけて、二国間関係、国連および第三世界との関係、そして大国との関係という視点からこれら二つの比較を試みたい。

1 「二つのコリア」対「一つのコリア」

南北朝鮮と東西ドイツとの相違は、1973年に入るといっそう明確になっていった。特に際立ったのが、国際舞台における両国間のあり方である。韓国は、南北朝鮮の国連同時加盟を認める形で「二つのコリア」の立場を明確にした。同年5月に北朝鮮が世界保健機構（WHO）に加盟し、国連常駐オブザーバーの資格を得たことが重要なきっかけであった。後述するように、第三世界諸国の北朝鮮の支持が高まった結果、北朝鮮のWHO加盟が実現したのである。韓国政府にとって、北朝鮮のWHO加盟実現は予想外であり、大きな衝撃を与えることになった[11]。

その結果、朴正煕大統領が発表したのが、6月23日の「平和統一外交政策に関する特別声明」（六・二三宣言）である。そこで朴大統領は、南北同時国連加盟を認めると同時に、共産主義諸国との関係を改善する意向を示した。それは、ブラントの東方政策を参考にしたものであった[12]。それまで韓国政府は、あくまでも南北朝鮮の統一を政策として掲げており、その意味で南北同時国連加盟を認めたこの「六・二三宣言」は、「二つのコリア」政策への大きな転換であった。また同じく、それまで韓国は、北朝鮮が国交を樹立している共産主義諸国との外交関係を拒否していた。それゆえ、共産主義諸国との関係改善の意向を明確にしたことも大きな方針転換であった。

これに対して北朝鮮は強く反発した。「平和統一外交政策に関する特別声明」が出された同日、金日成首相は演説で、南北朝鮮の国連同時加盟に反対した。韓国と北朝鮮がそれぞれ国連に加盟することは、分断の固定化につながると考えられたからである。逆に金首相は、国連加盟は単一国号によるべきであると主張し、「高麗連邦共和国」による統一を提案した[13]。つまり北

朝鮮は、「一つのコリア」の立場に固執し続けたのである。韓国と北朝鮮の間には、大きな立場の相違が存在していた。

2　二つのドイツ

　この点は、東西ドイツと比べるといっそう際立ってくる。すでに1950年代半ばより、ソ連と東ドイツは「二つのドイツ」政策をとっていた。1955年に西ドイツがNATOに加盟すると、ソ連は他の東欧諸国とともにワルシャワ条約機構を結成し、東ドイツもそこへ加盟することになった。これ以降、ソ連と東ドイツは「二つのドイツ」政策をとり続け、東ドイツが単独の国家として国際的に承認されることを目指していった。これに対して西ドイツは、「一つのドイツ」を主張し続けた。また西側諸国は、西ドイツが唯一正統な「ドイツ」であるとの立場をとり、東ドイツを国家として承認しようとはしなかった。このドイツをめぐる東西間の対立は1960年代末まで続き、ヨーロッパ・デタントの障害となっていた[14]。

　この状況を変えたのがブラントの東方政策であった。1969年10月、西ドイツの首相に就任したブラントは、「一つの民族、二つの国家」を唱えて東ドイツを事実上承認する新たな政策を示したのである。西ドイツの「二つのドイツ」政策への大きな転換であった。ここに、東西ドイツが一定の合意に至る基盤が生まれたのである。確かに東西ドイツ間にはまだ重要な差異が存在した。西ドイツは「二つのドイツ」を認めつつも、分断の固定化につながらないよう、東ドイツを国際法的に承認しようとはしなかった。東ドイツは「外国」ではないとされ、東ドイツを事実上承認しつつ、両国間で「特別な関係」を構築しようとした。他方で東ドイツ側は、「二つの民族、二つの国家」という立場から、国際法的な承認を求めていた。しかしながら、最終的に東ドイツはソ連の意向を受けて国際法的承認を断念し、1972年12月に東西両ドイツは基本条約を締結し、両国関係の正常化を達成した。そして翌73年9月に、二つのドイツは国連にも加盟することになったのである。

3　駐留米軍問題

　1970年代のドイツと朝鮮半島を比較してみたとき、東西ドイツが基本条

約を締結するに至り、南北朝鮮間の対話が行き詰まるに至ったさらなる理由として、駐留米軍問題が指摘できるだろう。韓国はブラントの東方政策をモデルとしつつ北朝鮮への接近を図ったが、北朝鮮のモデルは東ドイツではなく、北ベトナムであった[15]。金日成にとって、「米帝」と戦い、アメリカ政府と直接交渉を行い、ベトナムから米軍を撤退させた北ベトナムは、東ドイツよりもはるかに魅力的であった。そして北朝鮮の指導者は、駐留米軍さえいなければ、北側は戦わずして勝利を得ることができ、朝鮮半島の統一を果たすことができると考えていた[16]。それゆえ北朝鮮は一貫して在韓米軍の撤退を求め続け、この点で妥協を示すことはなかった。南北対話を試みたのも、それが米軍の撤退につながると期待したからであった。しかしながら、米軍の撤退は韓国にとって受け入れられるものではなかった。アメリカにとっても、それは無条件で受け入れられるものではなく、停戦協定体制の固定化という朝鮮半島の現状維持と安定が大前提であった。この点で、南北朝鮮が合意できる基盤は存在しなかった。

　ドイツ問題の中では、西ベルリンにおける米英仏三国の西側駐留軍を、在韓米軍とパラレルで考えることができるだろう。冷戦の中でドイツが東西に分断されると、ベルリンもまた西と東に分裂することになった。東ベルリンは東ドイツの首都となった。隣の西ベルリンは西ドイツから177km離れた東ドイツの真ん中に位置しており、東ドイツから見ると、西ベルリンは東ドイツ領内におけるトゲのような厄介な存在であった。そしてそこには、小規模ながらも米英仏軍が駐留し続けたのである。1958年に勃発した第二次ベルリン危機は、1961年8月に東ドイツが一方的にベルリンの壁を構築することで一応の収束を見せたが、その後の米ソ間の交渉で最大の懸案事項となったのが西ベルリンの西側駐留軍の存在であった。このときはソ連側が一貫して西側駐留軍の撤退を求めたため交渉は決裂し、ベルリン問題は棚上げとなった[17]。

　しかし1970年代は違った。1970年8月にモスクワ条約が調印された際、ブラントはベルリン問題の解決が、モスクワ条約が西ドイツにおいて批准される前提条件であるとした。ベルリンに関する交渉は、すでに同年3月より米英仏ソ間で始まっていたが、ここで注目すべきは、この交渉の中でソ連は

もはや西側駐留軍の撤退を要求しなかったことである[18]。1960年代初頭の米ソ交渉の決裂を考えれば、この点は強調してよいだろう。むろんこの点だけがベルリン問題の争点ではなかったが、1971年9月に米英仏ソはベルリン大使協定に仮調印することができた(最終調印は72年6月)。そしてそれは、72年5月の西独議会におけるモスクワ条約とポーランドとのワルシャワ条約の批准、さらに先述の東西ドイツ間の基本条約調印（12月）へとつながったのである。こうしてみると、分断国家間で何らかの合意に達するためには、駐留外国軍を含む現状承認が基盤となることが明らかであろう。そして東西ドイツと異なり、1970年代前半の北朝鮮は、韓国との対話を進めつつも、現状を承認する準備はなかったのである。

Ⅲ　国連と第三世界諸国

1　国　連

　国際的文脈で見た場合、東西ドイツと南北朝鮮を対比させたとき際立つのが、国連との関係の違いである。いわゆるドイツ問題は、国連総会の場で議題となることは一度もなかった。たしかに東ドイツは一貫して国際法的承認を求めており、1966年には東ドイツの国連加盟申請が出されるが、西ドイツの西側同盟国で国連安全保障理事会の常任理事国でもあるアメリカ、イギリス、フランスはこれを阻止した。米英仏は東ドイツをソ連の「傀儡国家」とみなし、国家として承認していなかった。東ドイツは、国連に加盟する権利がないとされたのである。当時の西ドイツ政府も、西ドイツ自身が国連加盟申請すれば東ドイツも同様の行動をとり、東ドイツの国際的承認に道を開くことになりかねないため、国連加盟をあきらめていた[19]。1945年の発足以来、国連の中でドイツ問題の存在は希薄であった。

　それに対して朝鮮半島問題は、戦後一貫して国連のアジェンダであり続けた。第二次世界大戦における日本の敗戦後、日本の植民地化に置かれていた朝鮮半島は米ソ両軍に占領された。しかし朝鮮半島の将来をめぐる米ソ間の協議は決裂し、1947年9月、アメリカ政府は朝鮮半島独立問題を国連総会に付託した。これが朝鮮半島問題への国連の関与の始まりであった。

だがより決定的であったのは、1950年6月に勃発した朝鮮戦争である。よく知られるように、戦争勃発当時、ソ連は、国連が中国共産党政府の承認を拒否したことを理由に国連をボイコットしていた。そのため、ソ連に拒否権を行使されることなく、国連安保理事会は、6月27日に北朝鮮を侵略国と断定し、韓国を支援する決議を採択した。北朝鮮は国連の「敵」とされ、さらに米軍を中心とする国連軍司令部が設置されたのである。その結果、韓国は国連にとって朝鮮半島における「唯一合法政府」となった。さらに国連は、「朝鮮半島の統一した独立かつ民主的政府の樹立を達成するにあたって国連を代表すること」を任務の一つとする国連朝鮮統一復興委員会（UNCURK）という組織を発足させた。UNCURK は朝鮮半島問題に関する報告書を国連に毎年提出することを義務づけられ、この委員会は国連の朝鮮半島問題への関与の象徴となった。国連では、韓国のみがオブザーバー資格を得て、意見表明することができるようになった。それゆえ国連は当初、韓国にとって国際社会における自国の優位を示す場となった。1953年の朝鮮戦争停戦協定締結後も、アメリカは韓国と相互防衛協約に調印し、米軍と国連軍司令部は国連旗を掲げたまま韓国に駐留することになった。以後、北朝鮮側にとっては、この韓国駐留米軍、国連軍司令部、そして UNCURK が取り除かれるべき「障害」となったのである。国際的文脈で見た場合、ドイツ問題と比べると、朝鮮半島問題における国連の存在感は非常に大きかったといえよう。

2　第三世界諸国

朝鮮半島問題において国連が重要な位置を占めていたことは、国連の変化がそれに大きな影響をもたらすことになることを意味した。1945年10月24日、国連は51カ国の加盟国で発足した。しかし1960年代の脱植民地化の時代に入ると、多くの植民地国が独立を果たし、続々と国連へ加盟することになった。このことは、ドイツ問題には大きな影響をもたらすことはなかった。むろん、東西両ドイツにとって新興独立国が東西どちらのドイツと国交を樹立するかは重要な問題であった。しかし、この点では西ドイツが圧倒的に有利であった。戦後復興を遂げるのみならず、奇跡的な高度経済成長を遂げて

経済大国となった西ドイツは、新興独立国にとって東ドイツよりも遙かに魅力的な国となっていた。その結果、新興独立国の大多数は西ドイツと国交を樹立することとなった。それに対して東ドイツが共産主義国以外で国交を樹立できていたのは、エジプトなどごくわずかであった[20]。それゆえ西ドイツが「二つのドイツ」政策をとるようになった背景として、第三世界諸国の動向を指摘するのは難しい。

しかしながら、朝鮮半島問題においては、第三世界諸国の動向が大きな影響を与えた。西ドイツと異なり1960年代の韓国は決して豊かな国ではなかった。新興独立国に対して大規模な経済援助ができる余裕はなく、新興独立国にとって韓国は魅力のある国では決してなかった。それに対して北朝鮮は、第三世界諸国の中で、とりわけ非同盟主義運動から支持を得られるようになった。北朝鮮も経済力がある国とはいえなかったが、反植民地主義、反西洋主義を掲げる非同盟主義運動からイデオロギー的な支持を北朝鮮は得たのである。非同盟主義運動の視点からは、韓国はむしろアメリカ帝国主義の傀儡とみなされていた。朝鮮半島問題は、1964年にカイロで開催された第2回非同盟諸国首脳会議において初めて非同盟諸国に認識され、1970年に開催された第3回非同盟諸国首脳会議以降、議題として取り上げられ続けることになったのである[21]。

そして第三世界に属する新興独立国が国連において存在感を増したことは、国連での北朝鮮支持の増大につながった。1961年当時、国連加盟国は117カ国であったが、その中で非同盟諸国が占める割合は約23%であった。それが1970年になると国連に加盟している非同盟諸国の数は24カ国から58カ国に増大し約45%を占めるようになった。さらに75年にはその割合が55%を超えるまでになるのである[22]。そのようななか、60年代後半以降、北朝鮮の意向を受けて、非同盟主義運動のリーダー国となったアルジェリアを中心に、国連軍司令部やUNCURKの解体、そして韓国駐留米軍の撤退を求める国連決議が提出されるようになった。それまで韓国にとって有利な場であったはずの国連が、大きく変化し始めたのである。

実際、1970年代に入ると国連に対する南北朝鮮の立場は入れ替わった。1970年までは、事実上韓国を支持する西側陣営が提示する国連決議案が圧

倒的多数で可決されてきた。対して、米軍の韓国からの撤退や UNCURK の解体を求める決議案は否決され続けた。しかし、後者への支持は少しずつ増加していた[23]。1971 年に米中が接近し、その年の 10 月に中国の国連加盟が決議されると、国連における中国の影響力の増大を背景に、北朝鮮は自国に有利な形で朝鮮半島問題の解決を図るため国連の場を積極的に活用する動きを強めた。時代の変化を感じ始めた韓国は、逆に国連での朝鮮半島問題の取り扱いを避けるようになっていった。南北の立場は逆転した[24]。この韓国の意向を受けて、1971 年にはイギリスの提案で、国連における朝鮮半島問題の決議は先送りされた。翌 72 年には、7 月 4 日の南北朝鮮による「七・四南北共同声明」の発表と南北対話が進展するのではないかという雰囲気の中で、再び国連での決議は先送りされた。だが 73 年には南北間の対立の再燃は明らかとなり、すでに実質的には形骸化していた UNCURK の解体を米中で合意することでようやく朝鮮半島問題に関する国連決議は回避された[25]。しかし次節で論じるように、74 年になると、第三世界諸国の支援に自信を深めた北朝鮮の強気の姿勢が国連の場で示されていくことになるのである。

Ⅳ 大国との関係

　第三世界諸国のみならず、アメリカ、ソ連、そして中国といった大国との関係においても、1960 年代末から 70 年代半ばの東西ドイツと南北朝鮮の状況は大きく異なっていた。ブラントの東方政策の重要な特徴の一つは、東ドイツではなく、まずソ連との合意を目指した、いわゆる「モスクワ第一主義」にあった[26]。すでに 1955 年に西ドイツとソ連とは国交を樹立していたが、ブラントは東ドイツとの関係を正常化するためには、まずソ連との合意を形成する必要があると考えていた。それゆえブラントは首相に就任するとすぐに、ソ連との武力不行使条約の締結を目指した。そのために西ドイツは、1969 年 11 月に核拡散防止条約（NPT）に調印し[27]、西ドイツは核武装をしないというシグナルを送った。さらに 1970 年 2 月には、ソ連と天然ガス・パイプライン協定について調印し、西ドイツとの良好な関係は経済的な利益にもつながることを示した[28]。そして同年 8 月に、西ドイツとソ連は武力不

行使条約（モスクワ条約）を調印するにいたったのである。またモスクワ条約調印までの交渉の中で、西ドイツとソ連は、武力不行使協定のみならず様々な論点について交渉を行った。そうすることで、ブラント政権は、モスクワ条約調印後に、ポーランド、そして東ドイツとの関係正常化を実現していった。ソ連の指導者ブレジネフ（Leonid Brezhnev）もまた、モスクワ条約の締結を賞賛していた[29]。

　しかし韓国は、1970年代まではソ連および中国との関係を重視することはなかった。朴正煕のアプローチは、北朝鮮との直接交渉であった。韓国は、西ドイツのハルシュタイン・ドクトリンと同様、北朝鮮と外交関係にある国とは外交関係を持たないという立場をとってきた。それゆえ韓国は、ソ連とも中国とも国交がなかった。アメリカが中国と和解し、1972年9月には日中が国交正常化を果たしても、韓国は中国との関係改善に動き出すことはなかった。同じ「分断国家」で西側陣営の盟友である台湾との関係を重視したためかもしれない[30]。しかし、いずれにせよ、1973年までに北朝鮮との直接交渉は暗礁に乗り上げた。そして、北朝鮮を承認する国が増え続け、北朝鮮がWHOに加盟し国連オブザーバーの資格を得る段になってようやく、韓国は政策を変更した。1973年の「六・二三宣言」である。ここで朴大統領は、南北朝鮮の国連同時加盟のみならず、ソ連および中国との関係改善の方針を打ち出したのである。

　しかしながら、ブラントの東方政策のようにはうまくいかなかった。中ソとも、韓国からのアプローチを拒否したからである。韓国政府による水面下での接触の試みは、1970年頃から存在した。ウガンダやイタリア、スウェーデンのソ連大使館のソ連外交官との非公式の意見交換がされることはあった[31]。その中でソ連は、基本的に「二つのコリア」を認めつつあるという感触を韓国外務部は得ていたという[32]。ブレジネフはアジアにおいても、1969年より「アジア集団安保構想」を提唱していたが、それも多国間の枠組みの中で「二つのコリア」が承認される可能性があることを示唆していた[33]。しかしながら、ソ連が韓国を公式に承認することはなかった。高一によれば、ソ連が一方的に韓国を承認すれば、朝鮮半島の「均衡」を崩す恐れがあるからであった[34]。

中国は韓国に対して、ソ連よりもさらに冷淡であった。中国は、韓国側と非公式の接触すら避けていた。韓国がフランスなどの第三国を通じて中国側の意向を打診しても、中国政府は反応を示さなかった[35]。中国にとって韓国と接触することは、「一つのコリア」政策と矛盾するものであった。韓国に接近すれば、北朝鮮の反発を招くことは明らかであり、対立するソ連との関係からも好ましくなかった。そして何より、中国が「二つのコリア」を受け入れれば、自身の「一つの中国」原則と矛盾しかねなかった[36]。中国国連大使の黄華はキッシンジャーに対して、「韓国が分断の永久化につながる南北同時国連加入案を完全撤回しない限り、韓国との接触はありえない」と明言していた[37]。中国にとっても、ソ連にとっても、北朝鮮との関係を悪化させてまで韓国と関係改善するメリットはなかった。西ドイツと比較すると、韓国には中ソの方針を変えさせるような経済力も外交カードもなかったともいえよう。

　北朝鮮も、南北間の交渉が行き詰まると、1974年からアメリカとの直接交渉を要求するようになった。いわば、「ワシントン第一主義」に方針転換したのである。北朝鮮もアメリカとの国交はなかったが、3月、北朝鮮の最高人民会議が米議会に書簡を送るという形で直接対話を提案したのである。その書簡の中で北朝鮮は、朝鮮半島における緊張緩和と統一の前提をつくるためとして、アメリカと北朝鮮の間で平和条約の締結を呼びかけた。そして国連軍司令部の解体と、韓国に駐留する米軍の撤退を要求した[38]。米朝は朝鮮戦争の停戦協定の締約国であり、その停戦協定を平和条約に変えようという趣旨であった。だがそれは韓国を交渉から排除するアプローチであり、アメリカに受け入れられるものではなかった。逆にキッシンジャーは、米中と南北朝鮮の四者会談を提案した。それによって、アメリカと北朝鮮、中国と韓国それぞれの関係正常化、そして南北朝鮮の国連同時加盟という、いわゆる「クロス承認」を目指した[39]。しかし中国も北朝鮮もこれを拒否する。ヨーロッパでは、東西ドイツが基本条約に締結し、両国が国連に加盟した後の1974年に米英仏三国は東ドイツと国交を結び、ドイツをめぐる「クロス承認」を完成させた。しかし、朝鮮半島でそのような状況を生み出すことはできなかったのである。

大国との関係では、東ドイツと北朝鮮も対照的であった。西ドイツが東方政策を活発化させソ連との交渉を進めている間、東ドイツの行動はソ連によって厳格にコントロールされていた。たとえば、1970年に東西両ドイツの首相は、エアフルト（3月）とカッセル（5月）において二度首脳会談を行ったが、東ドイツ側の主張はソ連に管理されており、カッセルの会談後に独独交渉を一時延期するというようなことまで、ソ連は指示をしていたのである[40]。そもそも東ドイツとソ連は「二つのドイツ」の国際的承認と現状の固定化を目指すことで基本路線は一致していたが、詳細な点まで政策が完全に一致していたわけではない。しかしソ連は、東ドイツの単独行動がモスクワ条約の批准やヨーロッパ安全保障会議の開催を妨げることを許すつもりはなかった。

　東ドイツもまた、ソ連の方針に逆らうつもりはなかった。ソ連と対立する中国は、ブラントの東方政策を利用して、ソ連と東ドイツの間にくさびを打とうとした。西ドイツに接近しようとするソ連の態度は、東ドイツに対する裏切りであると非難したのである。しかしながら東ドイツは、ソ連との友好関係が最も重要であるとしてソ連に従う姿勢を堅持した。中ソ対立を利用して、東ドイツが独自外交を展開するようなことはなかった[41]。

　北朝鮮外交はしかし、ソ連や中国にコントロールされていたわけではない。むしろ中ソが対立する中で、北朝鮮は自己の主張をよりしやすかったといえよう。北朝鮮が中ソに対して韓国の接近を拒否するよう求めたとき、中ソ両国は、もし韓国のアプローチを受け入れれば他方から強く批判されることを考慮しなければならなかった。そして実際、韓国の中ソへの接近は何ら成果をもたらすことはなかった。また李東俊によれば、1974年より北朝鮮がアメリカと直接対話を模索し始めたことは、中国に対する不満の現れでもあった。在韓米軍をめぐって、中朝間にはズレがあった。米中交渉の中で中国側は、在韓米軍の存在を容認する姿勢を示していた。それゆえ、北朝鮮は独自にアメリカと交渉することを試みたのである[42]。

　さらに北朝鮮には、先述のように、第三世界諸国の支援があった。それが現れたのが、やはり国連の場である。1973年の時と同じく1974年においても、国連で朝鮮半島問題に関して衝突するのを避けるべく米中間で交渉が行われ

た。アメリカ政府は 6 月、国連軍司令部を解体する代わりに、韓国における米軍の駐留を中朝に認めさせ、また南北朝鮮間で不可侵協定を締結させる案を中国側に提示した。在韓米軍は、朝鮮半島における安全保障の状況が安定化するにしたがって段階的に撤退させ、最終的に全面撤退するよう努力するとされた[43]。しかし中国を通じてアメリカ側の提案を受け取った北朝鮮は、それを「米軍撤退と停戦協定の平和協定への代替なしに国連軍の旗だけを降ろすのは欺瞞策に過ぎない」と非難し、拒否した[44]。さらに北朝鮮は、9 月に支援国であるアルジェリアなどを通じて、「国連旗のもとに南朝鮮に駐留するすべての外国軍隊の撤退」を求める決議案を国連総会に提出した[45]。李東俊によれば、これは中国との事前協議がないまま提出された決議案であり、中国は、北朝鮮に対する影響力も、朝鮮半島問題に関する主導権をも失ったことを示唆していたのである[46]。東ドイツと比べると、北朝鮮の独自外交が際立つのがわかるであろう。

V　EC 諸国と朝鮮半島

　では EC 諸国は、1970 年代前半における朝鮮半島問題に対して、どのような対応をとったのだろうか。この問題に関して EC 諸国は一致した対応をとることができたのだろうか。最後に、この第 V 節において、EC 諸国の韓国および北朝鮮に対する対応を見ていくことにする。

　いうまでもなく、朝鮮半島はヨーロッパから地理的に遠く隔たっており、またヨーロッパ諸国が植民地化したという歴史もなかったこともあり、EC 諸国と南北朝鮮との利害関係は希薄であった。そして西側陣営、すなわち韓国側の国連政策は、韓国とアメリカが中心となって作成していた。しかしながら、国連軍の一部として朝鮮戦争にも参加したイギリスは、1973 年に EC に加盟する以前から韓国・アメリカとも積極的に協議を行い、しばしば重要な役割を果たした。たとえば、1971 年と 72 年に、韓国の意向を受けて、国連における朝鮮半島問題の討議を延期するよう提案したのはイギリスであった[47]。韓国政府もまた、イギリスが、アメリカに次ぐ頼りになる友好国であるとみなしていた[48]。

他方でフランスは、イギリスと比べると必ずしも積極的に韓国を支持する姿勢を示さなかった。他のEC諸国と同様に北朝鮮との国交はなかったが、フランスには1968年より北朝鮮の貿易事務局が存在し、フランス外務省はしばしば北朝鮮側の人物と接触していた[49]。また中国との良好な関係を維持するためにも、フランス政府は、反北朝鮮的な姿勢をとることを慎重に避けていた[50]。国連総会で、韓国支持派決議案が勝利することに価値があるとも考えていなかった[51]。

　他のEC諸国の立場もさまざまであり、朝鮮半島問題で一致した対応をとることは容易ではなかった。1973年にイギリス、アイルランド、デンマークが加盟して9カ国となったEC諸国は、朝鮮半島問題に関してはヨーロッパ政治協力（EPC）の枠組みを利用して協議した[52]。同年2月にEPCはアジア作業グループを発足させ、各国外務省のアジア課長級の会合を定期的に行った。しかし、EC諸国は手放しで韓国を支持したわけではなかった。

　とりわけEC諸国の足並みを乱したのは、デンマークであった。すでにECに加盟する以前よりデンマークは、非EC加盟国であるスウェーデンやノルウェー、フィンランドなどの北欧諸国と協議を行い、北朝鮮と国交を樹立する方針を固めていった。実際、1973年4月にはスウェーデンとフィンランドが、6月にはノルウェー、そして7月にデンマークがそれぞれ北朝鮮と外交関係を確立した。2月に開かれたアジア作業グループの初回会合において、北朝鮮の承認問題を議題として提案したのは、ほかならぬデンマークであった。そこでデンマーク代表は、すでに南北朝鮮は対話を開始しており、デンマークとしても南北双方との関係を維持することが論理的である、との主張を展開していた[53]。その後、他のEC諸国が北朝鮮と国交を結ぶことはなく、デンマークのみが北朝鮮を承認する形になったが、デンマークはEPCの協議の中で、他の北欧諸国の動向にも配慮する独自の姿勢を示し続けた。

　ただし北朝鮮との関係に関しては、各国間の意見の相違がある中で、1974年に最低限の申し合わせがなされた。すなわち第一に、EC 9カ国は、「二つのコリア」の共存ならびに「二つのコリア」それぞれと他国との均衡——つまり中ソが韓国を承認すれば、EC諸国も北朝鮮を承認する——を目指す政

策を支持し、第二に北朝鮮との関係を修正するいかなる措置についても互いに情報を提供し合うことでは合意した[54]。この原則に基づき、北朝鮮との外交関係樹立を検討していたオランダは、結局それを断念することになった。

韓国国内における人権問題に関しても、EC諸国間には温度差があった。当時、韓国の朴正熙大統領は権力基盤を固めるため、1972年10月に非常戒厳令を布告し、国会を解散させ、憲法改正を行い、言論を統制した。いわゆる「維新体制」の開始である[55]。朴正熙は、北朝鮮と交渉するため国民は団結しなければならないとして、維新体制を正当化した。この韓国の人権状況に、とりわけ深刻な懸念を示したのがオランダであった。オランダはEC9カ国が共同で、韓国政府に対して人権状況の改善を申し出るよう提案した。デンマークなどはそれに賛同するものの、イギリスやフランスは反対であった。特にイギリスは、そのようなEC諸国の一致した行動が、国連の場における韓国の立場を弱めることを懸念した。その結果、人権問題についての懸念は、EC各国が個別に、かつ内々に韓国政府に伝えることとなった[56]。西ドイツ、イタリア、そしてオランダは、朝鮮半島問題に関するEPC9カ国の共通の立場を確立する必要があることを強調していた[57]。しかし同じ西側陣営とはいえ、EC各国と韓国との距離感は国によって大きく異なっていたのである。

たしかにすべてのEC諸国は、1974年も75年も韓国支持派の提出した国連決議案に結果として賛同した[58]。とはいえ、それはEPC内の協議の結果とはいいがたかった。むしろそれは、北朝鮮が無条件での国連軍司令部の解体と駐韓米軍の撤退を頑なに求め、まったく妥協の余地を示さなかったためであった。韓国支持決議案の共同提案国であったイギリスは、常に他のEC諸国も共同提案国になるよう模索したが、EC諸国の多くは朝鮮半島問題に関する妥協が生まれることを期待していた。その可能性がないと判断された後に、EC諸国は韓国支持決議案への賛成票を投じたのだった。

おわりに

1975年11月18日に国連総会で行われた朝鮮半島問題に関する国連決議

では、結果として、相反する二つの決議案が両方とも可決されるという異例の事態となった[59]。このことは、国連がもはや朝鮮半島問題を決着させるのに適切な場ではないことを示唆していた。確かに北朝鮮は1975年に至るまで着実に支持を増やし、時代の流れに乗っているかに見えた。しかしながら、北朝鮮の強引かつ頑なな姿勢は、第三世界諸国の支持増加を頭打ちにする結果にもなった。翌76年8月にコロンボで開催された第5回非同盟諸国首脳会議ではより穏健な姿勢をとる国が増え、北朝鮮は十分な支持を得られなかった[60]。その結果、北朝鮮側はその年の国連総会に決議案を上程することを断念し、それ以降国連は、朝鮮半島問題を討議する場ではなくなっていった。

　EC 9カ国は、1973年に西ドイツが国連加盟した後、国連の場で一つの声となって存在感を示すことが期待されていた[61]。確かに1975年の国連総会でも、すべてのEC諸国は韓国支持派決議案に賛成し、北朝鮮支持派決議案に反対票を投じた。しかし、歴史史料が明らかにするのは、それは必ずしもEC諸国の協力の表れとはいいがたい事実であった。国連における朝鮮半島問題の取り扱いに関しては、EPC発足以前より、イギリスはアメリカや韓国、日本などとともに核となるグループを形成し、そのグループの影響力が極めて大きかった。デンマークもECに加盟する以前から他の北欧諸国との連携の中で北朝鮮を国家承認する方針を形成しており、EC加盟後にEC諸国の立場を一致させることを困難にしていた。また同じ西側陣営とはいえ、EC各国の韓国に対する態度は、とりわけ権威主義体制を強めていた韓国国内の人権問題に関して温度差が見られ、韓国政府を手放しで支持する雰囲気ではなかった。たしかにEPCという外交政策を協議する枠組みが発足し、朝鮮半島問題はアジア作業グループの中で定期的に取り上げられたが、枠組みだけで政策が自動的にすり合わせられ、「一つの声」を作ることにはならなかったのである。

　冷戦の終焉とともに、東西に分裂していたドイツは1990年10月に再統一を果たした。他方で朝鮮半島は、今日に至るまで分断したままである。とはいえ、冷戦の終結は朝鮮半島情勢にも重要な影響を与えた。当時のソ連指導者ゴルバチョフ（Mikhail Gorbachev）は、1990年に韓国大統領盧泰愚と初の

首脳会談を行い、同年9月、ソ連と韓国は国交正常化を果たした。ソ連の後を追う形で、中国も韓国に接近した。孤立したのは北朝鮮だった。1970年代と異なり、中ソ対立は緩和し、北朝鮮経済は立ち後れ、第三世界諸国の支持ももはやなかった。結局、外交カードを失った北朝鮮は中国の意向に従い「二つのコリア」を受け入れるようになり、1991年9月に南北朝鮮は国連に同時加盟を果たすこととなった[62]。翌92年には、韓国と中国との間の国交正常化も実現した[63]。他方で2000年代に入ると、ヨーロッパ連合（EU）諸国も（フランスとエストニアを除いて）、ようやく北朝鮮と国交を樹立していったのである。

【付記】本章の草稿には、高一、高瀬弘文、吉留公太、黒田知哉の各氏から貴重なコメントを賜った。記して感謝したい。なお、本研究は、科学研究費（課題番号25780119）の研究成果の一部でもある。

1) ブラントの東方政策については、Julia Von Dannenberg, 2008. *The Foundations of Ostpolitik*. Oxford: Oxford University Press；ティモシー・ガートン・アッシュ. 2009. 『ヨーロッパに架ける橋―東西冷戦とドイツ外交』みすず書房；妹尾哲志. 2011. 『戦後西ドイツ外交の分水嶺―東方政策と分断克服の戦略、1963～1975年』晃洋書房。
2) 山本健. 2010. 『同盟外交の力学―ヨーロッパ・デタントの国際政治史、1968-1973』勁草書房。
3) 高一. 2010. 『北朝鮮外交と東北アジア 1970-1973』信山社；李東俊. 2010. 『未完の平和 米中和解と朝鮮問題の変容 1969～1975年』法政大学出版局；劉仙姫. 2012. 『朴正熙の対日・対米外交―冷戦変容期韓国の政策、1968～1973年』ミネルヴァ書房；崔慶原. 2014. 『冷戦期日韓安全保障関係の形成』慶應義塾大学出版会。
4) 高『北朝鮮外交』30-31頁。
5) 李『未完の平和』99-101頁。
6) 同上、131頁。
7) Bernd Schaefer. 2005. "North Korean Unification Policy in the Early 1970s," *Journal of History and Culture*, Vol. 23, pp. 38-40.
8) 「七・四南北共同声明」に至る南北間の交渉については、高『北朝鮮外交』85-94頁；李『未完の平和』168-179頁。
9) Meung-Hoan Noh. 2009. "West German Ostpolitik and Korean South-North Relations," in Carole Fink and Bernd Schaefer eds.. *Ostpolitik, 1969-1974: European and Global Response*. Cambridge; New York: Cambridge University Press, p. 154.
10) 高『北朝鮮外交』158-164頁；李『未完の平和』208-211頁。

11) The National Archives（以下、TNA）. FCO 21/1180, Seoul tel no. 246 to FCO, 20 June 1973.
12) 李『未完の平和』245 頁。
13) 高『北朝鮮外交』172 頁；李東俊『未完の平和』249 頁。
14) 山本『同盟外交の力学』第一章。
15) Bernd Schaefer. 2010. "Overconfidence Shattered: North Korean Unification Policy, 1971-1975", NKIDP Working Paper 2, p. 3.
16) Schaefer. "North Korean," pp. 38-40.
17) Marc Trachtenberg. 1999. *A Constructed Peace: The Making of the European Settlement, 1945-1963*. Princeton, N. J.: Princeton University Press, pp. 322-51；青野利彦. 2012.『「危機の年」の冷戦と同盟 ―ベルリン、キューバ、デタント 1961〜63 年』有斐閣、200 頁。
18) 山本『同盟外交の力学』131-134 頁。
19) ヘルマン・ヴェントカー. 2013.『東ドイツ外交史 1949-1989』三元社、397 頁。
20) William Glenn Gray. 2003. *Germany's Cold War: The Global Campaign to Isolate East Germany, 1949-1969*. Chapel Hill: The University of North Carolina Press, p. 216.
21) Chi Young Pak. 2000. *Korea and the United Nations*. The Hagne; Boston, Mass.: Kluwer Law International, pp. 49-50.
22) *Ibid.*, p. 52.
23) 劉仙姫. 2011.「朴正熙政権における対国連外交（1969-76 年）」『現代韓国朝鮮研究』第 11 号、18 頁。
24) Chi. *Korea and the United Nations*. p. 57; 李『未完の平和』192-194 頁。
25) 高『北朝鮮外交』193-199 頁；李『未完の平和』263-271 頁。
26) 妹尾『戦後西ドイツ外交』52 頁。
27) 津﨑直人. 2011.「西ドイツの NPT 加盟に関するブラントの構想（1958〜69 年）」『西洋史学』第 243 号。
28) 妹尾『戦後西ドイツ外交』59 頁；Werner D. Lippert. 2011. *The Economic Diplomacy of Ostpolitik*. New York: Berghahn Books, pp. 47-50. 山本健. 2015.「天然ガス・パイプライン建設をめぐる西側同盟、一九八一〜一九八二年」益田実他（編著）『冷戦史を問いなおす―「冷戦」と「非冷戦」の境界』ミネルヴァ書房。
29) Andrey Edemskiy. "Dealing with Bonn: Leonid Brezhnev and the Soviet Response to West German Ostpolitik," in Fink and Schaefer eds.. *Ostpolitik*, p. 22.
30) 崔『冷戦期日韓安全保障』156-157 頁。
31) 高一. 2008.「1970 年代前半における韓国の対ソ接近策と韓ソ関係」『一橋法学』第 6 巻、第 2 号、1083-1088 頁；木宮正史. 2011.「朴正熙政権の対共産圏外交：1970 年代を中心に」『現代韓国朝鮮研究』第 11 号、9 頁。
32) 同上。
33) 倉田秀也. 1989.「韓国「北方外交」の萌芽―朴正熙「平和統一外交宣言」の諸相」『国

際政治』第 92 巻、88 頁；高『北朝鮮外交』186 頁。
34) 高「1970 年代前半」1093 頁。
35) 崔『冷戦期日韓安全保障』157-158 頁。
36) 李『未完の平和』253-254 頁；木宮「朴正熙政権の対共産圏外交」9 頁。
37) 李『未完の平和』265 頁からの再引用。
38) 高『北朝鮮外交』208-209 頁；劉仙姫「朴正熙政権における対国連外交」21 頁。
39) 同上、23 頁。
40) M. E. Sarotte. 2001. *Dealing with the Devil: East Germany, Détente, and Ostpolitik, 1969-1973*. Chapel Hill: The University of North Carolina Press, pp. 42-54, 59-64.
41) Bernd Schaefer. "Ostpolitik, 'Fernostpolitik,' and Sino-Soviet Rivalry: China and the Two Germanys," in Fink and Schaefer eds.. *Ostpolitik*, pp. 131-133. 第 7 章福田論文も参照せよ。
42) 李『未完の平和』256-257 頁。
43) 同上、287-297 頁。
44) 崔『冷戦期日韓安全保障』221 頁から再引用。
45) 李『未完の平和』299 頁；劉「朴正熙政権における対国連外交」21 頁。
46) 李『未完の平和』300 頁；高『北朝鮮外交』210 頁。
47) TNA. FCO 21/1063, Brief no. 3, Western European Union, Ministerial Meeting Rome - 11 September 1972.
48) TNA. FCO 21/1460, Sloane to Roycroft, 15 December 1975.
49) TNA. FCO 21/1083, Anglo French Talks on Asia at the Quai d'Orsay on 11 January 1973. また、Ministère des Affaires Etrangères（以下、MAE.）Série Asie-Oceanie, Generalites, 1968-1972, Cartons 628, 629, 630 に所収されている文書を参照されたい。
50) TNA. FCO 21/1062, Paris tel no. 1200 to FCO, 1 September 1972.
51) TNA. FCO 21/1085, Anglo-French Talks on Asia held at the Foreign and Commonwealth Office on 19 October 1973.
52) ヨーロッパ政治協力（EPC）の成立過程に関しては、山本健. 2011.「完成・深化・拡大―ヨーロッパ政治協力の進展と限界、一九六〇－一九七二年」遠藤乾・板橋拓己（編著）『複数のヨーロッパ―欧州統合史のフロンティア』北海道大学出版会。
53) MAE. Serie Europe , Direction Europe, 1971 - juin 1976, Communautés européennes, Carton 3813, Coopération politique européenne, CP（73）10. P（revisé), Rapport du Président du "Groupe de travail - Asie", 22 Février 1973.
54) MAE. Serie Asie-Oceanie, 1973 - juin 1980, Carton 1929, Projet de nouveau texte du groupe de travail asie（Rapports avec la Coree du Nord), Coopération politique européenne, AS（74）2 CP, 6 September 1974.
55) 木村幹. 2008.『韓国現代史』中央公論社、134-37 頁；ドン・オーバードーファー. 2002.『二つのコリア』共同通信社、55-60 頁。
56) MAE. Serie Asie-Oceanie, 1973 - juin 1980, Carton 1929, Note: a.s - Rapport sur les

travaux du groupe Asie de la CPE（6 septembre 1974），7 septembre 1974.
57）　MAE. Serie Asie-Oceanie, 1973 - juin 1980, Carton 1929, Note: a.s. Comite politique du 11 juillet à Paris. Examen du rapport du groupe de travail Asie, 18 juillet 1974.
58）　*The Yearbook of the United Nations, 1974*, pp. 179-80; *The Yearbook of the United Nations, 1975*, pp. 203-204.
59）　劉「朴正煕政権における対国連外交」24 頁。
60）　Chi. *Korea and the United Nations*, pp. 50-51; 読売新聞、1976 年 12 月 23 日朝刊。
61）　Simon Nuttall. 1992. *European Political Co-operation*. Oxford: Oxford University Press, pp. 136-137.
62）　オーバードーファー『二つのコリア』275-276 頁。
63）　木宮正史. 2012.『国際政治のなかの韓国現代史』山川出版社、119 頁。

第Ⅳ部
地域間関係の形成

> 東アジアとヨーロッパの間の本格的な地域間関係は、1970年代のECとASEANの間の協力関係の形成にその起源を見ることができる。これ以降、アジアとヨーロッパの関係はどのように発展していくのか、その潮流を見ていく。

第 10 章

地域間関係の制度化
—— EC の ASEAN 政策、1975-1980 年 ——

黒田友哉[1]

はじめに

　なぜ今、EC の ASEAN（東南アジア諸国連合）政策をとりあげる意味があるのか[2]。それは何よりもまず、欧州を中心とした 1970 年代の国際関係を明らかにするためである。欧州統合と（欧州）冷戦の関係については研究の蓄積がなされている一方[3]、欧州統合とアジア冷戦の関係については、研究がなされていない状況である。また当時国際政治場裡で新しい問題として現れてきていた南北問題も近年ようやく欧州統合史との関連が議論され始めたばかりである[4]。アジア冷戦と南北問題という国際政治上の二大イシューがいかなる性質を持っていたのか、それは欧州統合とどのように関わっていたのか、それを考えるためのケースとして、EC の ASEAN 政策をとりあげる。というのも、この二つは EC が ASEAN との制度化進展を進める大きな背景要因であったからである。結論を先取りすれば、ASEAN との協力は、ソ連側についたベトナムの脅威に対するフランスの反応という冷戦要因が指摘できるし、80 年の協力協定への開発に関するチャプターの挿入という成果と具体的コミットメントの欠如は、80 年代にかけて西側が優位になる南北問題の交渉の進展と大きく関わっていた。

　本章の目的は、1970 年代後半にみられた EC・ASEAN 関係の制度化進展

の力学を説明することである。このテーマに関する一次史料に依拠した先行研究は管見の限り皆無であるが、政治学を中心とした先行研究は存在する。それを簡単に整理したうえで、この章の立場を述べたい。第一に、ECがASEANと協力関係を進めた要因として、ASEAN諸国がアジア太平洋への「足がかり（Stepping Stone）」となったことが指摘されてきた[5]。このような見方は否定できないが、この章はASEAN自体の輸出市場としての価値がEC加盟国に認識されていた、特にイギリスの国益として認識されていたことも大きな要因であると主張する。第二に、ASEANが南北交渉の停滞のなか、それを打破するためのECのパートナーとして考えられたことも指摘されてきた[6]。しかし、従来軽視されてきたが、自身の統合ビジョンに対しある程度の自信を持ち、それを制度的に深化しつつあるASEANにも波及させようというインターリージョナリズムが存在したことも南北問題に対する共同体の独特の見逃せない立場である。第三に、西ドイツ、特に18年もの間外相にとどまることになるゲンシャー（Hans-Dietrich Genscher）の役割が指摘されてきた[7]。実際の交渉過程を仔細に検討すると、ドイツとは別のところから始まったイギリスの主導的役割が見られたし、80年の協力協定の締結に至っては、オランダの主導が強く見られた。それらのイニシアチブが会談の定例化や協力協定の締結に至ることを考えれば、ドイツの役割に過度に重点を置くよりも、共同体内部での政策形成過程を詳細に検討することが必要だろう。第四に、従来強調されることのなかったECのASEAN政策制度化の深まりに対する冷戦およびデタントのもたらした影響を包括的に論じたい。本章は上記の四つの点を中心に、ECのASEAN政策の全体像を描き出すという試みに挑戦したい。

I　EPCとASEAN[8]

　1975年までのEC・ASEAN関係について振り返っておくと、それらが、EC委員会という超国家的機構とASEANの代表との間で結ばれてきたことに特徴がある。1967年のASEAN設立以来、ECは関係構築に慎重な立場をとってきたが、ASEAN側の圧力とグローバリズムの影響下で、1972年には、

ASEAN特別調整委員会とASEAN・ブリュッセル委員会が設置され、1975年には、その後のEC委員会/ASEAN協議の中心的場である共同研究グループ（JSG）が設置された[9]。

JSG設置とともにECのASEAN政策が大きく変わりはじめたのは、1975年である。1975年には、EPC（欧州政治協力）というECの枠外ではあるがEC加盟国間でより外交政策の協調をめざした枠組みにおいて、ASEAN問題が検討されはじめたのである。ここには冷戦の一時期に生じたデタント[10]を維持する要因（デタント要因）が働いていた。EC諸国は、EPCで1975年6月からASEAN問題を議論するようになるが、その直前にインドシナ激変（Basculement）が起こっていた。インドシナ激変は、1975年4月17日から5月10日にかけての24日間に、旧インドシナ諸国――ラオス、ベトナム、カンボジア――が共産化するという出来事であった。この共産化の波に対する東南アジアでの有益な均衡としてASEANをフランス外務省は認識したのである[11]。ベトナム戦争からアメリカが撤退するなか、東南アジアでのアメリカの軍事的役割は期待薄となり[12]、非軍事的安全保障が意味を増していたのである。このフランス外務省の認識は、EC加盟の指導者にも共有されていた。EPC非公式ワーキングペーパーが語るように、ASEAN域内の安定が共産主義の波及に対する手段として「有益」であり、それをECは支援しようとしたのである。ただし、ASEANの価値は、緊張度の強い通常の冷戦ではなく、冷戦期の緊張緩和（デタント）という国際環境に適応したものであった。というのは、共産主義の拡大を防ぐという目的が最優先されながらも、隣国の共産主義国との仲介的役割がECによってASEANに期待されていたのである[13]。

このように、デタントはECのASEAN認識・政策に大きな影響を与えていたのである。その結果、EC・ASEAN間の国連における協力という具体的な政策協調が模索された。これは結局、イギリスやその他加盟国の反対のため、1976年1月に政治局長による共通の立場が合意されたにとどまった。しかしながら、ここでの宣言は、EPCレベルではなく、EC・ASEAN関係の強化につながっていく。「ASEAN諸国とEEC諸国のより高次の交換訪問」の可能性が合意されたからである[14]。

II　EC・ASEAN 関係の政府間主義化(1)——大使級対話の創設

　1977 年から 1978 年にかけて、EC と ASEAN は大きく制度化された。具体的には、理事会と大使級対話をまず 1977 年に設置し、その後、1978 年に外相会談を設けるにいたったのである。本節ではその過程を、EC 側の動きを中心に見ていく。というのも、主導的役割は ASEAN 側にあったものの、理事会との関係構築という漠然とした要求にとどまり、その具体的な制度化は EC 側にむしろ求められたからである。

　このプロセスで重要なのは、ドイツの先導的な役割とともにイギリスの役割である。先述のように、先行研究はドイツの役割のみを強調してきたが、イギリスの役割は、特に前者の大使級対話（EC 側の常駐代表委員会（COREPER）と ASEAN 加盟国の駐ブリュッセル大使間）の創設において顕著に見られるのである。ただし、EC で合意がなされたという点では、背景として EC の全体としての立場が重要であったことも確かである。この点に言及した後、イギリスの役割について述べていきたい。

　当時の EC は、デタント、南北交渉の流れにあって、途上国との関係構築に積極的であった。その点を象徴的に表しているのが、EC 委員長のロイ・ジェンキンズ（Roy Jenkins）の選出である。ジェンキンズは、親 EC 派として知られた左派労働党の政治家で 1977 年 4 月に世界大の「マーシャル・プラン」まで提案していたのである[15]。このような流れのなか、すでに 3 月 25、26 日には、EU 首脳会議たるローマでの欧州理事会は、輸出収入安定化のための国連基金・一次産品共通基金（Common Fund）設置に合意していたのである。

　しかし、途上国のなかでは ASEAN はどれほど EC にとって重要とされたのだろうか。確かにロメ協定が結ばれていた ACP（アフリカ、カリブ海、太平洋）諸国や地中海諸国に比べると ASEAN は重要性が低かった。しかし、石油のみならず原料価格が高騰するなど第一次石油危機の余波がおさまらぬなか、天然ゴム、錫など原料供給地として ASEAN は重要な位置を占めていた。もう一つの重要性は、戦略的なものである。ゲンシャー外相が述べたように東南アジアの安定要因として、より強い団結をもたらすものとして期

待されていたのであった[16]。

このように ASEAN が EC にとって一定程度重要視されるなか、イギリスはなぜ主導したのか。その理由は、英外務省の内部文書に示されている。政治的理由と経済的理由の両方により、ASEAN との関係強化が望まれたのである。第一の理由は、ASEAN の輸出市場としての価値である。7-8％のGNP 成長のため、ASEAN 側の輸入増が 7-9％見込まれるのであった。一方の政治的理由としては、ASEAN がイギリスに影響を与える国際機関において重要であることである。ASEAN 加盟国は、国連、コモンウェルス（マレーシア、シンガポール）、OPEC（インドネシア）のメンバーであった[17]。またオーストラリアやニュージーランドが、ASEAN の地域の平和と安定に特別の利益を持っていることは、イギリスの ASEAN との関係構築の理由となった[18]。

このような経済的・政治的利益に基づいて、イギリスは常駐代表委員会がASEAN との協議に参加する構想を打ち出すことになる。1977 年 5 月 6 日、駐 EC 代表部のメイトランド（Sir Donald Maitland）は、三つの案を常駐代表委員会に提案する。第一案は、「常駐代表委員会、EC 委員会、ASEAN の 5人の大使間の半年ごとの対話」である。第二の案は、「常駐代表委員会の議長と EC 委員会の代表と ASEAN の 5 人の大使間の半年ごとの会合」である。そして第三の案は、「半年に一度、常駐代表委員会議長により提供され、EC委員会と ASEAN の 5 人の大使が参加する、昼食時にアドホックで行う非公式な協議」である[19]。

このうち、第一の提案が常駐代表委員会議長と限定されていないことから、常駐代表委員会の関与が最も強い提案だと考えられる。この提案には、EC委員会、アイルランド、イタリア以外の賛成がすぐに得られた。その背景は仏独の働きによるものである。西ドイツは、ゲンシャー外相が政治面でASEAN との関係を構築することに積極的であったのである。ゲンシャーは、東南アジア諸国を 1977 年 4 月に訪問し、EC・ASEAN 関係における「政治的次元」の重要性を認識していた[20]。そして外務省としてもゲンシャーの立場を支持していた[21]。一方、フランスの動機は、この枠組みによっては、EC・ASEAN 関係の方向性をコントロールできるというものであった[22]。

では、どのように最終的に共同体内で合意が形成されたのだろうか。仏独２カ国が英国の提案に参加したことは、多数派形成に影響を与え、多数派の圧力によって、EC 委員会とアイルランドの妥協を導いた。最後に抵抗勢力として残ったのは、イタリアであった。

　イタリアが EC・ASEAN 大使級協力を受け入れたのにはイギリスの役割があった。イタリアはラテンアメリカ諸国と歴史的に関係が深く[23]、EC・ASEAN 関係に対し、ラテンアメリカ諸国との関係に優先順位を与えようとしていた。そのため、イギリスはイタリアの利益に配慮を示す必要があった。反対していたイタリアまで賛成に回り 77 年 6 月 21 日に合意が得られたが、それには、イギリスが「すべての形式主義（formalism）を避ける知恵」を強調し、具体的な協力の枠組みに関しては、検討を先延ばしすることによって可能になったのであった[24]。

　以上のように、従来強調されてきたドイツの尽力だけでなく、イギリスの役割が EC・ASEAN 関係の制度的構築には重要であった。イギリスは大使級会合を主導したのであり、最後まで反対したイタリアの妥協を生んだ点で、イギリスの役割は見逃せない。

Ⅲ　EC・ASEAN 関係の政府間主義化(2)——閣僚会議の創設

　第Ⅱ節で見たような EC・ASEAN 関係の制度化の動きは、すぐ 1 年後に閣僚会議の創設へといたる。以下では、この政策決定プロセスを、EC を中心に跡づけたい。というのも、主導権自体は ASEAN 側にあったのだが[25]、それはすぐには閣僚会議の創設には結びつかなかった。会議の半年前頃まで躊躇するフランスの動きがあったからである。フランスの同意をとりつけ、EC として ASEAN との閣僚会議開催にこぎつけたのには、従来指摘されてきたドイツ、特にその外相ゲンシャーの共同体内での主導的役割だけでなく、背後にイギリスと EC 委員会の協力があったことを指摘していく。そしてフランスの同意の背景には、ベトナムのコメコン（COMECON）加盟というソ連の脅威が東南アジアで大きくなる現実があった。

　まず、西ドイツの思惑と動きを検討する。ゲンシャーおよび外務省の

ASEAN に対する関心は深かった。ゲンシャーはアジア訪問によって、ASEAN の重要性と協力の緊急性を発見していた。また（西ドイツ）外務省はゲンシャーのアジア訪問の行き先に ASEAN の域内大国たるインドネシアを入れる提案を行った。それはインドネシアの首都ジャカルタに ASEAN 事務局が置かれていたことによる。

　西ドイツが ASEAN に関心を示したのは、第三世界全体への関心の高さからであった。欧州でデタントが進む 1975 年頃から、「第三世界政策」が欧州政策、大西洋政策、東方政策と同様に西独外交の重要な要素としてとらえられていたのである[26]。1919 年のヴェルサイユ条約で全植民地を放棄した西ドイツは、第三世界との関係に利益を抱いていなかったが、1973 年の国連加盟とともに途上国の票の多さに関心を抱くようになった。一国一票が原則の国連総会において、3 分の 2 が途上国であり、その重要性が高まったのである。ASEAN 5 カ国も決して少なくはない EC にとってのパートナーとなりえたのである。

　このような戦略的利益を背景に、ゲンシャー外相は、さらに具体的な利益を持って、EC・ASEAN 閣僚会議の創設を進めていった。その一つは、冷戦期における緊張緩和を可能なかぎり維持するというデタント戦略の観点である。ゲンシャーはデタントを維持したいという考えを持っていた。1977 年 4 月 25 日、インドネシア外相マリク（Adam Malik）と会談を行った際、「欧州、アフリカ、アジアにおいて拡大するソ連の脅威」に言及し、それに対する「諸国家、地域的グループの独立のためのすべての努力」を評価した。またその翌 26 日の ASEAN 事務総長ダルソノ（Hartono Rekso Dharsono）との会談においても、「転覆（Subversion）」の危険性と対抗策としての ASEAN 強化のための EC・ASEAN 関係強化をゲンシャーは述べたのである[27]。つまり、ソ連の脅威が東南アジアに浸透しないように、ASEAN 諸国を支援しようという意図がゲンシャーにはあった[28]。そのため、EC・ASEAN 関係の強化を望んだのである。そのほかにもゲンシャーはこの問題に関する考えを緻密に展開しているので、以下の三点にまとめてみよう。

　第一に、地域安全保障における ASEAN の貢献である。70 年代前半から EC 内でいわれたように、「地域安全保障のファクター」として ASEAN を

捉えていたのである。

　第二に、政治協力を強調した点が特徴である。西独の現状を考えると、政治協力の推進はプラグマティックなアプローチであった。西独政府は、民間援助を除けば、GDP 比 0.7％と、当時 OECD や国連で目指された開発援助の基準を満たせなかった。しかも第一次石油危機の影響で 1974 年には開発援助が減額していた[29]。ASEAN に対し新たに開発援助を拠出できる余裕がないなか、政治協力で補おうとしたのである。

　第三に、東南アジアにおいて均衡を生み出そうという考えである。日米に対する「カウンターウェイト」として欧州がこの地域に再び参入することが、ゲンシャーの考えであった。日本でさえ、第二次世界大戦の経験から（経済的な）脅威として、ASEAN 諸国にみなされることもあったこともあり[30]、そのために、EC と ASEAN の「インターリージョナルな協力」が望まれたのである。

　このような考えに基づきゲンシャーは主導し、外務省はそれに従った。その間に 77 年 8 月 18 日日本が ODA を 5 年で倍増するという福田ドクトリンがマニラで表明されたことは、経済的負担に限界を感じる西独にとっては「棚からぼた餅」であった[31]。そのような変化もあり、タイミングを見計らったゲンシャーは、1977 年 11 月、閣僚会議への創設に動き出すことになる。

　閣僚会議を推進したのは、西独だけではなかった。そこには、EC 委員会とイギリスの支持があった。EC 委員会では、ドイツ人で副委員長兼対外関係担当委員のハーファーカンプ（Wilhelm Haferkamp）が指揮をとった。ハーファーカンプの立場は左派社会民主党（SPD）と連立を組む自由民主党（FDP）の立場に近かった。ASEAN が UNCTAD や GATT など国際的なアリーナで「安定化のための要素」として役割を果たすのを期待していたのである。そのために、ハーファーカンプはドイツの立場に賛成し、インターリージョナルな協力を提案するにいたった。それは、ASEAN 事務局に対する支援であり、ASEAN の制度化を目指したものだった。また自身が経験を有する関税削減のノウハウを、特恵圏を 1977 年以降推進する ASEAN に伝えようと模索した[32]。一方のイギリスも大使級会合を進めることになった経済的利益・政治的利益に基づいていたために、ドイツを支援した。1978 年 5 月には、

ドイツの立場にイギリスの立場は一致するようになっていたのである。

　次にフランスの立場の変化について述べたい。EC創設の主導権を発揮し、その後も影響力を持ち続けたフランスの反対が緩和され、閣僚会議開催の賛成へと向かった過程は重要である。あらかじめまとめておけば、独英の圧力よりも、中ソ対立の激化とベトナムのコメコン加盟という東南アジア情勢の変動がフランス外務省に与えた影響が大きかった。なお、中ソ対立は、政治学者・国分良成の言葉では、東西冷戦とは別の意味での（筆者註：東東）冷戦である[33]。

　フランスが、当初ASEANとの関係構築に向かわなかった理由は、旧植民地であるインドシナ（ベトナム・ラオス・カンボジア）との関係から説明される。インドシナの方がフランスにとっては重要であったために、ASEANをそれと同じ程度に重視する方向性に躊躇を示していたのであった。

　それを覆すことになったのが、東南アジアにおける中ソ対立の深化であり、ベトナムのコメコン加盟である。当時の国際情勢について述べておくと、1975年の7月にヘルシンキ最終議定書の採択を頂点にデタントが欧州で浸透していたが、アフリカやアジアでは、状況が異なっていた。冷戦史家ウェスタッド（Odd A. Westad）が論じたように、アフリカでは、超大国（米ソ）デタントの終焉が1975年12月にすでに生じていた[34]。東南アジアでは、ベトナムのカンボジア侵攻以前の段階で中ソ対立が深まっており、ベトナム－ソ連の連携と中国－カンボジアの連携とが対置される状況になっていたのである。77年夏にはベトナムのカンボジア国境での軍事行動が行われ[35]、対カンボジア空爆も78年6月にはじまっていた。それに対し、78年6月中国は南部中国におけるベトナムの領事館閉鎖に至っていた。その中国の動きに対して、ベトナムはコメコンに78年6月29日加盟することになった。

　このような地域情勢の変化は、東南アジアにおけるフランス外交の伝統「中立化」を捨て去ることを促した。ベトナムのコメコン加盟の直後、フランス外務省は、「ベトナムのコメコン加盟は警戒を要するものである」との見解を打ち出すのである[36]。ドゴール大統領期に、中ソ対立をフランスが国際的影響力を増す機会としたのに対し[37]、中ソ対立がここでは脅威とされた点が興味深い。デタントが収束に向かうなか、東南アジア中立化を第一義的目標

にするという立場から、ASEAN諸国との関係進展により西側の勢力圏を維持するという立場に、フランスの戦略的変化が見られたのである。

　フランスの原則合意が得られるなか、残された懸案は、共同宣言を採択するかどうかと、協力協定の可能性であった[38]。共同宣言はASEAN諸国にとって強く求められたものであった。それは、「会議の成功のための必要条件」とされたのである[39]。このような流れを受け、ドイツとEC委員会は共同宣言の発表に好意的であった。しかし、共同体としての合意は得られていなかった。フランスが反対していたのである。これが合意に導かれるには、アメリカ要因と仏独枢軸の形成が必要であった。まずアメリカ要因であるが、1978年8月にアメリカの大統領カーター（Jimmy Carter）とヴァンス（Cyrus Vance）国務長官がASEANの希望に沿って、国連の共同基金と米国による投資の拡大を提案したのである。これに対しドイツは脅威を感じ、ドイツはASEANとの協力に強い意志を持つようになった。そのため、フランスに接近することになったのである。首脳・外相レベルで会合が持たれ、ドイツとの接近のなかでフランスはドイツ案に妥協することになった。その結果、外相たちは、共同声明の発表に同意することになった。

　そして、交渉最後の重要な懸案は、協力協定の可能性であった。これは、外相会談が予定された11月まで議論されていた問題であり、重要な問題の一つであった。協力協定の含意は十分にセンシティヴなものであった。というのも、協定としてECのASEAN関与を制約することになるためである。モデルとなったのは、ロメモデルとインドモデルである。ロメモデルは、一方的（EC側からACP側へ）特恵貿易と開発援助からなるもので、これをASEAN諸国に拡大することは、ECの関与の過剰拡大とされた。一方のインドモデルは、関税に関する最恵国待遇と高度な貿易自由化を定めた純粋な貿易協定であるため、ASEAN諸国の期待に応えることができないだろうとEC委員会は予測した[40]。そのため、ロメモデルとインドモデルの中間を探ることが模索された。これに関しては、歴史的先例がないこともあり、どの代表団も即座に答えを出すことができなかった。その中身は、結局、共同声明の内容をめぐり議論されたほかは、検討されなかったのである。

　このような問題解決を経て、1978年11月20、21日、初の閣僚会議がブ

リュッセルで開かれた。これをもって、協力協定の議論が本格的にはじまったという点で重要な「一里塚」であった。協力協定は、ASEAN 側にとっては、対話パートナーと結ぶ初めての条約となる。一方の、EC にとっては、地域グループと結んだ初めての協定であった。第一回閣僚会議と第二回閣僚会議（協力協定調印と同時）が協力協定を準備したことを考えれば、その重要性は明らかだと思われる。次節では、決して平坦ではなかった協力協定締結の政策過程を見ていきたい。

IV　EC・ASEAN 協力協定の成立

　EC・ASEAN 関係推進の検討が進められていたものの、79 年 7 月 12 日の EC 委員会による政策文書（Communication）の発表まで協力協定の交渉は進んでいなかった。以下、政策文書発表以後の交渉過程を検討していく。この過程は管見の限りでは、従来軽視されてきた点である。開発協力チャプターが主な争点であったので、その一点に絞ることにする。予告しておくと、開発チャプターについては、急先鋒のオランダと留保する態度をとるフランスの対立関係があり、そのなかで開発チャプターを望む ASEAN 側、そして独英の仲介があり、小国オランダとフランスの望んだ立場のほぼ中間がとられていくのである。

　開発協力チャプターはなぜ、EC 委員会の政策文書では触れられていなかったのか。その背景には、EC が援助疲れ（Aid fatigue）の状態にあったことが挙げられる。第一次ロメ協定は[41]、STABEX（輸出収入安定化制度）を導入するなど、当時喧伝された「新国際経済秩序（NIEO）」を体現するものと考えられたが、やがて EC 諸国は途上国の過大な要求に耐えられなくなっていく。また 1979 年 5 月の保守派サッチャー（Margaret Thatcher）の首相就任は、共同体の財政支出に限界を設けていくのである。

　そのようななか、なぜ、79 年 9 月頃からオランダが EC 加盟国間の交渉で開発チャプターの挿入を推進していくのか。オランダが主導した理由は、まず冷戦戦略であった。オランダにとって、ASEAN は反共ブロックとして有効な防波堤と考えられたのである[42]。また、ASEAN からの需要がある分

野で協力を進めたいという機会主義的な点が挙げられる。JSG で ASEAN・EC 基金が議論されていたように、ASEAN が開発援助の増額を望んでいたことは確かである。また、ASEAN の政治的・経済的安定に対する評価があり、開発援助による関係強化の意義をそこに見出したことも考えられる。しかし、それだけではなく、オランダには ASEAN の域内大国インドネシアに対する援助とそれによるインドネシアにおける影響力の維持という要因があった。インドネシアがオランダから独立してすでに 30 年近く経過したなかでも、親蘭派の存在がオランダ政府にとって重要であった。しかし、スハルト体制下で頭角を現してきたバークレー・マフィア（カリフォルニア大バークレー校の博士号を持つテクノクラート）[43] の存在が、オランダ外務省を悩ませていたのである。というのも、バークレー・マフィアの台頭という方向性は、「オランダ政府の方に向いていない」からであった[44]。いわばポストコロニアルな時代における影響力の維持という目的が、オランダ外務省の開発チャプター挿入の背景にあった戦略だったのである。

　他方の極にあるフランスはいかなる考えから開発チャプターに反対したのか。フランス外務省は、EC の旧植民地国からなる ACP との協力に障害となるほど積極的に ASEAN との関係を進めることに躊躇していた。フランスの視点では、開発チャプターは具体的コミットメントを必要とするだろうし[45]、開発援助を ASEAN に特別に行うと、ACP との関係が悪化するか、ACP の援助増額まで予期されたのだと思われる。

　79 年 9 月 13 日の常駐代表委員会では、オランダは開発チャプターの協力協定と何らかの財源確保を提案する[46]。この時、いくつかの代表団の合意を得たが、英仏の反対があり、合意は得られなかった。イギリス外務省内には、ASEAN への援助積極派も存在したが[47]、全体として反対の立場が形成されていたのである。また、ドイツ外務省の立場も開発チャプターに積極的ではなかった。9 月 17 日の外務省内の議論において、印パやラテンアメリカ諸国にとって「先例となる」可能性が危惧されたのがその理由の一つであった[48]。この立場は、フランス外務省にも共有されていた[49]。

　オランダはそのような簡単ではない状況下でも、パートナー国に対する説得を続けた。当初は、ASEAN 向けの開発基金のような枠組みを構想した

が[50]、それがパートナー国の反対[51]により挫折すると、非公式提案として欧州投資銀行（EIB）からのローン案を模索しはじめた。しかし、この案も、EC委員会やイタリアの支持を得られたが、あまり現実的なものではなかった。というのも、EIBの援助は、ACP諸国に向けられるのが慣例となっていたからである[52]。

　結局、EC内の交渉において、具体的な援助のいかなるあらたな枠組みも設けられなかった。それは、先述の「援助疲れ」に加えて、南北問題が従属論者の述べるような国際経済の問題ではなく、途上国自体の問題であるという考えにもとづく構造調整（Structural adjustment）への動きのなか、開発援助に対する国際的な圧力が弱まっていたことに起因する。とはいえ、10月下旬には開発チャプターは協力協定のなかに設けられるということになった。そこには、ASEAN側の要請があり、当初あまり乗り気でなかったイギリスやドイツが賛成に転じたことが一因であると思われる[53]。また、イギリスやドイツの立場の変化の後、加盟9カ国のなかで孤立することになったフランスは、枢軸を組むドイツの仲介もあり、最終的に合意したのである。これは妥協であるが、フランスは従来の枠組み以上の支出を嫌がっており、それを文書で確認することができた[54]ため、開発チャプターの協力協定への挿入に同意したのである。具体的には、1974年の開発援助をめぐる規定の枠内におさまるという条項にフランスは満足したのであった。

　そして紙幅の都合上割愛するが、79年末には、最後の懸案たる投資保護に共同体内で合意が得られ[55]、翌年80年3月6-7日のクアラルンプールでの協力協定の調印に至る。ここに現在まで続くEEC・ASEAN協力協定が成立した。それは、70年代初頭から進められてきたEC・ASEAN関係の制度化の一里塚であり、1996年の首脳レベルのASEM（アジア欧州会合）開催の土台となるのである。

おわりに

　これまで見てきたように、EC諸国はASEANを重要な順に、デタント要因・冷戦要因[56]、南北問題のなかのインターリージョナリズム、経済的利益の観

点から国際政治における重要なパートナーとして位置づけ、その制度的関係を漸進的に進展させてきた。アメリカがベトナム戦争後東南アジアへの関与を低下させるのに乗じてであった。それが、1980 年 3 月の EEC・ASEAN 協力協定の調印、同年 10 月 1 日の発効に至るのである。たしかに、ASEAN は ACP や地中海諸国ほど EC にとって重要とはとらえられなかった。また協力協定に開発チャプターは挿入されたものの、ACP の EDF（欧州開発基金）のように、ASEAN 向けの特別な援助がそのなかに定められたわけではなかった。しかし、EEC・ASEAN 協定は、単なる貿易協定であるだけでなく、経済・開発チャプターも含めた「第二世代の協定」であった点は評価される[57]。その過程では、従来いわれてきたような西独、特に外相のゲンシャーの役割だけでなく、イギリスやオランダの役割があり、フランスの戦略的変化・妥協も重要であった。

このエピソードは、欧州統合史上、どのように位置づけられるのであろうか。第一に、「欧州動脈硬化症（Eurosclerosis）」や「暗黒の時代（Dark ages）」[58] と呼ばれ、否定的な印象で語られることの多かった 1970 年代後半の欧州統合史を「修正」する方向性を持っていることである[59]。二度にわたる石油危機のなか財政上の制約がありつつも、ASEAN との関係制度化を進めた欧州諸国、EC 委員会のプラグマティズムがあったのである。第二に、80 年代前半の欧州統合史にモメンタムを与えた点も評価できる。具体的には、ゲンシャーに成功体験を与え、ゲンシャーはその後イタリアの外相コロンボ（Emilio Colombo）と EPC を安全保障政策に拡大させようとするゲンシャー＝コロンボ・イニシアチブを進めていくのである。これは最終的には 83 年法的根拠を失うに至るが、その後の政治連合の議論の再活性化につながったとされており[60]、依然重要である。

では、ASEAN 史上、どう位置づけられるのか。それは、78 年の第 1 回閣僚会議が、シンガポールのゴー（Goh Chok Tong）首相にとって、後にフランスと共同で推進する ASEM への出発点をなしたことにある。当時、財務上級国務相（Senior Minister of State for Finance）の立場にあり、閣僚会議を左右するほどの影響力を持たなかっただろうが、ゴーにとっては EC・ASEAN 間の協力に関心を抱く契機となったのではないだろうか。

1) 本章の執筆において多くのアドバイスをいただいたが、特に、ジェラール・ボシュア先生、ヴィルフリート・ロート先生、マリ・ジュリ・シュナール博士、田中俊郎先生、中西寛先生、細谷雄一先生、山本健先生にはこの場を借りて感謝の念を記したい。
2) ECと個々のASEAN加盟国の関係は浅い。というのも、ASEANの主要国シンガポール、マレーシアがASEAN全体として関係構築を望んだからである。
3) 代表的なものは以下。N. Piers Ludlow ed.. 2007. *European Integration and the Cold War*. London: Routledge; 細谷雄一. 2001.『戦後国際秩序とイギリス外交』創文社。
4) Giuliano Garavini. 2009. *Dopo gli Imperi*. Firenze: Le Monnier; Guia Migani. 2008. *La France et l'Afrique Sub-Saharienne. 1957-1963*. Bern: Peter Lang.
5) Giuseppe Schiavone. 1992. "Western Europe and South-East Asia," in Giuseppe Schiavone. 1989. *Western Europe and South-East Asia*. Houndmills: MacMillan, p. 11; John Redmond. "The European Community and ASEAN," in John Redmond ed.. *The External Relations of the European Community*. Basingstoke: Macmillan, p. 141; 首藤もと子. 2002.「EUとASEAN」植田隆子編『21世紀の欧州とアジア』勁草書房。
6) 代表的なものは、以下。Alfredo C. Robles, Jr.. 2004. *The Political Economy of Interregional Relations*. Aldershot: Ashgate, p. 19; Manfred Mols. 1990. "Cooperation with ASEAN," in Geoffrey Edwards and Elfriede Regelsberger eds.. *Europe's Global Links*. London: Pinter, p. 71.
7) Bruno Kermarec. 2003. *L'UE et l'ASEAN*. Paris : l'Harmattan. p. 72.
8) 第Ⅰ節から第Ⅲ節についての詳細は、次の拙稿を参照のこと。Tomoya Kuroda. 2014. "EC-ASEAN Relations and the Establishment of the Ministerial Conference, 1975-1978," in Claudia Hiepel ed.. *Europe in a Globalising World*. Baden-Baden: Nomos, pp. 231-259.
9) 拙稿. 2015.「EC/アセアン関係の制度化1967-1975年」『国際政治』第182号。
10) デタントを東西冷戦の緊張が緩和した時期として冷戦史の一時期ととらえる見方が一般的である。たとえば以下を参照。Melven P. Leffler and Odd Arne Westad. eds.. 2010. *The Cambridge History of the Cold War*, Vol. II. *Crises and Détente*. Cambridge: Cambridge University Press; 山本健. 2010.『同盟外交の力学—ヨーロッパ・デタントの国際政治史　1968-1973』勁草書房、17頁。
11) Ministère des Affaires étrangères (MAEF), Asie-Océanie (AO), Conflit Vietnam, 98, Télégramme à l'arrivée, 20.06.1975.
12) MAEF, Amérique, Etats-Unis, Télégramme de l'arrivée de Washington, 26.07.1972.
13) The National Archives (TNA), FCO 30/2765, Political Co-operation, Asia Group, Informal Working Paper, "Relations between the Nine and Association of Southeast Asia Nations".
14) TNA, FCO 406, EEC/ASEAN: Political Cooperation proposals agreed by political directors, January 1976.
15) Giuliano Garavini. 2014. *After Empires*. Oxford: Oxford University Press, p. 214. な

おマーシャル・プランとは第二次世界大戦後、アメリカが欧州に戦後復興を主目的として打ち出した大規模援助計画である。上原良子. 2014.「ヨーロッパ統合の生成1947-1950年」遠藤乾編『ヨーロッパ統合史』(増補版)名古屋大学出版会。

16) PAAA, Zwischenarchiv (ZA), 103. 306, Brief, gez. Hans-Dietrich Genscher.
17) コモンウェルス(英連邦)については、小川浩之. 2012.『英連邦』中央公論新社を参照。
18) TNA, FCO 98/380, British policy towards the Countries of the association of South East Asian Nations. 同文書には日付がないが、文書が収められている順番からして1977年前後の史料と思われる。
19) Archives historiques de la Commission européenne (AHCE), BAC 48 1984, 107, Note à l'attention de Monsieur HIZJEN, 22. 04. 1977.
20) PAAA, ZA, 103. 372, Fernschreiben, Verschlüsselt aus Jakarta, Nr. 280 vom 29.4.1977, Betr.: Asienreise BM; hier: Besuch bei Präsident Soeharto am 26. April 1977. なお、西独内でゲンシャーの立場を重視する見方は、シュミット首相の東南アジアへの関心の低さにも裏づけられる。10項目提案をシュミットは78年7月に行ったが、そこではEC・ASEAN関係は言及されていないのである。*Akten zur Auswärtigen Politik der Bundesrepublik Deutchland (AAPD)*. 1978. Nr. 216, Runderlass des Vortragenden Legationsrats Evertz, Aufgabe, 11. 07. 1978, 18:31 Uhr.
21) PAAA, B 201, 423, Kurzvermerk über die Besprechung am 18. Mai 1977, Bonn, 27.05.1977, Betr.: Beziehungen EG-ASEAN.
22) CAC, 1990490/219, Secrétariat général du SGCI, Message à l'attention de M. l'Ambassadeur, représentant permanent de la France auprès des Communautés européennes, 03. 05. 1977.
23) 1957年のローマ条約締結時のイタリアのラテンアメリカ・ファクターについては、Gérard Bossuat. 2009. «Un acteur sur la scène internationale,» in: Marie-Thérèse Bitsch (dir.). *Cinquante ans de traité de Rome 1957-2007*. Stuttgart: Franz Steiner Verlag. p. 213.
24) AHCE, BAC 48 1984 107, Note pour le dossier, objet; dialogue avec l'ASEAN- décision du Conseil des ministres du 21 juin 1977.
25) フランス外務省のアジア・オセアニア局によれば、閣僚会議のイニシアチブは、シンガポール外相ラジャラトナム (Sinnathamby Rajaratnam)によってとられた。MAEF, Europe, 4198, Dépêche d'actualité, Direction d'Asie-Océanie, Singapour, 25.11.1977.
26) PAAA, ZA, 103. 366, Bericht, Abteilung 3, Bonn, 16. 12. 1975, Betr.: Asienreise des Herrn Minister im ersten Halbjahr 1976.
27) *AAPD*, 1977, Nr. 103. 25-26. 04. 1977. ゲンシャーは、ECをASEANの「補完物(Pendant)」と見ていた。
28) ソ連のドイツ、欧州に対する脅威については、ソ連の中距離弾道ミサイルSS20の脅威がゲンシャーによって後の82年11月の党大会にて言及されている。Hans-Dietrich Genshcer. 1995. *Erinnerungen*, Berlin: Siedler. S. 480-482; Klaus Wittmann. c2015.

„Genscher und der NATO-Doppelbeschluss," in Kerstin Brauckhoff und Irmgard Schwaetzer（Hrsg.）. *Hans-Dietrich Genschers Außenpolitik*, Wiesbaden: Springer, S. 149. 遡ると1976年夏のソ連のSS20配備にゲンシャーが脅威を抱いていたことになる。また、デタント期にあってもソ連への脅威が抱かれてきたことは、77年頃のアパルトヘイト批判とナミビア独立の支持は、人権の考慮だけでなく、南部アフリカへのソ連の浸透を恐れていたことが一因であるというヴィーゲスホフの分析にも裏づけられる。Andrea Wiegeshoff, „"Nun wird er Außenminister, und Außenpolitik ist gewiß nicht seine erste Profession," Hans-Dietrich Genschers Anfänge als Außenminister und die Weltordnung zu Beginn seiner Amtszeit," in Brauckhoff und Schwaetyer, *op.cit.*. S. 110.

29) Werner Link. 1987. „ Außen- und Deutschlandpolitik in der Ära Schmidt 1974-1982," in Wolfgang Jäger und Werner Link（hrsg）. *Republik im Wandel 1974-1982*. Mannheim: Blockhaus. S. 400.

30) 加藤浩三. 1998.『通商国家の開発協力政策』木鐸社、154頁。

31) 福田ドクトリンをめぐるEC主要国の反応については、拙稿を参照。Kuroda, "EC-ASEAN Relations and the Establishment of the Ministerial Conference."

32) AHCE, BAC 48 1984, 107, Working paper prepared by the services of the Commission, 02. 06. 1978.

33) 国分良成. 1993.「東アジアにおける冷戦とその終焉」鴨武彦『世紀間の世界政治』日本評論社。

34) Odd Arne Westad. 2006. *The Global Cold War*. Cambridge: Cambridge University Press, pp. 241-242. なお邦訳は、佐々木雄太他訳. 2010.『グローバル冷戦史』名古屋大学出版会。

35) François Joyaux. 1988. *La nouvelle question d'Extrême-Orient : l'ère du conflit sino-soviétique 1959-1978*. Paris : Editions Payot, pp. 366-367.

36) MAEF, Europe 4199, télégramme à l'arrivée, 20. 07. 1978.

37) Maurice Vaïsse. 2009. *La Puissance or l'influence ?*. Paris : Fayard. pp. 465-466.

38) STABEXは閣僚会議創設直前に議論になったが、本章では割愛する。ASEAN側もACPに付与されたのと同様の制度を設けるよう要求していた。詳細は、Kuroda. "EC-ASEAN Relations and the Establishment of the Ministerial Conference," pp. 255-256.

39) PAAA, B 37 34 1303, Bericht über Herrn Staatssekretär, Heern Bundesminister, Bonn, 16.08.1978.

40) MAEF, Europe, 4198, Conseil des Communautés européennes, Session du 19 septembre 1978, Paris, 15. 09. 2014. EC・インド通商協定については、以下を参照。Seventh General Report on the Activities of the European Communties in 1973, Brussels, 1974.

41) ロメ協定の研究の蓄積は豊かであるが、代表的なものは以下。Carole Cosgrove Twitchett. 1978. *Europe and Africa*. Teakfield: Saxon House; Gérard Brayer. 1989. *Eu-

rope - *Tiers-Monde*. Paris : L.G.D.J；大隈宏. 2007.「開発協力政策」植田隆子編『EUスタディーズ1　対外関係』勁草書房.

42）　オランダ外務省（政策企画室）のASEAN政策を知るための重要史料のなかで、反共ブロックとしてのASEANの有効性が挙げられている。Archief van Ministerie van Buitenlandse Zaken（BZ）, 1975-1983, 16583, PLAN, Memorandum, "ASEAN; een beleidsorieentatie" 02.04.1980.

43）　白石によれば、ウィジョヨ、アリ・ワルダナ、エミール・サリムがバークレー・マフィアである。白石隆. 1997.『スカルノとスハルト』岩波書店、155頁。

44）　BZ, 1975-1983, 12439, PLAN, "Het Nederlands beleid ten opzichte van Indonesië, een nieuw profiel". 02.04.1980.

45）　AHCE, BAC 48/1984 105, Rapport du Groupe ad hoc "ASEAN" en date du 4 octobre 1979, Bruxelles, 05.10. 1979.

46）　CAC, SGCI 930085 ART 42, Dépêche de Représentation permanente de la France à SGCI, Paris, 14.09.1979.

47）　TNA, 98/528, Telegram no 932 of 26 September, 26.09.1979.

48）　PAAA, B 201, 424, Ergebnisvermerk, Bonn, 17. 09. 1979.

49）　CAC, SGCI 930085 ART 42, Note du Conseil, Paris, 21.09.1979.

50）　TNA, FCO 98/528, Progress Report of the Working Party on ASEAN on 20 September 1979, 21. 09. 1979.

51）　CAC, SGCI 930085 ART 42, Note du Conseil, Paris, 21.09.1979.

52）　TNA, FCO 98/528, Telegram No. 4874 of 27 Sept 1979, 27.09.1979.

53）　PAAA, B 201, 424, Ergebnisvermerk, Bonn, 21.09.1979.

54）　CAC, SGCI 930085 ART 42, Note du SGCI, Paris, le 26 octobre 1979.

55）　Tomoya Kuroda. 2015. "Institutionalisation of inter-regianolism European Community-ASEAN relations in the late 1970s," *Asia Pacific Journal of EU Studies* Vol. 13 No. 1, pp. 27-44.

56）　デタントと冷戦は必ずしも対立概念ではなく、本文で述べたように冷戦の一時期としてデタントが位置づけられる。そのため厳密には、冷戦・デタントという表記には問題がある。ただ、デタントには状態の意味と戦略あるいは政策としての意味がある。本章では、単純化のそしりを恐れずに、デタントを推進あるいは維持する戦略を「デタント戦略」とし、冷戦を受容し、対立状態における勝利を目指す戦略を「冷戦戦略」として二つを使い分けている。なお、デタント期においても冷戦戦略は存在しうるし、デタント期以外の冷戦期においてもデタント戦略は存在しうる。そうでなければ、デタント期は存在しえなかっただろうし、デタントもその時期を終え、新冷戦へと向かっていかなかっただろう。

57）　「第二世代の協定」については以下。渡邊啓貴. 2007.「アジアへの戦略」植田隆子編『EUスタディーズ1　対外関係』勁草書房、227頁。

58）　暗黒の時代とは、70年代の時代観である。第一次石油危機への対応の不備、理事会

での停滞、欧州動脈硬化症の恐れが、その要素である。Robert O. Keohane and Stanely Hoffmann. 1991. "Institutional Change in Europe in the 1980s," in Robert Keohane and Stanley Hoffmann eds.. *The New European Community: Decisionmaking and Institutional Change*. Boulder: Westview Press.
59）　以下の研究は、「修正主義」に位置づけられる。Bossuat, *op.cit.*, p. 221; Richard T. Griffiths. 2006. "A Dismal Decade? European Integration in the 1970s," in Desmond Dinan ed.. *Origins and Evolution of European Union*. Oxford: Oxford University Press. See special number of *Journal of European Integration History*. 2009. No.1. Vol. 15. edited by Antonio Varsori; Garavini. *Dopo gli Imperi*; Angela Romano. 2009. *From Détente in Europe to European Détente*. Bruxelles: Peter Lang.
60）　Ulrich Rosengarten. 2008. *Die Genscher-Colombo Initiative*. Baden-Baden: Nomos, S. 13, S. 42-44.

第 11 章

冷戦と日欧政治・安全保障関係

鶴岡 路人

はじめに

　戦後の日欧関係は通商摩擦の歴史だったと特徴づけられることが多い。実際、日欧関係を扱った研究の多くは経済関係、なかでも通商摩擦に関するものであるし、通商摩擦の記憶は、(一定年齢以上の) 関係者の間では今なお鮮明に残されている。しかし、振り返ってみれば、通商摩擦が激しかったのは、1970年代半ばから1990年代半ばまでの正味20年間に過ぎない。戦後70年が経過するなかでの20年である。しかも、この比率は時間の経過とともに小さくなっていく。それでも、通商摩擦が戦後日欧関係の一時代を特徴づけたことは事実だが、全体のなかで相対的に位置づける必要があろう。それでは、ほかに何が戦後日欧関係のストーリーとして語られるべきなのか。
　本章で焦点を当てるのは、日欧間の政治・安全保障関係である。日欧間においては、経済・通商関係に比べ、政治・安保関係の影が薄いのは事実である。しかし、たとえば冷戦構造下において、ともに西側陣営に属していた日本と欧州の間に、政治や安保の考慮がまったくなかったとすれば、むしろその方が驚くべきことであろう。実際、戦後日欧関係においては、さまざまな局面で政治や安全保障に絡む問題が大きな要素となり、関係の全体的な性格や方向性にも影響を及ぼしてきたのである。
　それでも、本章は、政治・安全保障関係こそが戦後日欧関係において最も重要な柱であったと主張するものではない。しかし、従来経済・通商のみの

関係として語られがちであったなかで、政治・安保の側面に着目することで、戦後日欧関係をとらえなおしてみたい。加えて、特に2000年代以降、日欧間——日EU（欧州連合）、および日英、日仏などの二国間レベル——で政治・安全保障協力強化の動きが顕著であることに鑑みれば、歴史的文脈を改めて振り返る必要性も増しているのではないか。戦後日欧関係において、政治・安全保障の側面は、特に冷戦の文脈において、どのように浮上し、どのように扱われたのか。日欧関係におけるいわば「冷戦ファクター」はどのように作用したのか。そして、政治・安全保障関係は、経済関係とどのような関係にあったのか。さらに、冷戦期の経験から、今日の日欧関係に対して何がいえるのか。

　こうした問いに答えるため、以下では第Ⅰ節で、1960年代前半、池田勇人政権期に焦点を当て、戦後日欧政治関係の再出発期における状況を、池田の唱えた日米欧「三本柱」論を中心に検討する。第Ⅱ節では、冷戦に起因する国際的危機のうち、1979-1980年のイラン米大使館人質事件と1980年代前半から半ばにかけての中距離核戦力（INF）を巡る問題（ユーロミサイル危機）を取り上げ、冷戦における危機が日欧政治・安保関係の強化をもたらした事実を確認したい。つづく第Ⅲ節では、冷戦期の日欧関係における経済と政治の交錯を検討する。端的にいって、経済・通商摩擦の激化が、政治関係に費やすことのできる時間とエネルギーを奪ったのである。最後に第Ⅳ節では、冷戦期との比較の観点で冷戦後の展開を考えることにより、改めて、戦後日欧政治・安全保障関係の構図に迫りたい。

　なお、本章は、歴史（外交史）としての研究対象となる時期に関する検討を含むものの、外交文書等の一次史料に基づく歴史研究ではない点を予め断っておきたい[1]。ここでの目的はあくまでも、今日そして将来の日欧政治・安保関係を考える基礎を提供することであり、そのために戦後の関係の展開を俯瞰的に改めて振り返り、重要な要素を抽出することを主眼としている[2]。また、日欧関係全般を広く見渡すことを目的とする観点から、日本と欧州各国との個別の関係ではなく、欧州全体、なかでもEC（欧州共同体）、EUに焦点を当てることにしたい[3]。

I　日欧関係の再出発——日米欧「三本柱」論とその後

　明治維新後の日本の近代化において、特に 19 世紀後半から 20 世紀はじめにかけて、欧州が果たした役割は大きかった。鹿鳴館は極端な例だったとしても、実質的にも象徴的にも、近代国家を築くこととはすなわち、欧州に近づくことであった。米国による占領を経た戦後の日本では、急激なアメリカ化が進むことになったが、それでも、欧州の重要性が完全に忘れられたわけではない。そのため、戦後の、そして冷戦下のさまざまな課題に対処するにあたり、欧州との関係の可能性を探る動きが出てきたのである。

　すでに 1950 年代末、首相の岸信介は、英米関係が特別な関係であることを念頭に置けば、「日英関係というものを強化することは、日米関係を幹線と考える日本としては、絶対必要だ」と述べていた[4]。岸内閣ではまず 1957 年 9 月に、藤山愛一郎外相が欧州を訪問した。英国における最大のアジェンダの一つは中国との関係だった。この問題に関して、すでに中華人民共和国（中共）との外交関係を樹立していた欧州諸国との協議は特に重要だったのである。たとえば英国に関して端的にいえば、「アメリカの対中政策を柔軟化するための日英協力」[5] が期待されたのである。より広い文脈でとらえれば、「対米自主」の戦略的オプションとしての日英連携ということになる[6]。この問題に関する英国との連携の模索は、英国側の消極的姿勢により失敗に終わるが、米国を動かすための欧州との連携という発想は、後に見るように、一つのパターンとなっていく。岸政権の試みは、その萌芽だったといえる。

　1960 年の安保闘争によって無念の退陣を余儀なくされた岸の後を継いだ池田勇人は、国内においては低姿勢と経済優先を貫きつつ、外交にも次第に高い関心を示すようになった。そうしたなかで、欧州との関係についても、より普遍的に論じるようになった。有名な日米欧「三本柱」論である。日米欧の三本の柱の支えがあってはじめて自由世界は安定し、強化されるという基本的考え方に基づき、日本としては、米国との関係のみならず、欧州との関係を強化する必要があるとの議論だった。池田自身の言葉によれば、

　　今後の日本は、同じ自由陣営のヨーロッパ各国と太いパイプで結ばれねばなら

ない。それを国民諸君も期待していると思う。今度日本とヨーロッパがしっかり手をつなぎ合うことによって、アメリカとヨーロッパと日本の三つの柱ががっちりと結び合うことになる。この場合、日本は東南アジア、さらにはアジア、アフリカ諸国との親しい間柄から、これらの国々とアメリカおよびヨーロッパをつなぐ役割をすることになるのだ。そこで、この三本の柱というか、三脚というか、これがしっかりと結びあってその上に世界平和が築きあげられることになる[7]。

とのことだった。そしてこれは「私のかねてからの念願である」[8]とつけ加えた。別のいい方をすれば、「欧州諸国とは、主として米国を仲介とする間接的な結付に過ぎない」なかで、「直接の連繋を強めることが必要」という考え方であった[9]。そして、日米関係が安保条約改定もあり、軌道に乗っていること、および米欧関係は伝統的に緊密であることに鑑みれば、日米欧協調に欠けるのが日欧関係であることは自明であった。そうである以上、日本にとっての日米欧協調とはすなわち、欧州との関係強化の必要性を意味したのである[10]。こうした基本的考え方は、後に「トライラテラリズム（日米欧三極協調主義）」と呼ばれることになる。

いうまでもなく、日米欧の結束とは、冷戦構造下においてはソ連に対抗したものである。その必要性が日本において特に意識された背景には、「共産陣営が最近の自由陣営の繁栄、その結果の強化に対処するため、自由陣営をEEC、米国、日本をそれぞれ中心とする三地域に分け、それを角逐せしめんとしていることあきらかであり、日本に対して自由陣営内における孤立感を強めるよう働きかけの兆候がある」[11]との日本政府内での危機感があった。これは主に経済関係を念頭に置いたものだったが、ここで重要な点は、日欧経済関係の拡大を阻んでいる欧州の対日差別措置の撤廃は、単に貿易拡大の問題ではなく、政治的・戦略的意味を有していたことである。経済を経済のみの問題としてはとらえずに、その意義を冷戦構造のなかに位置づけた点が注目される。逆にいえば、冷戦という政治の論理を使って、経済問題の打開を図ろうとしたのである。

「三本柱」論の実践の最大の舞台は、1962年11月の池田訪欧であった。この訪問に関しては、ドゴール（Charles De Gaulle）仏大統領との会談で、池田が「トランジスタのセールスマン」と揶揄されたとの、事実に反するエ

ピソードが語り継がれているが、池田の主眼は政治問題にあった。訪問先での議題に関する事前調整においても、各国の在外公館には、「各国首脳との会談は、事務的に流れない調子の高いもの」とすること、そのため、全体の基調は「共産圏と自由諸国との関係においたものとし、AA（アジア・アフリカ）諸国の問題、国際経済問題等もこの観点からとりあげて言及したい心積もりである」との指示が本国から与えられていた[12]。訪欧を控えた在京の英国人記者との会見（10月18日）で、今回の訪英の目的について、資本の流入や外資導入が目的かと問われた池田は、「そんな事は問題ではない」[13]と即座に反論していることからも、冷戦構造下で欧州との関係を、政治面を含めて発展させることへの強い意志が窺われる。実際、訪問先での各国首脳との会談で池田は、自由主義陣営の有力な一員としての日本を強調した上で、中国や東南アジアの諸問題等を大いに語ったのである。池田の「三本柱」論、およびそれにともなう池田の発想は、まさに、「冷戦体制構想」[14]だったのである。

　ただし、この後に定着する日欧関係の構図との関連で指摘すべきは、池田の時代における政治面の重視は、すでに発展した経済面での関係とのバランスを図るための発想ではなかった点である。状況は全く逆で、池田が各国首脳との会談で強調したように、当時の日欧間の経済関係は、欧州市場の閉鎖性ゆえに極めて低水準にとどまっており、GATT 第35条の適用解除の問題を含め、経済関係の拡大、すなわち欧州市場の開放が重要な焦点だったのである。先行する文化や政治の関係に、経済をいかにキャッチアップさせるかが課題と認識されていたほどである。

　したがって、池田政権の対欧州政策において、冷戦を背景とした政治面のみを強調したのでは、バランスを失することになる。実務としては、経済関係の強化が重要なアジェンダであり、実際、例えば池田訪欧の前年、1961年7月の小坂善太郎外相による欧州歴訪は明確に経済中心であったし[15]、直前の1962年9月の大平正芳外相による訪欧も、英国での通商協定交渉など、経済のアジェンダが前面に出たものだった。

　さらに、池田の「三本柱」論や、より広い意味でのトライラテラリズムを振り返ってみた際に検討しなければならないのは、そこで掲げられた目標が、

当時どの程度実現したのか、そしてその後に、継続的にフォローアップされたかである。1962年の池田の訪欧自体は、英国との間の修好通商協定の署名、GATT 第35条の適用解除や OECD（経済開発協力機構）加盟問題での前進などがあり、具体的成果は豊富だったと評価されている。他方で、これまで米国を介して間接的につながっていただけの日本と欧州との関係を直接的なものにするとの、より大きな目標についてはどうだったか。結論からいえば、米国経由、ないし米国頼みの対欧州外交という本質はむしろさらに露呈してしまったのではないか。GATT 第35条問題にしても OECD 加盟にしても、結局、米国の支持という後ろ盾を得たことでようやく欧州への働きかけができ、欧州側からも前向きな反応を引き出すことができたのである[16]。米国を動かすために欧州と連携するどころか、欧州を動かすために米国に頼らざるを得なかった。これが現実であり、池田のビジョンの限界であった。その意味では、「三本柱」はかなりの程度スローガンに過ぎなかったわけだが、それでも、欧州への接近を通じて、「自由陣営の一員」という、日本の新しい国際的アイデンティティが明確になったのは事実である[17]。さらにいえば、欧州との関係はこうして、日本外交における本流の一角を占めるようになったのである。

　継続性に関してはどうだったか。池田訪欧を受けて、欧州首脳の日本訪問に加え、外相レベルによる相互訪問や定期的な協議枠組みの設置などが進んだことは事実である。日本の国力の増大にともない、欧州の側にも日本はハイレベルで対話すべき相手との認識が高まったのだといえる。加えて、1975年にはじめて開催されて以降、毎年開かれることになったサミット（先進国首脳会合）——後に G7 ——は、日本と欧州主要国の首脳が定期的に顔を合わせる機会を提供することになった[18]。それでも、欧州との政治・安全保障問題の対話が恒常的なものとして定着するには至らなかった。それは欧州側においても同様であり、日本へのアプローチは散発的なものにとどまった。そのような関係が活性化するのは、次節で検討するような大きな危機の発生時だった。

II　冷戦の危機と日欧

　池田の時代が、冷戦構造を利用した日欧協力の再出発だったとすれば、その後に発生する冷戦に起因するさまざまな危機は、より直接的なかたちで日欧協力を促すことになった。ここでは、1979-1980 年の在イラン米国大使館人質事件と、1980 年代前半から半ばにかけての INF 問題を取り上げるが、概念的に整理すれば、冷戦の危機が日欧接近をもたらす構図には二通りある。第一は、西側の結束を維持するため、すなわちソ連に対抗するための日欧協力である。冷戦構造下において、この考え方は当然であり、日米欧から構成される「西側」を強化しようとすれば、日米、米欧のみならず、日欧という協力の軸が必要になる。前節で見た池田の発想はまさにこれに当てはまる。第二は、米国に対する交渉力を増大させるための日欧協力、いわば米国に対する日欧共闘であり、これは、西側の陣営内政治の力学である。中国問題に関して、欧州を味方につけることで米国にアプローチすることを一時試みた岸政権の発想は、そうした考え方のはしりだったといえる。

1　イラン米大使館人質事件への対応

　イラン革命後のイランの過激な学生グループによって 1979 年 11 月 4 日に引き起こされた在イラン米大使館人質事件は、米国とイランとの関係を決定的に悪化させることになった。しかも翌 1980 年は米大統領選挙の年であり、同事件への対応は国内政治的にも大きな問題であった。米国は、当然のことながら、日欧の同盟国に対して、石油禁輸や金融資産凍結等の制裁措置への同調を求め、これを受けた日欧は、エネルギー供給源としてのイランとの関係と、同盟国である米国との関係間で、ともに深いジレンマに直面したのである。当時の日本の外交官の言葉を借りれば、求められたのは「米国との関係で許されるぎりぎりの限界でイランと友好を保ち、対イラン関係で許されるぎりぎりの線まで米国を支援すると同時に、イランが受け入れる程度に米国を支援する」[19)] ことであった。こうした考え方からも窺われるとおり、今回の人質事件が米国や国際関係全体におよぼす影響への意識は、日本において総じて低かったといえる。そこには、主体性が全く見られないのである。

そうであればなおさらのこと、日本としては、独自に米国への対応を考えるより、他に似たような境遇にある諸国との連携を探ろうとして自然だった。その自然な対象は欧州であり、欧州の側でも、すでに G7 にも参加し、西側の主要な経済パワーとなった日本と協調することは効果的な選択であった。米国への盲目的な追従と西側世界での孤立をどちらも避けたいのだとすれば、日欧協力の模索以外に現実的選択肢はなかったのだろう。端的にいって日欧は、「米国に影響を及ぼすことへの共通の利益」[20] を有していた。

　日欧が当時最も恐れていたのは、米国が単独の軍事行動を実施して人質解放を試みることだった。それにより状況がさらに悪化し、地域が不安定化することを懸念していたのである。ヴァンス (Cyrus Vance) 米国務長官自身は、軍事オプションに反対だったが、同盟国に対しては、外交や経済的手段がすべて失敗した場合には、軍事作戦実施の可能性があると警告を発していた[21]。1980 年 4 月に入ると、人質をイラン政府の管理下に移す案が提示されたものの、これが実現しなかったことを受けて、カーター (Jimmy Carter) 政権はイランとの国交を正式に断絶し、同盟国にも同調を求めたのである。

　日本の危機意識を高めたのは、人質事件への米国の厳しい姿勢であったと同時に、1979 年 12 月に発生したソ連のアフガニスタン侵攻であった。これを受けて 1980 年 1 月の施政方針演説で大平正芳首相は、事態の推移に応じて「適切な措置を検討・実施」するとしたうえで、「それがたとえ我が国にとって犠牲を伴うものであっても、それを避けてはならない」と明言したのである[22]。国際安全保障問題への関与を避け続けてきた日本にとっては、大きな転換点を示すものになった。それはまた、「西側の一員」として、犠牲を含めて責任を果たすということでもあった[23]。

　それでも、それは人質事件への対応に関する米国とのすべてにわたる同調を意味するものではなく、1980 年 4 月に入り、EC 諸国と日本は、まずテヘランでの外交上の働きかけ（デマルシュ）を共同で行った。これは、米国がイランとの国交断絶を求めるなかで、大使召還にすら消極的な日欧による妥協策であり、このデマルシュの後に、日欧各国は駐イランの大使を、（大使召還ではなく）イラン側との協議の結果の報告のためとして帰国させたので

ある。しかし、当然のことながら、それで問題が解決されるわけではなく、日本とECは、さらなる対応策を模索することになる。そこで大来佐武郎外相は、4月21-22日にルクセンブルクで開催のEC外相会合に合わせて現地を訪れ、EC各国外相およびEC委員会委員長と個別に面会し、日本の立場を伝えるとともに、日欧協調を訴えたのである。ECの対応に関して、当時日本が最も懸念していたのは、イランからの石油禁輸を決定するか否かの問題だった。大来による現地での働きかけがどの程度の効果を有したかについては検証が難しいものの、結局ECは、在イランのEC諸国外交団の規模縮小、イラン人へのビザ要件の厳格化、イランに対する武器およびその他防衛関連の輸出許可の取り消し等の、穏当な措置のみに合意して外相会合を終えた[24]。

この危機は結局、EC外相会合直後の4月24-25日に米国が人質救出のための軍事作戦を実施し、しかもそれが失敗に終わったことで、沈静化に向かう。人質事件は続いたものの、米国が再度の軍事作戦に踏み切る可能性は極めて低くなったため、日米欧の間での緊迫した状況は解消されたのである。日欧にとっての当初の課題が、米国による軍事作戦を思いとどまらせることだったことに鑑みれば、これは何とも皮肉な結果であった[25]。それでも、このような政治的危機に際して、しかも米国への対応において日欧が連携を模索し、実際外相級での緊密な折衝が行われたことは記憶されてよい。大来自身も、これにより日欧政治協力という「新しい事態」が生まれ、「一つの転換になった」[26]と回顧している。これは、冷戦下の政治問題における日欧協調の必要性の切迫感という意味で、まさに戦後日本にとって初めてに近い経験だったのであろう。

2　INF問題への対応

次なる危機は、INF問題であった。1970年代からソ連が新型の中距離弾道核ミサイルを、欧州地域を中心に配備し始めたため、欧州の一部では、これにより抑止のバランスが崩れ、最悪の場合米欧の離間につながりかねないとの懸念が高まった[27]。その解決策は、ソ連側によるSS-20の撤去か、NATO側による類似の兵器体系の導入しかなく、結局1979年12月に

NATOは「二重決定（dual track decision）」に至る。一方でソ連に対してSS-20の撤去を求めて交渉をしつつ、他方で、同交渉が成功しない場合には、NATO戦力の近代化として米国の新しい中距離ミサイル・パーシングIIを欧州に配備すると決定したのである[28]。

これが日本の安全保障に関係していたのは、欧州戦域のみを対象として米ソ間の交渉が妥結するようなことがあれば、欧州から撤去されたSS-20が極東に再配備され、日本への脅威が増大する懸念があったからである。パーシングIIの欧州配備が近づくにつれて、西ドイツや英国といったミサイルの受入れ国では（一部ソ連の支援も受けた）反対運動に火が付き、ソ連との交渉に関しても、さまざまな妥協案が模索されることになった。そうしたなかで、地域を限定しない完全な「ゼロ・オプション」すなわち「グローバル・ゼロ」に対して、欧州においては、「ヨーロッパ・ゼロ」といわれる欧州地域だけを対象とした撤去案が受け入れられる土壌があった。グローバルな制限や撤廃よりも、欧州のみを対象としたものの方が早く妥結可能であり、しかもパーシングIIの配備開始までに間に合うのであれば、最終的な解決策にはならずとも、少なくとも暫定的な措置として、欧州の多くの指導者にとっては魅力的であった。ウラル山脈以東にまで撤去されれば、欧州への脅威は当面削減可能だったからである[29]。

そこで当時の中曽根康弘首相と外務省は、積極的に動くことになった。そして、これこそ、冷戦に関連する主たる国際安全保障上の、しかも軍事的な問題に、日本が積極的に関与する初めての事例になるのである[30]。外相の安倍晋太郎は、1983年初頭から欧州諸国を歴訪するなどして、欧州との対話に努めた。なお、NATOと日本との対話という考え方は、結局は主にフランスの反対で流れるものの[31]、この問題への対応をきっかけに模索されたものである。

首相の中曽根は、首脳レベルでの米国への働きかけを重視し、1983年3月には、この問題に関するレーガン（Ronald Reagan）米大統領宛書簡でアジアの犠牲のうえにINFの合意がなされることは受け入れられないとの日本の立場を明確にした[32]。さらに、同年5月の米ウィリアムズバーグでのG7サミットでは、「我々サミット参加国の安全は不可分であり、グローバルな

視点から取り組まなければならない」[33]との政治宣言の取りまとめに不可欠な役割を果たすのである。これこそ、シュルツ（George Shultz）米国務長官が「日本が初めて西側の安全保障体制に組み込まれた」[34]と呼んだものであり、ハウ（Geoffrey Howe）英外相が、「（今回のサミットの）最も重要な側面は、中曽根首相の指導力のもとで、戦後日本が政治的成熟を示したことだった。日本は初めて、西側の最も重要な軍備管理・安全保障の文書作成にコミットし、それを共有した」[35]と評した瞬間であった。

　しかし、欧州とのすれ違いは根深かった。ウィリアムズバーグ・サミットの場でも、NATOの問題をG7で議論することにフランスは原則的な反対論を続けており、上述の「不可分」の文言にしても、INFが言及されている段落とは別の箇所に挿入されている。これはフランスにとっては、越えられない一線であった[36]。当時外務省でこの問題を担当した岡本行夫によれば、元来欧州中心であったINFの問題に日本が関与することに、当時の「ヨーロッパは苛立ち始めて」[37]いた。欧州はパーシングIIの配備を受け入れるというリスクとコストを払っているのに対して、日本は何もしないで口だけ出して交渉を妨害していると見られかねなかったのである。それでも、ウィリアムズバーグでの合意以降は、「グローバル・ゼロ」を目指すレーガン政権の方針が強固になったこともあり、欧州も次第に、「グローバルな視点」を受け入れるようになる。同年11月に来日したコール（Helmut Kohl）西ドイツ首相と中曽根首相との「東京声明」でも、ウィリアムズバーグにおける安全保障の「不可分」性とINF問題解決への「グローバルな観点」が再確認されている[38]。

　本章でたびたび触れている枠組みで考えれば、INFをめぐる日本の動きは、第一に、冷戦下における西側結束のための日米欧協調の模索であった。しかし、その背景には当然のことながら、より直接的な日本の国益があったのであり、中曽根政権が実際に追求したのは、米国を通じた欧州への対応、より端的にいえば、米国を使って欧州を動かすことであった。これが第二の側面である。欧州における「グローバル・ゼロ」から逸脱した「ヨーロッパ・ゼロ」への傾斜や、NATOを含めた欧州安保の中核に関する議論に日本が参加することへの消極論を抑えたのは米国であり、日本は米国に頼ったのであ

る。日欧関係の視点からは、欧州との政治・安全保障関係の強化以前に、むしろ日本が関われば関わるほど、日欧間の利害の不一致が目立つような状況ですらあった。それでも、それを乗り越え、日欧での安全保障対話や日本とNATOとの関係の端緒が生まれたきっかけは、このINF問題への前例のない積極的な日本の関与であった。

III　政治と経済の狭間で

　日欧間での政治や安全保障に関する対話、さらには協力の模索が散発的なものにとどまらざるを得なかった背景には、西側の安全保障は「不可分」とはいいつつも、実際に当時の国際安全保障環境はそこまで不可分、ないしグローバルな性質を持つものではなかったことが真っ先に挙げられる。そもそも、国際安全保障は不可分ではないと認識されていたからこそ、ウィリアムズバーグにおいても、そうした文言を盛り込むことが容易ではなかったのであろう。日本と欧州に関する限り、前節で見たような特定の問題が危機的に迫っている状況を除けば、互いの安全保障に関心を払わなくても不利益は生じなかったということである。しかし、日欧外交の現場という観点で考えれば、より端的には、経済問題、特に貿易摩擦への対応に忙しく、他の分野に取り組む物理的余裕がなかったという側面を見逃すわけにはいかない。

1　貿易摩擦の政治的影響

　政治・安全保障面での対話・協力の推進と経済問題への対処は、国際関係において必ずしも相反するものではない。それは、戦後の日米関係に照らしても当然である。どちらも不可欠であれば、あるいは、いずれにも基盤が存在すれば、政治・安保と経済は同時に進行する。日米関係においても、経済と安全保障のバランスや相互関係は、時代とともに変化したが、日欧関係との比較で指摘すべきは、両者は常に併存していたのであり、全体のなかでは何らかのバランスが常に追求されてきた事実である。

　しかし、日欧関係には――二国間でもEC/EUレベルでも――、政治・安全保障関係の恒常的な土台が存在せず、その結果、貿易摩擦のような経済問

題が浮上すれば、それが関係全体を覆いがちな構造にあった。1989 年から 1999 年まで閣僚級の EC 委員として貿易問題を担当したブリタン（Sir Leon Brittan）は、

> 私がこのポストに就いたとき、日本の閣僚との議論は、酒税や港湾税、革製品、ベアリング、絹糸等、面倒で些細な貿易摩擦問題ばかりに費やされていた。それらは欧州の輸出業者にとっては重要な問題だったが、そうした時間の一部でも、政治や経済において EU・日本関係を強化するためのより建設的な方策について議論ができれば、最終的にはより利益になると思うことがしばしばあった。

と回顧している[39]。日欧間では、対話のパイプがそもそも細いため、対処すべき経済問題が存在することで、その他の問題を議論する時間がなくなってしまったのである。

　もう一つの特徴は、冷戦期においては、欧州との政治関係の強化を提起したのが、ほぼ常に日本側だったことである。対する欧州側は決まってそれに懐疑的であった。欧州側では、日本との政治・安保協力の必要性への意識が全般に薄かった——あるいは、より正確には、前節で検討したように、特定の危機が発生した際にのみその必要性が認識された——のはもちろんだが、加えて、政治関係を持ち出す日本には、貿易摩擦の問題から欧州の目をそらそうという下心があると疑われたのである。時代は若干さかのぼるが、1978 年 7 月にブリュッセルを訪問した福田赳夫首相は、同地での演説で、「日欧関係を単純に経済的側面からのみ理解しようとすることは、いささか片寄った見方であり、また皮相的な見方」だと述べ、「日欧が共通の利害、価値観を共有しているとの自覚に立って、共通の目標に向かって、真の連帯と協調に根ざした関係の発展を図るべき時が来ている」と謳った[40]。さらに日欧は「同舟の客」であるとして、ともに民主主義体制を守る必要があるとも述べている。当時、外務省出身の総理秘書官だった小和田恆は、格調高いスピーチだったにもかかわらず、演説後に寄せられた質問がすべて通商摩擦関連だったことには失望したと振り返っている[41]。

　ただし、通商摩擦が激しいなかで政治関係の発展が阻害された背景として

は、他にもいくつか指摘できる。第一に、EC レベルで考える場合、当時の EC 自体がいまだに主として経済共同体であったことが大きい。EC における政治・外交分野での協力は、1970 年に発足した欧州政治協力（EPC）に限定されており、それも順調な発展を見せていたわけではなかった[42]。そうである以上、日英や日仏といった二国間はともあれ、少なくとも欧州レベルにおいて、日本との政治・安全保障関係を発展させられる土台自体が未発達だったのである。次節で触れるように、これは 1990 年代に変化していくことになる。

第二に、日本側についても、欧州との政治協力にどこまで真剣であったかには疑問がある。そもそも政治や安全保障に関しては、国際場裏において積極的な役割を果たそうとはしてこなかったのが戦後日本の姿である。加えて、日本がもし欧州との政治協力の強化に本気だったとすれば、継続的・恒常的にこれを提起するべきであったが、日本側からの関心の表明は、散発的なものにとどまったのである。上述の福田首相のケースでもそうだが、G7 サミットが定例化されたことで、G7 が欧州で開催される際、および首相就任後に他の G7 首脳との顔合わせが必要な際などに、日本の首相が欧州を訪問する機会は多くなった。その際に訪問先で政策スピーチをすることも珍しくなくなったが、欧州で演説をする際に日欧関係に触れるのは当然であり、それをもって日欧関係強化へのコミットメントだとつねに判断するわけにはいかない。

さらに第三に、日本側がたとえ本気だったとしても、欧州との政治協力で何を実現したかったかは、必ずしも明確ではなかった。別の観点でいえば、在イラン米大使館人質事件や INF 問題への対応といった明確な目的があるケースでは、双方が本気になり、対話や協力は自ずと実現しているのである。それ以外の時期においては、日欧政治協力への意識はやはり低かったといわざるを得ない。この第二と第三の点に関連し、竹下登首相は 1988 年、トロント（カナダ）で開催される G7 サミットを前に、2 度にわたり欧州を訪問したが、当時外務省欧亜局長だった長谷川和年は、「ヨーロッパを重視していこうという方向だった」と述べつつ、極めて率直に、「この歴訪にあたっては、とくに大きな目標はなかった」と言い切っている[43]。「平時」の際には、

このような形式的な関係が常態化していたのであろう。

2 ハーグ宣言へ

それでは、経済を超えた日欧関係をもたらすことになった次なる「危機」は何であったか。それは、皮肉なことに、成功しすぎた日本経済と、それによる貿易摩擦の激化だったといえる。日本側では、自らを取り巻く貿易摩擦の激化により、日欧関係のみならず、西側世界、ひいてはより広く世界のなかで日本が孤立してしまうことへの、「激烈な危機感」[44]（西山健彦・EC大使）が芽生えることになった。それは、貿易摩擦に忙殺される限り新たな展望は開けないとの悲観論でもあり、だからこそ局面を変える意味で、貿易以外の分野に目を向けることが模索されたのである。さらにちょうど時期的に重なってしまったのがイラクによるクウェート侵攻による湾岸危機・湾岸戦争であり、人的貢献のほとんどできなかった日本は、同盟国米国からも強い批判にさらされることになった。同時に、欧州側においても、摩擦の激化のなかで関係自体が完全に崩壊してしまうことへの懸念があった。日本経済の規模や、日米関係の緊密さ──日米摩擦も激しい時期ではあったが、さまざまな日米合意によって欧州が不利益を被ることへの懸念が欧州には根強く存在していたこと──に鑑みれば、この段階で日本との関係を崩壊させないことは、欧州の利益でもあったのである[45]。

そこでイニシアティブをとったのは再び日本側であった。日本外務省は1990年12月にEC側に正式に提案を行った。当時外務審議官の任にあった前出の小和田が主たる役割を果たしたことから、これは「小和田提案」ないし「小和田イニシアティブ」と呼ばれている。生粋の日米欧協調論者（トライラテラリスト）である小和田は、激変する世界において日米欧の協力枠組みの強化が緊急の課題であるとし、そのなかで、首脳レベルを含む協議枠組みを通じて日EC関係を強化し、多様な分野にわたる「グローバル・パートナーシップ」を構築することが必要だと論じたのである[46]。小和田提案における日米欧への言及からも窺われるとおり、米国とECとの関係の展開は、日本にとっても大きな関心事であり、米・EC間の1990年11月の「大西洋宣言（Transatlantic Declaration）」が日本でも意識されていた[47]。

しかし今回も、EC 側の反応は日本の意図を疑うところから始まった。これまで同様、貿易摩擦から EC 側の関心をそらすための戦術ではないかというのである[48]。EC 委員会は 1988 年 3 月に対日関係についての政策文書（Communication）を発表していたが、そこでも、当然のことながら主眼は貿易摩擦にどのように取り組むかであった[49]。当時から対日政策に関与し、後に駐日欧州委員会代表部大使を務めたケック（Jörn Keck）は、EC の対日政策に初めて「協力」の要素が挿入されたのが 1988 年の文書だったと評価している[50]。しかし、それまで「協力」の要素が全くなかったということ自体が、EC の姿勢を何よりも物語っていた。さらにいえば、同文書にあるような、「共同体（EC）の対日政策における主眼は（日本の）貿易摩擦の撤廃であり、それは、欧州の対日輸出増加と対日貿易赤字の縮小につながるはずである」[51] との認識のもとでは、日本との政治協力という発想が担当者の頭に登場するような状況ですらなかったのである[52]。

　結局 EC 側は、日本側による働きかけ、および対日関係の再検討を迫られていた文脈から、日本との宣言文書の作成という方向で合意することになるが、貿易問題にどのように言及するかは、――おそらく大方の予想どおりに――日 EC 間での最も困難な争点になった。実際、交渉の最終段階では、たとえば欧州市場での日本車の販売台数に関する EC 側「サイドレター」を日本側が受け取るか否かが原因となり、宣言の発出が放棄されかねない局面もあった[53]。そして、最終的な文言に EC 首脳のコンセンサスを得ることの困難さゆえ、結論はハーグでの日 EC 首脳協議当日の朝まで持ち越されたのである[54]。この経緯からは、通商摩擦が依然として厳しいなかで新たな枠組みを構築することや、さらに政治対話・協力に踏み出すことの困難さが改めて浮かび上がる。

　最終的に、1991 年 7 月 18 日にオランダのハーグにおいて署名された「日本国と欧州共同体及びその加盟国との関係に関するヘーグにおける共同宣言」[55]（ハーグ宣言）は、日本と EC との間での初めての包括的文書になった。同宣言は、自由、民主主義、法の支配といった、両者がともに信奉する価値を列挙した上で、対話と協力の目的として、経済、貿易、投資のみならず、世界の平和と安定、不拡散問題等にも言及することになった。そして、対話

の枠組みとして導入された目玉が、首脳——日本側は首相、EC 側は欧州理事会議長つまり議長国首脳と EC 委員会委員長——による年次定期協議である。わずか 2 頁ほどの文書によって、日 EC 関係を根本から変えることはそもそも期待できなかったものの、数年前まで「協力」という発想自体がなかった日 EC 関係において、このような土台が構築されたのは、大きな進歩であった。

　実務の観点から、この種の文書が存在することの大きな効用の一つは、日 EC が共通の価値を基盤としたパートナーであるとの前提を、案件が持ち上がるたびに確認する手間が省けるということである。この後は、ハーグ宣言を参照すればよくなり、加えて、同宣言の文言を繰り返すにあたって、文言をその都度交渉しなくて済むようになったのである。これにより、日本と EC が、価値を共有する協力すべきパートナーであることが、前提理解として確立していくのである。これは、今日の視点では当たり前のことに過ぎないかもしれないが、上述のとおり、1980 年代まで（少なくとも EC においては）日本との「協力」という発想自体が欠けていたのである。

Ⅳ　冷戦終結から冷戦後へ——「冷戦ファクター」再考

　日欧、日 EU の政治・安全保障関係は、冷戦後に進展したと理解されることが多い。そうした文脈で使用される「冷戦後」の定義自体が曖昧だが、冷戦終結から今日までをすべて含めて冷戦後と表現するのであれば、冷戦後の時期にそれが進展したことは否定できないし、今後も今まで以上に進展する可能性がある。しかし、それは冷戦が終わった「から」なのか。少なくとも 2010 年代に入ってからの変化を冷戦終結の帰結とするわけにはいかず、より厳密な議論が必要である。

　まず、本章においてこれまで検討してきたとおり、日欧間の政治・安全保障上の関係を結びつける重要な要素の一つは冷戦であった。だとすれば、冷戦の終結が日欧政治・安保関係の強化をもたらすことは自明ではない。少なくとも両者の関係は自動的ではあり得ない。冷戦の終結は、「冷戦ファクター」という促進要因が失われることを意味したはずだからである[56]。実際、冷戦

後の時期において日欧の政治・安保関係が発展するには、冷戦終結以外の種々の要因——直接的・間接的に冷戦終結に関連するもの、および冷戦後に発生したその他の要素——が必要だったといえる。

第一は、欧州、特に EU による外交・安全保障上の役割の拡大である。1970 年以降、EPC として、EC 諸国間の政治協力（外交協力）の努力は進められてきたものの、欧州統合の重心が経済統合にあった事実には変わりなく、外交はともあれ、安全保障にまで EC が関与することは全く想定されていなかったのである[57]。そうした状況に変更を迫ったのは、1990 年代初頭、旧ユーゴスラヴィアでの紛争に直面しつつも何もできなかった EC の挫折だったといえる。その一つの答えが、1993 年 11 月に発効したマーストリヒト条約による、共通外交・安全保障政策（CFSP）の導入であった。CFSP のその後の歩みは、直線的な発展からは程遠いものであったが、外交のみならず、安全保障分野にまで EU の活動領域が拡大したことは、日本を含めた域外諸国との政治・安保関係の構築を可能にする基礎となった。別のいい方をすれば、CFSP の発展なくして、域外国との政治・安保協力の進展は、そもそもあり得なかったのである。

欧州統合における外交・安全保障分野の強化において、冷戦終結が直接的、間接的に大きなきっかけとなったことは確かである。上述の旧ユーゴスラヴィア紛争にしても、東西冷戦の終結がなければ、あのような形で展開したとは考えにくい。と同時に、東西分断の終焉は、欧州にしてみれば、米ソという二つの超大国が欧州の運命を決めていた時代の終わりを意味していたのであり、冷戦からの「解放」[58]のような趣をも有していた。「欧州の時代」の到来ともいわれた所以である。そうしたなかで、欧州の外交・安全保障面でも欧州の独自性が強調されるようになった[59]。もっとも、その背景には、ソ連という共通の敵が消滅したことを受け、米国による欧州へのコミットメントの将来が不透明になると認識されるなかで、それへのヘッジが必要だという認識、あるいは逆のロジックとして、バードン・シェアリングを強化すること——そしてそれを米国に示すこと——で米国を引き留めようとする発想が存在したのも事実である。他方で、冷戦終結とは直接関係のない背景として、当時の EC が、1992 年末を目標に域内市場統合を進めていたという

文脈も重要である。経済面で統合の度合いを高め、国際関係におけるアクターとしてのECの役割が拡大するなかで、冷戦終結よりも早い段階から、経済面に加え政治面でもECの役割への期待が高まりやすい構造にあったのである[60]。

　第二は、日本による国際的な政治・安全保障上の役割の拡大である。EUにおける上述のような外交・安保面の展開との間に直接的な関連を見出すことは難しいが、1990年代の前半に双方のプロセスが本格的に始動した点は注目される。日本の場合の直接のきっかけは、1990年8月のイラクによる隣国クウェート占領に端を発する湾岸危機、および翌1991年の湾岸戦争だった。当時の日本の貢献をどのように評価するかについては、今日までさまざまな議論があるものの、米国を中心とした多国籍軍や周辺諸国に計130億ドルという巨額の財政支援をしつつも、自衛隊の派遣やその他目に見える人的貢献がほとんどできなかった事実に変わりはない。このときの経験を受け、日本国内において、「国際貢献」が活発に議論されるようになったのである。そして1992年には、いわゆるPKO（平和維持活動）協力法が成立し、同年秋に、史上初めての日本による国連PKOへの参加として、国連カンボジア暫定統治機構（UNTAC）への自衛隊派遣が実現した[61]。自衛隊の海外派遣は、日本による政治・安全保障面での国際的関与のごく一部に過ぎないものの、それが象徴的な意味合いを持ったことは否定できない。

　こうした展開をすべて冷戦終結の直接的帰結というのは、いささか乱暴である。というのも、欧州における冷戦の終結は、欧州大陸の分断の終焉という明確な結果をもたらしたものの、アジアにおいては、それほど明確な結果をもたらさなかったからである。東欧革命が吹き荒れるさなかの1989年6月に中国で発生したのは、共産党政権が民主化デモを武力で鎮圧した天安門事件であったし、冷戦終結は、朝鮮半島の分断状況に何らの本質的変化をもたらさなかった。そのため、1990年代に本格化する政治・安全保障面での日本の役割拡大の流れは、冷戦終結の直接的帰結だったというよりは、それ以前から続く国力に見合った国際的役割（「国際貢献」）の模索、および国外からの期待の増大、すなわち国際的責任への対応という文脈に位置づける方が現実に近いと思われる[62]。

EUと日本それぞれの対外的な役割の拡大に加えて、第三に、これまで激しかった貿易摩擦が1990年代半ばに鎮静化したことも、日欧の政治・安全保障協力を可能にする要因になった。貿易摩擦の存在が政治協力を妨げてきた歴史に鑑みれば、このことの重要性は極めて高い。さらに、1990年代初頭から日本経済が長期の不況に陥ったことも、結果として日欧関係の好転につながった。というのも、1980年代の日欧経済摩擦を悪化させた要因の一つは、実際に発生している摩擦である以上に、驚異的な成長を続ける日本経済への心理的な恐怖感だったからである。それが、日本異質論というリビジョニズムを生み出すことにもなる[63]。そんな日本経済がつまずいたのである。前出のEC委員ブリタンも、「日本の不調が（EU日本関係改善への）新たな可能性を開いた」[64]と率直に述べている。当然のことながら、これは冷戦終結の直接的帰結ではない[65]。

　こうした条件が重なり、日欧間の政治・安全保障協力という、新たな可能性が生じたのが1990年代であった。そして、それは実際に、EUによるKEDO（朝鮮半島エネルギー開発機構）への参加、日本の旧ユーゴ復興への貢献、中東和平における協力など、一定の成果を生むことになった[66]。しかし、全体として見れば、毎年の日EU首脳協議で触れられたことを実施する、ないし触れるために何かを実施するという、「協力のための協力」の性格から抜けきれなかったのではないか。欧州委員会で対日関係を担当したナッタル（Simon Nuttall）は、1990年代半ばの論考で、日欧間の相互無関心と協力の中身の欠如を指摘し、日欧政治協力で世界に何らかの影響力を及ぼす可能性について、「夢に過ぎない」と手厳しい評価をした[67]。別のいい方をすれば、日欧双方の対外的な役割拡大は、日欧協力の「必要条件」ではあっても、「十分条件」ではなかったということである。対話の開始が注目を集めるなかで、実質が伴っていなかったのである。

　同様の構図は、日本とNATOとの間にも見られた。1990年に日NATOハイレベル・セミナーが立ち上げられ、数回開催されたものの、その後、立ち消えとなった。日本とNATOが対話をするというアイディア自体は新鮮であったものの、両者に共通する喫緊の安全保障上の課題は、実際のところほとんど認識されていなかったのである[68]。1990年代のNATOにとって最

大の課題は、中東欧諸国のNATO加盟問題や旧ユーゴ紛争への対応であり、日本のような域外諸国との関係強化が求められる事情は特に存在していなかった。対する日本の側も、国連PKOへの自衛隊の派遣等が少しずつ始まる時期であり、安全保障面でのNATOや欧州との直接な関係の必要性は特に認識されていなかった。

こうした状況に根本的な変化が生じるのは、2000年代半ば以降であり、日NATO関係においては、アフガニスタンが大きなきっかけとなった。2003年8月からISAF（国際治安支援部隊）の指揮を引き継いだNATOは、活動地域を拡大するなかで、恒常的な兵力不足を補うために、非加盟国にもアプローチするようになった。加えて、安全保障と開発のリンケージが強調されるなかで、国連や世界銀行、さらにはNGO等との協力関係を構築する必要に迫られたのである。日本はアフガニスタンへの自衛隊派遣は最後まで結局行わなかったものの、開発支援を含めた文民分野において、NATOとの協力が進められた[69]。日本とNATOが、地理的には中間地点ともいえるアフガニスタンで出会ったのである。それは、2001年の9.11テロ事件をきっかけに、国際安全保障問題が真にグローバルなものであることが認識されることで、初めて可能になった。それがなければ、NATOがアフガニスタンまで出ていくことはなく、日本とNATOが出会うこともなかったであろう。

おわりに

冷戦期から冷戦後にかけての日欧間の政治・安全保障関係は、決して成功物語の連続ではない。このことは、本章で見てきたとおりだが、同時に、それでも戦後の日欧関係には、貿易・経済だけでは語れない部分が一定程度存在していたことは事実である。そこには、当初から「冷戦ファクター」が存在した。つまり、冷戦構造下で同じ自由世界、ないし西側に属したがゆえに日欧はつながったのである。しかし同時に、日欧の政治・安保関係は、貿易摩擦に代表される経済関係に大きく左右される存在でもあった。

冷戦期の経験から、日欧の政治・安全保障関係を振り返ったときに、改めて着目すべきは、第一に、日欧関係と米国との関係である。さまざまな見方

や試行錯誤はあったものの、(1) 欧州との協力を通じた米国への影響力行使と、(2) 欧州を動かすための米国への依存、という二つが、ともに日本外交の選択肢としてつねに存在してきた。米国を通じた間接的な欧州との関係を直接的なものにするというのは、池田政権以来の課題であり、その後の半世紀でも完全に実現したとはいい難い。それでも、欧州との関係において米国が「使える」のと同時に、米国との関係において欧州が「使える」のであれば、日本外交の選択肢としては、必ずしも悪いことではない。ただし、欧州との関係（特に働きかけ）において米国に依存する部分が大きいとすれば、それが日欧関係の強化とは必ずしも両立しないことについては意識的になる必要があろう。

　第二に指摘すべきは、やはりともに真剣に取り組むべき共通のそして重大な問題が存在するのであれば、基本的価値を共有し協力を基調とするパートナーである限り、少なくとも対話は自ずと成立するという、単純だが重要な事実である。逆にいえば、必要性、喫緊性が認識されない状況下で、いわば人為的に「協力のための協力」を進めようとしても、成果は限られるということである。このことを冷静に意識するだけでも、日欧関係をめぐる議論は、より地に足がついたものになるのかもしれない。日欧間に限らず、協力とは、やはり原則として、それ自体が目的なのではなく、あくまで問題解決や共通の目標を実現するための手段なのである。解決を要する問題とは、冷戦期においては、たとえばイラン人質事件を受けた米国への対応や、INF問題への対応であり、最近の例でいえば、2004-2005年に表面化した対中武器禁輸措置の解除をめぐるEUの動きである[70]。こうした問題が存在することにより、互いに相手との関係に真剣になり、結果として対話と協力が生まれる。ともに実現すべき重要な目標が存在する場合も同様である。これをさらに進めるとすれば、必要なときによりスムーズな対話と協力ができるようにするための日ごろからの環境整備が課題になろう。2013年以降交渉されている日EU間の戦略的パートナーシップ協定（SPA）は、まさにそうした取り組みだと理解することができる。

　日本と欧州の政治・安全保障関係は、こうして冷戦期と冷戦後に共通の側面を有しつつ、しかし日本と欧州、そして両者を取り巻く国際環境が変化す

るなかで、確実に移り変わってきたのである。

【追記】本稿はすべて筆者の個人的見解であり、防衛研究所や防衛省、日本国政府の見解を代表するものではありません。

1)　外交史、国際政治史としての日欧関係史研究としては、日英関係をはじめとして、日仏、日独関係についても研究が進んでおり、すでに多くの蓄積がある。日・EC/EU関係はこれまで未開拓であったが、近年手がつけられつつあり、例えば以下がある。鈴木均. 2011.「日欧貿易摩擦の交渉史—アクターとしての労働組合、欧州委員会、域外パワー、1958-1978 年」遠藤乾・板橋拓己編『複数のヨーロッパ—欧州統合史のフロンティア』北海道大学出版会；山本健. 2013.「『ヨーロッパの年』の日欧関係、1973-74 年」『日本 EU 学会年報』第 32 号；Hitoshi Suzuki. 2014. "Negotiating the Japan-EC Trade Conflict: The Role and Presence of the European Commission, the Council of Ministers, and Business Groups in Europe and Japan, 1970-1982," in Claudia Hiepel ed.. *Europe in a Globalising World: Global Challenges and European Responses in the "long" 1970s*. Baden-Baden: Nomos; Hitoshi Suzuki. 2015. "From Trade Conflicts to 'Global Partners': Japan and the EEC, 1970-1978," in Pascaline Winand, Andrea Benvenuti and Max Guderzo eds.. *The External Relations of the European Union: Historical and Contemporary Perspectives*. Brussels: P.I.E. Peter-Lang.
2)　本章の記述の多くは、Michito Tsuruoka. 2012. *The Development of Political and Security Relations between Japan and Europe after World War II*, Ph.D. thesis submitted to King's College London, chapters 1-4 に依っている。
3)　基本的には 1993 年 11 月のマーストリヒト条約（欧州連合条約）発効以降を EU、それ以前を EC、ないし、さらに厳密には 1967 年以前については EEC（欧州経済共同体）との用語を使うが、過度の煩雑さを避けるために、例えば時期をまたがる場合等については、便宜上、文脈に応じてどちらかを使うことがある。
4)　「総理漫遊記」『文藝春秋』（1959 年 10 月号）岸信介・矢次一夫・伊藤隆. 2014.『岸信介の回想』文春学藝ライブラリー に所収。引用は 462 頁から。
5)　田中孝彦. 2000.「冷戦初期における国家アイデンティティの模索—1950 年代の日英関係」木畑洋一他編『日英交流史　1600-2000—政治・外交 II』東京大学出版会、253-254 頁。
6)　権容奭. 2008.『岸政権期の「アジア外交」—「対米自主」と「アジア主義」の逆説』国際書院、89-93 頁。
7)　「米・欧・日が三つの柱　池田首相　機上で記者会見」『朝日新聞』（1964 年 11 月 5 日、夕刊）。
8)　同上。伊藤昌哉. 1966.『池田勇人　その生と死』至誠堂、152-171 頁も参照。
9)　外務省欧亜局「総理訪欧会談用調書（昭和 37 年 10 月 29 日）」（1962 年 10 月 29 日）

（A'0364「池田総理欧州訪問関係一件」）、11 頁。
10) この点については、例えば、Hisashi Owada. 1980/81. "Trilateralism: A Japanese Perspective," *International Security*, Vol. 5, No. 3, p. 15 参照。
11) 外務省欧亜局「総理訪欧会談用調書（昭和 37 年 10 月 29 日）」、11 頁。
12) 「池田総理訪欧に関する件（議題）」、大平大臣発英、伊、独、ベルギー、仏、オランダ各大使宛第 2197 号、昭和 37 年 10 月 10 日（1962 年 10 月 10 日）。
13) 外務省欧亜局英連邦課「池田総理と在京英国各紙特派員との会見要旨（昭和 37 年 10 月 23 日）」（1962 年 10 月 23 日）、(A'0364)、2 頁。
14) 吉次公介. 2009.『池田政権期の日本外交と冷戦—戦後日本外交の座標軸 1960-1964』岩波書店、86 頁。
15) 小坂善太郎. 1981.『あれからこれから—体験的戦後政治史』牧羊社、130-133 頁。
16) たとえば、鈴木宏尚. 2013.『池田政権と高度成長期の日本外交』慶應義塾大学出版会、第 4、5 章、吉次『池田政権期の日本外交と冷戦』、第 2 章に詳しい。
17) 鈴木『池田政権と高度成長期の日本外交』、152-153 頁。
18) Hugo Dobson. 2004. *Japan and the G7/8, 1975-2002*. London: RoutledgeCurzon, p. 165.
19) 友田錫. 1988.『入門・現代日本外交—日中国交正常化以後』中公新書、78 頁に引用。
20) Yukio Satoh. 1982. "Opportunities for Broader Co-operation," in Loukas Tsoukalis and Maureen White eds.. *Japan and Western Europe: Conflict and Cooperation*. London: Frances Pinter Publishers, p. 185.
21) Cyrus Vance. 1983. *Hard Choices: Critical Years in America's Foreign Policy*. New York: Simon & Schuster, p. 381.
22) 「第 91 回国会における大平内閣総理大臣施政方針演説」1980 年 1 月 25 日。
23) 「西側の一員」の定着については、たとえば、友田『入門・現代日本外交』、106-107 頁。
24) "Declaration by the Foreign Ministers of the Nine," Luxembourg, 21-22 April 1980, reprinted in *Bulletin of the European Communities*, 4-1980, point 1.2.7.
25) 大来佐武郎. 1980.『エコノミスト外相の 252 日—多極化時代の日本外交を語る』東洋経済新報社、103-104 頁。
26) 大来佐武郎. 1980.「わが外交 250 日」『文藝春秋』（1980 年 10 月号）、135 頁。
27) その発端となった議論として、Helmut Schmidt, "The 1977 Alastair Buchan Memorial Lecture," *Survival*, Vol. 20, No. 1 (January-February 1978), pp. 2-10 が最も代表的。
28) "Ministerial Communique," Special Meeting of Foreign and Defence Ministers, Brussels, 12 December 1979.
29) 欧州、特に西ドイツにおけるこうした考え方については、たとえば、Thomas Risse-Kappen. 1988. *The Zero Option: INF, West Germany, and Arms Control*, translated by Lesley Booth. Boulder: Westview Press, pp. 80-81 を参照。
30) 日本側の経緯については、中曽根康弘（聞き手：中島琢磨他）. 2012.『中曽根康弘が

語る戦後日本外交』新潮社；中曽根康弘（インタビュー：伊藤隆、佐藤誠三郎）. 1966.『天地有情—50年の戦後政治を語る』文藝春秋；五百旗頭真・伊藤元重・薬師寺克行編. 2008.『岡本行夫　現場主義を貫いた外交官』朝日新聞出版 などに詳しい。

31) Reuben Wong. 2006. *The Europeanization of French Foreign Policy: France and the EU in East Asia*. Basingstoke: Palgrave, p. 127.
32) 同書簡は中曽根『天地有情』、428頁に収録。
33) 「ウィリアムズバーグにおけるステートメント（政治宣言）」（第9回主要国首脳会議関連文書）外務省編. 1984.『外交青書—わが外交の近況』第28号、第3部I所収。
34) George Shultz. 1993. *Turmoil and Triumph: My Years as Secretary of State*. New York: Charles Scriber's Sons, pp. 356-357.
35) Geoffrey Howe. 1994. *Conflict of Loyalty*. London: Macmillan, p. 294.
36) Hubert Védrine. 1996. *Les mondes de François Mittterrand: Á l'Élysée 1981-1995*. Paris: Fayard, pp. 243-244.
37) 五百旗頭真他編『岡本行夫』、139頁。
38) 「日本国総理大臣及びドイツ連邦共和国首相による『東京声明』」（1983年11月1日）外務省編. 1984.『外交青書』第28号、第3部I所収。
39) Leon Brittan. 2000. *A Diet of Brussels: The Changing Face of Europe*. London: Little, Brown and Company, p. 175.
40) 「福田総理大臣の日欧関係に関するスピーチ（1978年7月19日、ブラッセル）」外務省編. 1979.『外交青書』第23号、第3部I所収。
41) 小和田恒（聞き手、山室英男）. 1996.『外交とは何か』日本放送出版協会、206頁。
42) たとえばSimon Nuttall. 1992. *European Political Cooperation*. Oxford: Clarendon Press.
43) 長谷川和年（瀬川高央他編）. 2014.『首相秘書官が語る中曽根外交の舞台裏—米・中・韓との相互信頼はいかに構築されたか』朝日新聞出版、引用はいずれも326頁から。
44) 西山健彦. 1992.『欧州の新時代—西欧の復権と日本』サイマル出版、17頁。
45) Jörn Keck. 2013. "1987-1990: Keeping Relations on an Even Knee," in Jörn Keck, Dimitri Vanoverbeke and Franz Waldenberger eds.. *EU-Japan Relations: From Confrontation to Global Partnership*. Abingdon: Routledge, pp. 96-98.
46) Hisashi Owada. 2001. "The Japan-EU Joint Declaration and Its Significance Toward the Future," *Studia Diplomatica*, Vol. 54, Nos. 1-2; Jörn Keck. 2013. "1990-1995: The Politics of Cooperation," in Keck, Vanoverbeke and Waldenberger eds.. *EU-Japan Relations*, pp. 113-115.
47) この点を強調したものとして、Atsuko Abe. 1999. *Japan and the European Union: Domestic Politics and Transnational Relations*. London: Athlone Press, p. 125 を参照。EC側にも当初からそのような認識があった。たとえば、Keck. "1990-1995," pp. 113-115 を参照。大西洋憲章自体については、鶴岡路人. 1999.「冷戦終結期の米・EC関係—大西洋宣言への道程」『法学政治学論究』（慶應義塾大学）第40号。

48) 小和田『外交とは何か』、202 頁、Brian Bridges. 1993. *EC-Japanese Relations: In Search of a Partnership*, RIIA Special Paper. London: Royal Institute of International Affairs, p. 11.
49) Commission of the European Communities, Communication from the Commission, *Relations between the Community and Japan*, COM (88) 136-I final, Brussels, 15 March 1988.
50) Keck. "1987-1990," pp. 96-99 and 101.
51) Commission of the European Communities, *Relations between the Community and Japan*, para. 3.
52) Keck. "1987-1990," p. 96.
53) 交渉の最終局面については、畠山襄．1996.『通商交渉—国益を巡るドラマ』日本経済新聞社、特に 206-214 頁に詳しい。著者の畠山は、当時通産審議官として対 EC 通商交渉の事実上の責任者。
54) 日本側から見た最終段階の首脳外交の経緯については、COE オーラル・政策研究プロジェクト．2005.『海部俊樹（元内閣総理大臣）オーラルヒストリー　下巻』政策研究大学院大学、357-378 頁に詳しい。
55) 外務省「日本国と欧州共同体及びその加盟国との関係に関するヘーグにおける共同宣言（仮訳）」ハーグ、1991 年 7 月 18 日。
56) 類似の指摘として、田中明彦．1994.「世界の中の日本・西欧関係」『国際問題』4 月号、41-42 頁参照。田中は、「ソ連という共有の敵が、ユーラシア大陸の両端の日欧を政治的に結び付けていた」が、「冷戦が終わった結果、このような切実感が薄れている」ようだと述べている（42 頁）。
57) だからこそ、当時のドロール（Jacques Delors）EC 委員会委員長が「欧州統合と安全保障」と題した下記論文を発表した際には、大きな反響があった。Jacques Delors. 1991. "European Integration and Security," *Survival*, Vol. 33, No. 2.
58) Charles Cogan. 2011. *The Third Option: The Emancipation of European Defense, 1989-2000*. Westport: Praeger.
59) 代表的な議論として、Simon Nuttall. 2000. *European Foreign Policy*. Oxford: Oxford University Press; Richard Whitman. 1998. *From Civilian Power to Superpower? The International Identity of the European Union*. Basingstoke: Palgrave がある。
60) Christopher Hill. 1993. "The Capability-Expectations Gap, or Conceptualizing Europe's International Role," *Journal of Common Market Studies*, Vol. 31, No. 3.
61) この経緯については、すでにさまざまな研究の蓄積があるが、最新の例として、庄司貴由．2015.『自衛隊海外派遣と日本外交—冷戦後における人的貢献の模索』日本経済評論社 を参照。
62) 当時の代表的な議論として、小沢一郎．1993.『日本改造計画』講談社；船橋洋一．1993.『日本の対外構想—冷戦後のビジョンを書く』岩波新書等を参照。
63) この点での欧州における対日認識については、例えば、Endymion Wilkinson. 1991.

Japan versus the West: Image and Reality. London: Penguin; William Nester. 1993. *European Power and the Japanese Challenge*. Basingstoke: Macmillan を参照。

64) Brittan, *A Diet of Brussels*, p. 175. また、Albrecht Rothacher. 2013. "2000-2010: Shaping a Common Future in the Decade of Japan-Europe Cooperation – Rhetoric and Policies," in Keck, Vanoverbeke and Waldenberger eds.. *EU-Japan Relations*, p. 174 も参照。

65) 他方で、経済摩擦という「熱」が冷めた結果、日 EU 関係全体の重要性が低下する結果になったとの見方もある。Simon Nuttall. 2001. "Conclusions," *Studia Diplomatica*, Vol. 54, Nos. 1-2, pp. 218-219. これは、日 EU 関係に関する「問題がないのが問題」との指摘とも通じる。この点については、たとえば、鶴岡路人. 2006.「EU と日本—パートナーシップの構図」田中俊郎・庄司克宏編『EU 統合の軌跡とベクトル』慶應義塾大学出版会、387-389 頁。

66) たとえば、Richard Wright. 2013. "1996-2000: Consolidating a Mature Relationship," in Keck, Vanoverbeke and Waldenberger eds.. *EU-Japan Relations*, pp. 164-166; Julie Gilson. 2000. *Japan and the European Union: A Partnership for the Twenty-First Century?* Basingstoke: Macmillan, chs. 5-7; 田中俊郎. 2000.「一九九〇年代における日本・EU 関係の発展―期待と懸念」『法学研究』(慶應義塾大学)第 73 巻第 1 号を参照。

67) Simon Nuttall. 1996. "Japan and the European Union: Reluctant Partners," *Survival*, Vol. 38, No. 2. 引用は p. 119 から。

68) Michito Tsuruoka. 2011. "NATO and Japan: A View from Tokyo," *RUSI Journal*, Vol. 156, No. 6, pp. 62-63.

69) Tsuruoka, "NATO and Japan"; Michito Tsuruoka. 2013. "NATO and Japan as Multifaceted Partners," *Research Paper*, No. 91, NATO Defense College.

70) この観点からの EU の対中武器禁輸解除問題のインパクトについては、Michael Reiterer. 2006. "Japan and the European Union: Shared Foreign Policy Interests," *Asia Europe Journal*, Vol. 4, No. 3, p. 347 参照。

あとがき

　今までにない新しい分野を切り開くということは、大きな労力と想像力を必要とする。戦後アジア・ヨーロッパ関係史は、まさにそのような新しい国際政治史研究におけるフロンティアであった。したがって、はたしてどのような光景が広がっているのか、どのような経験が待っているのか、未知の領域が数多くあった。このようなかたちで一冊の研究書としてまとまると、その成果の意義と同時に、今後取り組むべき巨大な課題の数々が浮かび上がってくる。そのような課題は、これから時間をかけて、少しずつ取り組んでいきたい。また、本書を通じて、そのような研究上のフロンティアを開拓する意義を感じる若手研究者が優れた研究を完成させることを、楽しみにしたい。

　本研究プロジェクトの共同研究のメンバーによって、研究が進められて、本書が完成した。まずは、この共同研究にご参加頂き、つねに知的刺激を与えて頂いた共同研究者の皆さんに心から感謝したい。研究代表者であり、また編者という立場でありながら、私自身が最も原稿を完成させるのに時間がかかってしまい、他の皆さんを待たせる結果となってしまった。中堅・若手を代表する優れた国際政治学者、外交史家の方々の報告を聴くことができて、また原稿を読ませて頂けるのは、大きな喜びであり、また私自身にとっての大きな活力となった。本書執筆には加わっていないが、共同研究者としてときに有益なご助言やご指摘を頂いた遠藤乾北海道大学教授と、宮城大蔵上智大学教授にも、記して感謝申し上げたい。またこの間、講演、報告、討論など、さまざまなかたちでこの研究プロジェクトにご参加頂き、ご助力を頂いた、北岡伸一国際協力機構（JICA）理事長、田所昌幸慶應義塾大学教授、鈴木宏尚静岡大学准教授、白鳥潤一郎北海道大学専任講師、手賀裕輔二松學舍大学専任講師、衛藤安奈中央大学講師（参加順）らにも感謝申し上げたい。もしも本書に不備があるとすれば、それは編者としての私の責任である。

　本書は、2012年度から2014年度まで、慶應義塾大学東アジア研究所の研

究プロジェクトとして共同研究を行った「東アジアとヨーロッパの地域間関係の総合的研究」の研究成果である。この間、高橋産業経済研究財団からは、研究助成を頂いた。厚く御礼申し上げたい。また、共同研究プロジェクトをはじめるきっかけを頂いた本書の「生みの親」ともいえる添谷芳秀前慶應義塾大学東アジア研究所所長、そして添谷先生の後任の所長になられ、その後も共同研究プロジェクトをお支え頂いた高橋伸夫所長にも、深く感謝したい。この間、東アジア研究所の小沢あけみさんには、大変なご支援とご助力を頂いた。そして、慶應義塾大学出版会第一出版部編集二課の乗みどりさんには、出版にあたって、最良のサポートを頂いた。記して感謝申し上げたい。

2015 年 11 月 15 日

細谷　雄一

索　引

〈人名〉

あ行

アイゼンハワー，ドワイト・D　28, 101, 126, 147
アチソン，ディーン　24
アデナウアー，コンラート　168, 169, 183, 194, 202
イーデン，アンソニー　124, 139
池田勇人　264-269, 284
ヴァンス，サイラス　252, 270
ウィルソン，ハロルド　133-139, 145-151, 153, 155-157
エアハルト，ルードヴィヒ・W　171, 194, 199
王殊　172, 173, 175, 176, 178, 179, 182
王世杰　74
大来佐武郎　271
大平正芳　182, 194, 195, 202, 267, 270

か行

カーター，ジミー　252, 270
鹿島建設　207
カッシア，ハロルド　152
ガンディー，マハトマ　97, 155
キージンガー，クルト　199-205
岸信介　265
キッシンジャー，ヘンリー・A　174, 183, 221, 230
金日成　220, 222, 224
喬冠華　177, 178, 185
キリノ，エルピディオ　22, 23
グッド，サー・ウィリアム　107, 111
グリピウス，アンドレ　38
ケナン，ジョージ・F　14, 15, 23, 51
ケネディ，ジョン・F　126, 128-130, 133, 147, 148
ゲンシャー，ハンス・D　244, 246-250, 256
黄華　230
高坂正堯　58, 145
コール，ヘルムート　273
ゴルバチョフ，ミハイル　235

さ行

サッチャー，マーガレット　253
シェール，ウォルター　176-179, 182-184
ジェンキンス，ロイ　156, 246
ジャー，L・K　155
シャストリ，ラール・バハードル　149, 150
周恩来　168, 174, 176-178, 183, 185
シューマン，ロベール　50, 54, 57
シュルツ，ジョージ　273
シュレーダー，ゲアハルト　175-178, 185, 194-195, 199, 202
ショヴェル，ジャン　55, 56
蒋介石　169, 171
昭和天皇・皇后両陛下　204
ジョンソン，リンドン・B　133-138
スカルノ　97, 132, 135, 136
スコット，ロベール・H　54, 107-109
鈴木成高　41
スターリン，ヨシフ　24, 167
スチュワート，マイケル　152, 154-156
スティーブンソン，スクライン・ラルフ　74, 78
ストラング，ウィリアム　18-20

宋子文　76
ソーニクロフト，ピーター　95, 96, 114

た行
田中角栄　181, 207
ダルジャンリュー，ティエリ　43, 44
ダルソノ，ハルトノ・レクソ　249
ダレス，ジョン・フォスター　27, 28, 52-57
チャーチル，ウィンストン　122-124
デュクレ，ロベール　43, 45-50
ドゴール，シャルル　5, 37, 38, 40, 42, 194, 251, 266
ドゥトー，ロベール　446
ドートリ，ラウル　42, 44
ドジャン，モーリス　52
ド・フロンドヴィル，ルネ　43, 44
トムソン，ジョージ　156
トルーマン，ハリー・S　38, 51
ドレ，ガストン　45, 47, 50

な行
中曽根康弘　272, 273
ナジアール，ポール＝エミール　49, 56, 57
ナッシュ，ウォルター　110
ニクソン，リチャード・M　175, 176, 220, 221
ヌーン，マーリク・F・K　100-103
ネルー，ジャワハルラール　94, 96-100, 110, 113, 123
盧泰愚　235

は行
ハウ，ジェフリー　273
ハーファーカンプ，ウィルヘルム　250
バール，エゴン　173, 196, 197
バーンズ，ジェームズ・F　39
白相国　183

朴正煕　220-222, 234
バヤンス，ジャック　52, 55
ハリソン，ウィリアム・K　45
パロディ，アレクサンドル　55, 56
バンダラナイケ，S・W・R・D　104-107
ヒーリー，デニス　151, 154, 156
ビドー，ジョルジュ　40, 51
ビュロン，ロベール　57
フィアリー，ロバート・A　57
フィッシャー，オスカー　209-211
福田越夫　204, 210, 275, 276
藤山愛一郎　109, 265
ブラント，ヴィリー　172-176, 178, 184, 185, 192, 195-197, 199-205, 207, 212, 219, 221, 222, 224, 228, 229, 231
ブリタン，サー・レオン　275, 282
ブルース，デイヴィッド・K・E　55
ブルゴアン，ジャン　43-49
ブレジネフ，レオニード　178
ベヴィン，アーネスト　16, 17, 21, 24
ペシュコフ・ジノーヴィ　44, 46, 49, 52
ホー・チ・ミン　43, 122
ホーネカー，エーリッヒ　210
ボール，ジョージ・W　153
ボネ，アンリ　39, 50, 51, 53, 56, 58
ホリオーク，キース　129

ま行
マーシャル，ジョージ　14
マクナマラ，ロバート　153
マクミラン，ハロルド　93-114, 124, 126-131, 139
マシグリ，ルネ　55
マッカーサー，ダグラス　44
マリク，アダム　249
三木武夫　199, 200
ミッターク，ギュンター　209, 210
宮澤喜一　209, 210

ミルザ，イスカンダル　101, 103, 104
ムテ，マリウス　46
メンジーズ，ロバート・G　94, 123, 129
毛沢東　168, 169, 176, 178, 179, 184, 185
モネ，ジャン　41, 42

ら行
ラーマン，トゥンク・アブドゥル　110,
　　124, 125, 128, 131, 132
ラコスト，フランシス　41

ラスク，ディーン　130, 135, 137, 138, 152
リー・クアンユー　129, 132
リム，ユーホック（林有福）　107, 111
ルー，ジャック　54
ルクレール・ド・オートクロック，フィリッ
　　プ　37, 38
レーガン，ロナルド　272, 273
ロヴェット，ロベール・A　50
ロランシー，アンリ　42

〈事項〉

あ行

アジア・アフリカ会議（バンドン会議）　123, 124, 132, 139
アジア欧州会合（ASEM）　2, 255, 256
アジア冷戦　243
（ソ連の）アフガニスタン侵攻　270
暗黒の時代　256
イギリス・マラヤ防衛協定（AMDA）　125, 131, 132, 138
維新体制　234
イラン米大使館人質事件　264, 269, 270, 276
インターリージョナリズム　244
インドシナ　35, 38, 42-50, 52, 56, 58, 122, 251
インドシナ激変　245
インドシナ戦争　5, 18
　第一次——　43, 121, 122
インドネシア独立戦争　18
ヴィシー政府　3, 39-40
ウィリアムズバーグ（G7）・サミット　272, 273
エネルギー資源開発　197
援助疲れ　253
欧州共同体（EC）　211, 243-248, 250-256, 264, 271, 276-278, 280, 281
欧州経済共同体（EEC）　5, 6, 93, 193, 194, 266
欧州原子力共同体（EURATOM）　200
欧州政治協力（EPC）　233-235, 245, 276, 280
欧州動脈硬化症　256
欧州連合（EU）　1, 236, 264, 280-282, 284
オーデル・ナイセ線　203
沖縄返還　203
小和田提案（イニシアティブ）　277

か行

開発チャプター　253-255
核査察　199
核不拡散条約（NPT）　146, 147, 154-157, 228
（EC・ASEAN）閣僚会議　248
（日独）閣僚級定期協議　194
関税貿易一般協定（GATT）　77, 193, 194, 250, 267, 268
北大西洋条約　1, 17, 21, 22, 26
　——機構（NATO）　2, 121, 124, 135, 148, 157, 167, 174, 191, 211, 223, 271-274, 282, 283
　（NATO）の二重決定　272
　（西独と東独の）基本条約　205, 219, 221, 223, 225
共産主義　4, 5, 21, 23-25, 27, 29, 111
共通外交・安全保障政策（CFSP）　280
協同国家　42
極東委員会　39, 41, 46, 48-53
「極東におけるイギリスの外交政策」　68
クロス承認　230
（仏）計画庁　41, 48
経済開発協力機構（OECD）　194, 250, 268
ゲンシャー＝コロンボ・イニシアチブ　256
構造調整　255
コーチシナ自治共和国　43
講和　36, 41, 47, 48, 50-58
　——7原則　52-54
国際原子力機関（IAEA）　147, 200
国際連合　225
　——加盟　205
　——司令部　226, 227, 230, 232, 234
　——朝鮮統一復興委員会（UNCURK）　226-228

──平和維持活動（PKO）　281, 283
国民解放フランス委員会（CFLN）　40, 42
（米）国家安全保障会議（NSC）　24
国交樹立協定　206
国交正常化　192
コメコン（COMECON）　195, 248
コモンウェルス　5, 20, 26, 27, 93-102, 104, 106-108, 110, 112-114, 121, 123-125, 127, 128, 131, 134, 139, 145, 152, 157, 247
　　──核戦力（構想）　147, 152, 153
　　──戦略予備軍（CSR）　123-125, 128, 131, 132, 137
コロンボ・プラン　98, 102

さ行

在韓（韓国在留）米軍　224, 226, 231, 232, 234
　　──の撤退　221, 224, 227, 228, 230
再軍備　36, 47, 52-56
最恵国待遇　53
サミット（先進国首脳会議、G7）　268, 276
自衛権　53
（韓国・北朝鮮）「自主的平和統一に関する共同声明」（「七・四南北共同声明」）　220, 221, 228
自由フランス　37, 38, 40
ジュネーヴ会談（協定）　5, 122, 130, 131, 134
人権（問題）　234, 235
人種隔離政策（アパルトヘイト）　113, 127
スエズ以東　138, 139, 145, 147, 151, 153, 154, 156-158
スエズ危機（戦争）　5, 95, 113, 128
西欧同盟　16, 17
（日独）政策企画室スタッフ定期交流　200

西沙諸島　53
正統性　38
ソフト・パワー　192, 208, 211

た行

大西洋核戦力（ANF）構想　152, 153
第二次世界大戦の論理　36, 52, 58
太平洋協定　22, 23, 27
太平洋戦争　35, 50, 55, 58
（仏）第四共和制　40, 42
台湾問題　166, 175, 182-185
多角的（核）戦力共有（MLF）構想　147, 148
脱植民地化　1, 3-6, 18, 121
中間賠償　45, 50
中距離核戦力（INF）　264
　　──をめぐる問題（ユーロミサイル危機）　264, 269, 271-274, 276, 284
中国共産党　3, 25, 167
中ソ対立　231, 251
朝鮮戦争　4, 26, 52, 226, 232
デタント（緊張緩和）　6, 223, 245, 246, 249, 251, 255
鉄のカーテン　6, 12, 209
天安門事件　281
ドイツ問題　36, 37, 39, 50, 53
東南アジア集団防衛条約（マニラ条約）　122
東南アジア条約機構（SEATO）　12, 27, 28, 101, 102, 122-132, 134-139
東南アジア諸国連合（ASEAN）　5, 6, 243-256
東方外交　5, 192, 203, 205
東方政策　172-174, 176, 183, 185, 219, 220, 223, 224, 228, 231
独ソ武力不行使協定　205
トライラテラリズム（日米欧三極協調主義）　266, 267

索　引 | 297

な行

内閣防衛・対外政策委員会 (OPD)　153, 154
ナショナリズム　68
南沙諸島　53
南北問題　243
西太平洋　48
日・西独通商協定　193
日・東独通商航海条約　211
日・東独貿易協定　209
日米安保条約　27, 266
日米英「三本柱」論　265-267
日本異質論　282
日本問題　36, 37, 41, 50, 51, 53, 55, 58
日EU間の戦略的パートナーシップ協定 (SPA)　284
日NATO関係　282, 283

は行

ハーグ宣言　277-279
賠償　36, 41-50, 53, 54
バグダッド条約　101, 102
ハルシュタイン原則（ドクトリン）　168, 170, 197, 199, 200, 204, 205, 229
バンドン会議→アジア・アフリカ会議
封じ込め（政策）　14, 27, 121
二つの国家論　167
フランス共和国臨時政府 (GPRF)　37, 39, 40
フランス国民委員会　40
フランス連合　42, 45, 46
ブリュッセル条約　17
文化大革命　170, 172
分断国家　4, 12, 25, 165, 219, 229
米韓同盟　27, 28
米中条約　70
「平和統一外交政策に関する特別声明」（「六・二三宣言」）　222, 229

ベトナム戦争　5, 132, 134, 137, 139, 153, 199, 201-203, 245, 256
ベトミン　43
ベルリンの壁　3
ベルリン問題　171, 174, 180, 185
貿易摩擦　191
ポツダム宣言　36, 47

ま行

マーシャル・プラン　15, 17, 246
マーストリヒト条約　280
マニラ条約　130, 133
マレーシア紛争　132-136, 139
ミドルパワー　201
明号作戦　42
モスクワ外相会議　39, 50, 51
（西独・ソ連）モスクワ（武力不行使）条約　173, 176, 224, 225, 228, 229, 231
モネ・プラン　45, 46

や行

ヨーロッパ安全保障協力会議　219, 231
ヨーロッパ政治協力 (EPC)→欧州政治協力
ヨーロッパ（欧州）統合（史）　3, 193, 243, 280
ヨーロッパ連合 (EU)→欧州連合

ら行

ラオス内戦　125-130, 133, 139
領土問題　202
冷戦の論理　36, 49, 52-55, 58
冷戦ファクター　264, 279, 283
連合国最高司令官総司令部 (GHQ/SCAP)　43, 45
ロメ協定　246, 253

わ行

ワルシャワ条約　195, 219

──機構　167, 223
湾岸危機・湾岸戦争　277, 281

英数字
ANZUS 条約　27
EC・ASEAN 協力協定　253, 255
18 ヵ国軍縮委員会（ENDC）　154, 155

執筆者紹介（掲載順）

細谷　雄一（ほそや　ゆういち／Yuichi Hosoya／編者）
慶應義塾大学法学部教授。1971年生まれ。慶應義塾大学大学院法学研究科博士課程修了。博士（法学）。主要著作：『外交による平和――アンソニー・イーデンと二十世紀の国際政治』（有斐閣、2005年）、『倫理的な戦争――トニー・ブレアの栄光と挫折』（慶應義塾大学出版会、2009年）、ほか。

宮下雄一郎（みやした　ゆういちろう／Yuichiro Miyashita）
松山大学法学部准教授。1977年生まれ。慶應義塾大学大学院法学研究科後期博士課程単位取得退学、パリ政治学院大学院博士課程修了。博士（法学）・Ph. D. (History)。主要著作："Pechkoff et le Japon, 1946-1949," *Relations internationales*, n°158（juillet-septembre 2014）；"Jean Monnet et l'Asie 1933-1940," in Gérard Bossuat (sous la direction de), *Jean Monnet, banquier, 1904-1945: Intérêts privés et intérêt général*（Paris : IGPDE, Comité pour l'histoire et économique de la France, 2014）、ほか。

林　大輔（はやし　だいすけ／Daisuke Hayashi）
公益財団法人世界平和研究所研究員、EUSI (EU Studies Institute in Tokyo) 研究員兼プログラムコーディネーター。1975年生まれ。慶應義塾大学大学院法学研究科後期博士課程単位取得退学。主要著作：「イギリスの中華人民共和国政府承認問題、一九四八年－一九五〇年――戦後アジア・太平洋国際秩序形成をめぐる英米関係」『法学政治学論究』第76号（2008年）、「第二次世界大戦期の香港問題、一九四一年－一九四五年――帝国・脱植民地化・降伏受理をめぐる英米中関係」『法学政治学論究』第92号（2012年）、ほか。

小川　浩之（おがわ　ひろゆき／Hiroyuki Ogawa）
東京大学大学院総合文化研究科准教授。1972年生まれ。京都大学大学院法学研究科博士後期課程研究指導認定退学。博士（法学）。主要著作：『イギリス帝国からヨーロッパ統合へ――戦後イギリス対外政策の転換とEEC加盟申請』（名古屋大学出版会、2008年）、『英連邦――王冠への忠誠と自由な連合』（中央公論新社、2012年）、ほか。

水本　義彦（みずもと　よしひこ／Yoshihiko Mizumoto）
獨協大学外国語学部准教授。1971年生まれ。英国キール大学大学院博士課程修了。Ph. D. (International Relations)。主要著作：『同盟の相剋――戦後インドシナ紛争をめぐる英米関係』（千倉書房、2009年）、『欧米政治外交史1871〜2012』（共著、ミネルヴァ書房、2013年）、ほか。

小林　弘幸（こばやし　ひろゆき／ Hiroyuki Kobayashi）
関東学院大学国際文化学部非常勤講師。1984 年生まれ。慶應義塾大学大学院法学研究科後期博士課程単位取得退学。主要著作：「第一次ハロルド・ウィルソン政権とポラリス・ミサイル搭載型潜水艦建造問題、一九六四－一九六五年」『法学政治学論究』第 94 号（2012 年）、「第一次ハロルド・ウィルソン政権の大西洋核戦力構想」『法学政治学論究』第 97 号（2013 年）、ほか。

福田　円（ふくだ　まどか／ Madoka Fukuda）
法政大学法学部准教授。1980 年生まれ。慶應義塾大学大学院政策メディア研究科後期博士課程単位取得退学。博士（政策・メディア）。主要著作：『中国外交と台湾―「一つの中国」原則の起源』（慶應義塾大学出版会、2013 年）、『日中関係史 1972-2012 Ⅰ　政治』（共著、東京大学出版会、2012 年）、ほか。

鈴木　均（すずき　ひとし／ Hitoshi Suzuki）
新潟県立大学国際地域学部准教授。1974 年生まれ。欧州大学院歴史文明学科博士後期課程修了。Ph. D.（History and Civilization）。主要著作：『サッチャーと日産英国工場―誘致交渉の歴史 1973-1986 年』（吉田書店、2015 年）、"Negotiating the Japan-EC Trade Conflict 1970-1982," in: Claudia Hiepel (ed.), *Europe in a Globalising World: Global Challenges and European Responses in the "long" 1970s* (Nomos, 2014)、ほか。

山本　健（やまもと　たけし／ Takeshi Yamamoto）
西南学院大学法学部准教授。1973 年生まれ。ロンドン大学ロンドンスクール・オブ・エコノミクス（LSE）国際関係史学部博士課程修了。Ph. D.（International History）。主要著作：『同盟外交の力学―ヨーロッパ・デタントの国際政治史　1968-1973』（勁草書房、2010 年）、「『ヨーロッパの年』と日本外交、1973-74 年―外交の多元化の模索と日米欧関係」*NUCB Journal of Economics and Information Science* 第 57 巻、第 2 号（2013 年）、ほか。

黒田　友哉（くろだ　ともや／ Tomoya Kuroda）
日本学術振興会特別研究員（PD）。1979 年生まれ。慶應義塾大学大学院法学研究科後期博士課程単位取得退学。博士（法学）。主要著作：『複数のヨーロッパ―欧州統合史のフロンティア』（共著、北海道大学出版会、2011 年）、「EC ／アセアン関係の制度化、1967-1975 年― EU －アジア関係の一起源をめぐって」『国際政治』第 182 号（2015 年）、ほか。

鶴岡　路人（つるおか　みちと／ Michito Tsuruoka）
防衛省防衛研究所地域研究部主任研究官。1975 年生まれ。英ロンドン大学キングス・カレッジ博士課程修了。Ph. D.（War Studies）。主要著作：『冷戦後の NATO ― "ハイブリッド同盟" への挑戦』（共著、ミネルヴァ書房、2012 年）、*Partners for Global Security: New Directions for the UK-Japan Defence and Security Partnership* (co-edited with Jonathan

Eyal and Edward Schwarck), (London: Royal United Services Institute for Defence and Security Studies, 2015)、ほか。

慶應義塾大学東アジア研究所叢書
戦後アジア・ヨーロッパ関係史
──冷戦・脱植民地化・地域主義

2015 年 12 月 30 日　初版第 1 刷発行

編著者————細谷雄一
発行者————坂上　弘
発行所————慶應義塾大学出版会株式会社
　　　　　　〒108-8346　東京都港区三田 2-19-30
　　　　　　TEL〔編集部〕03-3451-0931
　　　　　　　　〔営業部〕03-3451-3584〈ご注文〉
　　　　　　　　〔　〃　〕03-3451-6926
　　　　　　FAX〔営業部〕03-3451-3122
　　　　　　振替　00190-8-155497
　　　　　　http://www.keio-up.co.jp/
装　丁————渡辺澪子
カバー写真提供——ユニフォトプレス
印刷・製本——株式会社加藤文明社
カバー印刷——株式会社太平印刷社

　　　　　　Ⓒ2015 Yuichi Hosoya, Yuichiro Miyashita, Daisuke
　　　　　　Hayashi, Hiroyuki Ogawa, Yoshihiko Mizumoto, Hiroyuki
　　　　　　Kobayashi, Madoka Fukuda, Hitoshi Suzuki, Takeshi
　　　　　　Yamamoto, Tomoya Kuroda, Michito Tsuruoka
　　　　　　Printed in Japan ISBN 978-4-7664-2289-4

慶應義塾大学出版会

慶應義塾大学東アジア研究所叢書

朝鮮半島の秩序再編
小此木政夫・西野純也編著　朴槿恵、金正恩政権下の朝鮮半島はどこへ向かうのか？　南北朝鮮と周辺国による地域秩序の再編は今後どのような形になるのか。政権交代期の朝鮮半島をめぐるアジア秩序を解き明かすアクチュアルな一冊。　◎3,800円

アジアの持続可能な発展に向けて
―環境・経済・社会の視点から

厳網林・田島英一編著　急速な経済成長の一方にある、環境問題の深刻化や格差の拡大。これらの歪みを是正し、「持続可能な社会」を築くためには何が求められているのか？　地域特有の課題を通して、複合的視座から考える。　◎6,200円

日本帝国勢力圏の東アジア都市経済
柳沢遊・木村健二・浅田進史編著　日本帝国の占領および日中戦争のなか、東アジアの諸都市はいかに発展を遂げたのか。日本資本の投下、工業化の目覚ましい発展、日本人と現地人の関係などを一次資料をもとに詳細に分析した意欲作。　◎5,500円

現代における人の国際移動―アジアの中の日本
吉原和男編著　国内外の詳細なフィールドワークの積み重ねから、流入した多文化・多国籍からなる人々と、どのように共存し、より豊かな社会を築いていくべきなのかについて、喫緊の政策課題を提示する一冊。　◎6,000円

太平洋島嶼地域における情報通信政策と国際協力
菅谷実編著　太平洋島嶼地域は、その地理的条件を乗り越え、情報通信インフラを整備することができるのか。その方途と社会・経済的発展への影響を、主要関係国との協力に焦点を当てて論じる。　◎5,400円

表示価格は刊行時の本体価格(税別)です。